民事執行・保全法

野村秀敏・川嶋四郎・河崎祐子・園田賢治
柳沢雄二・川嶋隆憲・大内義三
［著］

法律文化社

はしがき

　本書は，法学部生，法科大学院生として，初めて民事執行法・民事保全法を学ぶ人のための入門書である。また，司法書士試験では，これらの法律は必修科目であるから，民事執行法・民事保全法に関する基礎的な知識の習得は不可欠である。他方，司法試験では選択科目ですらないが，実務に就いてからこれらの法律の基礎に関する知識を身につける必要に迫られる法曹は少なくないであろう。法曹や司法書士にならなくとも，法学部を卒業された後，企業において債権回収などを担当されて，これらの法律に直面される方々も多いと思われる。本書は，主として法学部生，法科大学院生を読者として想定しているが，このような人々の需要にも十分応えうるものである。

　民事執行・民事保全の制度は，狭義の民事訴訟（判決手続）とともに，広義の民事訴訟の一翼を担う。実体法が定め，判決手続などにおいて認められた権利も，実際に実現されることがなければ，画餅に帰すのであって，この権利実現の最後の段階に位置する民事執行・保全の制度は，法律制度の中でも，必然的に重要な意義を有することになる。

　本書の企画は，法律文化社から2007（平成19）年に刊行された，遠藤功＝野村秀敏＝大内義三編『テキストブック民事執行・保全法』の改訂版として出発した。前著は，幸いにも増刷を重ね，多くの法学部・法科大学院で教科書として利用されたようであるが，その刊行後にも，民事執行法は，「第三者からの情報取得制度」や「子の引渡し執行」などに関わる重要な改正（2019〔令和元〕年）を受けた。民事執行法・民事保全法に関する重要な判例の公表も相次いでいる。そこで，執筆者を半分ほど入れ替えたうえで，これらの動向をも取り込みながら，前著を全面的に改訂することを企図した。その際には，新たな執筆者や，従来からの執筆者でも前著とは異なった箇所を担当されている方には新稿をお願いしたのはもちろん，従来からの執筆者で前著と同一箇所を担当している者も，全面的に旧稿を見直した。その結果，本書は，前著の改訂版というより，ほとんど全面的に新たな著書といってよい実質を有することとなった。

　もっとも，本書の基本的な執筆方針は，授業で利用する教科書として，各執

筆者の経験をいかし，学生諸兄姉が満足するようにつとめるという点で前著と共通である。そこで，その執筆方針を前著にならってより具体的に分説すれば，第1に，執行に関する制度・基本の理解をめざすこと，第2に，文章を簡潔にわかりやすくすること，第3に，なるべく実例・判例をあげること，第4に，最新の情報・研究成果を盛り込むこと，第5に，受講する学生諸兄姉の身になって，振り返り，真理を執筆すること，第6に，従来の説明の仕方にこだわらず，理に適った新機軸にたって解説をすること，第7に，本書の価格にふさわしい立派な内容にすること，である。

　以上のような目的を達成するために，判例・学説が対立していたり，新しい問題，派生的な問題などについてはコラム欄で解説することとし，コラム欄を多数設けるという前著にはない工夫を導入した。また，最高裁の判例を中心としつつ，前著よりもより一層多くの判例を引用しつつ，わが国の代表的な解説付き判例学習書である『民事執行・保全判例百選〔第3版〕』（有斐閣・2020）所収の判例については，その判例番号を付して，学習を一歩進めるための便宜をはかった（さらに，別個の判例百選シリーズ中の著書や重要判例解説に所収の判例で，その判例番号を付したものも，若干ながら存在する）。学習の便宜のためには，巻末に代表的な書式例を掲げるという工夫も施した。上記のような執筆方針に十分に沿った叙述がなされているかは，読者の判断に委ねるしかない。

　本書の企画は，共著者の1人である大内義三教授の発案によってもたらされ，その具体化には大内教授の力が大きかったほか，川嶋四郎教授の協力を得た。執筆者には，このお二人と私に加えて，現在，学界で活躍中の4名の研究者の協力を得ることができた。お忙しいなか，玉稿をお寄せくださるなど，協力を惜しまれなかった皆さまに感謝申し上げたい。また，企画段階から実際の刊行に至るまでの段階においては，法律文化社編集部の梶原有美子氏と，その後を引き継いだ梶谷修氏に様々な行き届いたご配慮をいただいた。執筆者一同，法律文化社と梶原有美子，梶谷修の両氏に篤く御礼申し上げたい

2021年1月

執筆者を代表して

野村秀敏

凡　例

【1】　法令の略記

一般法人　→　一般社団法人及び一般財団法人に関する法律

恩給　→　恩給法

会更　→　会社更生法

会社　→　会社法

家事　→　家事事件手続法

仮登記担保　→　仮登記担保契約に関する法律

企業担保　→　企業担保法

行訴　→　行政事件訴訟法

漁業　→　漁業法

刑　→　刑法

刑訴　→　刑事訴訟法

憲　→　憲法

鉱業　→　鉱業法

航空　→　航空法

公証　→　公証人法

工場抵当　→　工場抵当法

厚年　→　厚生年金保険法

国公　→　国家公務員法

国賠　→　国家賠償法

裁　→　裁判所法

司書　→　司法書士法

執行官　→　執行官法

執行官規　→　執行官規則

借地借家　→　借地借家法

社債等振替　→　社債，株式等の振替に関する法律

商　→　商法

人訴　→　人事訴訟法

信託　→　信託法

信託規則　→　信託法施行規則

生活保護　→　生活保護法

地方税　→　地方税法

仲裁　→　仲裁法

特定調停　→　特定債務等の調整の促進のための特定調停に関する法律

農地　→　農地法

破　→　破産法

非訟　→　非訟事件手続法

不登　→　不動産登記法

民　→　民法

民再　→　民事再生法

民執　→　民事執行法

民執規　→　民事執行規則

民訴　→　民事訴訟法

民訴規　→　民事訴訟規則

民訴費　→　民事訴訟費用等に関する法律

民調　→　民事調停法

民調規　→　民事調停規則

民保　→　民事保全法

民保規　→　民事保全規則

立木　→　立木ニ関スル法律

労審　→　労働審判法

【2】 判例の略記，判例出典の略記

＊判例の表記は，以下のように略記した。

例：最判平14・7・9民集56巻6号1134頁

＊『民事執行・保全判例百選〔第3版〕』（別冊ジュリスト247号，2020）に掲載されて
いる事件については，下記のように〈百選番号〉も引用した。

例：最判平10・4・28民集52条3号853頁〈百選4〉

なお，初版（『民事執行・保全判例百選』別冊ジュリスト177号，2005）からの引
用の場合は，〔初版〕と記した。例：〈百選〔初版〕26〉

＊判例出典の略記方法は通例によった。主要なものは以下の通りである。

最高裁判所判決	→ 最判	高等裁判所判決	→ 高判
最高裁判所決定	→ 最決	地方裁判所判決	→ 地判
最高裁判所民事判例集	→ 民集	判例タイムズ	→ 判タ
判例時報	→ 判時	重判	→ 重要判例解説

目　次

第Ⅱ編 民事保全法

◆コラム目次

民事執行法

第1章

序　論

第1節　民事執行とは

1　権利の実現のための手続

　近代国家では原則として自力救済は禁止されているから，その代わりに，国家は私人間の権利・義務をめぐる紛争（民事紛争）を解決するために民事手続を用意している。すなわち，民事紛争は，究極的には，被告の同意がなくとも開始され，内容のいかんにかかわらず当事者の同意なしに通用力を有する判決に結び付く判決手続（狭義の民事訴訟）によって解決される。もっとも，ここで解決されるとはいっても，裁判所は権利・義務の存否を観念的に確定したり，当事者に一定の行為（金銭の支払や物の引渡しなど）を命じてくれるだけである。もちろん，判決によって命ぜられれば当事者は自発的にこれに従うことが多いであろう。しかし，判決が無視される場合には，強制的にその内容を実現させることが必要になるが，ここでも自力救済は禁止されているから，そのためには国家権力の手によることが必要になる。このように判決で確定された権利を強制的に実現するために設けられているのが強制執行手続であり，民事執行手続の主要領域の1つをなしている。

　しかし，判決手続と強制執行手続とだけでは，権利の実効的な保護のためには十分とは限らない。判決手続には，必然的にある程度の時間を要する。すると，たとえば貸金返還請求訴訟をしているうちに被告（債務者）が財産を失って無資力となってしまい，せっかく勝訴判決を取得してもそれを執行し得ないということになりかねない。このようなことにならないようにするためには，将来の強制執行に備えて被告の財産を仮に差し押さえておく制度が必要である（仮差押え）。また，建物の明渡請求の訴訟をしている最中に，被告である占有

者が占有を第三者に移転してしまえば，せっかく当初の被告に対する勝訴判決を取得しても，それによっては新占有者に対する強制執行はできないので，将来の強制執行に備えて占有の移転を禁止しておく措置が必要である（係争物に関する仮処分）。不当に解雇された労働者が解雇無効確認や賃金の支払を求める訴訟をしている最中に賃金の支払を受けることができなければ，その間の生活自体が成り立たないことになりかねない。この場合には，賃金の仮払いを命ずる措置が必要である（仮の地位を定める仮処分）。これらの仮差押えと仮処分の手続をあわせて民事保全手続という。

以上のように，判決手続，強制執行手続，民事保全手続は，相互に関連しながら，全体として相まって私人の権利の実現ないし救済の体系を構成しており，それらを総称して広義の民事訴訟ということもある。

他方，私権の強制的な実現は，破産，民事再生，会社更生などの倒産処理手続を通じてもなされる。倒産処理手続は，倒産状態にある債務者のすべての財産を対象として，当該債務者に対して請求権を有するすべての権利者に関して，集団的に請求権の実現（と調整）をはかるものであり，包括執行とも呼ばれる。これに対し，強制執行は個別の財産ごとになされるので，個別執行とも呼ばれる。もっとも，金銭債権の実現のための強制執行が実際に行われるのは，債務者の資力が十分ではない状態においてであることが多い。しかもその手続には同一債務者に対する他の競合債権者の参加が認められており，参加した債権者は，その参加の前後を問わず，債権額に応じて平等に扱われるという平等主義の建前が採用されている。そこで，金銭債権の実現のための強制執行手続は，特定の財産を対象とした倒産処理手続の実質を持つことになり，ミニ倒産処理手続と呼ばれることもある（特に，不動産を対象とする場合）。

2 判決手続と強制執行手続の関係

強制執行によって実現がはかられるのは，既に判決によって確定された権利とは限らない。判決手続で仮執行宣言付給付判決がなされてそれに基づく強制執行手続が行われ，他方，当該判決に対して上訴がなされるという場合には，両手続は並行して進行する。また，強制執行は，権利の存在をある程度の確実性をもって示す文書であれば，判決以外の文書（この強制執行の基礎になる文書

を「債務名義」という。民執22条）に基づいて行われることもある。たとえば，公証人が作成した公正証書であって，一定の要件を備えた執行証書に基づいて強制執行が行われ，そこに表示された請求権が初めから不存在であったとの異議が訴訟（請求異議訴訟）で主張される場合には，強制執行手続に判決手続が後行する。

　なお，判決があるからといって，必ず強制執行ができるわけではない。強制執行の基礎になるのは，給付請求権の存在を認めて給付を命じた給付判決だけであるし，給付請求権の中には強制執行によってその履行を強制するのに馴染まない性質のものもある。確認判決には執行力はないし，その確定によって権利関係の変動という形成訴訟の目的を実現してしまう形成判決にも執行の余地はない。

3　担保権の実行の手続

　執行の前提として判決を要しない場合は他にもある。すなわち，抵当権，質権または先取特権の付いた請求権の実現をはかるため，これらの権利の目的財産を競売その他の方法で強制的に換価し，得られた金銭によりその請求権の満足をはかる手続を「担保権の実行としての競売」という。この担保権の実行手続は，財産をその権利者の意思とは関係なく国家の手によって換価し，それにより得られた金銭を請求権の満足に当てるという点で強制執行と本質を同じくし，それと並ぶ民事執行のもう1つの主要な領域を構成する。ただし，両者の間には，担保権の実行手続は特定の担保目的物をもってする物的責任の実現をはかるのに対し，強制執行は債務者の一般財産によってその人的責任の実現をはかることを目的としているという差異がある。そこで，これに対応して，担保権の実行のためには債務名義は要求されず，一定の法定文書（たとえば抵当権の設定登記に関する登記事項証明書）があれば足りるとされている。

　民事執行には，留置権による競売と民法・商法その他の法律による換価のための競売もある。これは権利の実現を目的としているものではなく，法律の規定により目的物を金銭化する必要がある場合に，担保権の実行手続を利用するものであり，形式的競売と呼ばれる。換価のための競売の例としては，共有物分割のための競売（民258条2項）や弁済供託をするための競売（民497条）など

がある。さらに，金銭執行の準備のための手続である債務者の財産状況の調査の手続（財産開示手続と第三者からの情報取得手続）も民事執行の一種である。

　以上を要するに，強制執行，担保権の実行手続，形式的競売，債務者の財産状況の調査の手続の4種類の手続を包括する概念が民事執行である（民執1条）。

4　公法上の請求権の実現手続

　強制執行や担保権の実行手続は私法上の請求権の実現のための手続であるが，公法上の請求権の実現のためには別個の手続が用意されている。すなわち，滞納処分は公法上の金銭債権である国税・地方税およびその他の公租公課の強制的取立てのための手続であり，国税徴収法によって規律されている。この滞納処分は，これらの請求権が私債権に優先することや課税処分等に自力執行力があることを反映して，差押えに債務名義を要せず，換価は公売という手続によるなどの点で強制執行と相違する。行政上の代替的作為義務の強制的実現のためには，行政代執行法による行政代執行の手続が用意されている。行政上の強制的実現の手続が認められない請求権について強制執行が認められるか，その前提として国や行政庁，公共団体が民事訴訟により債務名義を取得することができるかが問題となる。この点，国や地方公共団体が専ら行政権の主体として国民に対して義務の履行を求める訴えは法律上の争訟（裁3条1項）に該当せず不適法であるとするのが判例であるが（最判平14・7・9民集56巻6号1134頁〈重判平14行政6〉），学説上は批判が強い。

　これに対し，罰金，科料，没収等の財産刑や過料，制裁金等の強制的徴収のための手続は民事執行ではないが，金銭債権などの強制的実現の手続という面で民事執行と同じ側面を有するため，刑事訴訟法，非訟事件手続法その他の法令で民事執行法その他の強制執行の手続に関する法令の規定にしたがって行うとされている（刑訴490条，民訴189条・303条・327条，非訟121条，家事291条）。

第2節　民事執行法の制定とその後の改正

1　民事執行法の制定

　民事執行制度を規律する最も重要な法源は民事執行法（昭和54年法第4号）と

民事執行規則（昭和54年最高裁規則第5号）であるが，これらの法律や規則が制定されるまでには紆余曲折があった。

　そもそもわが国の最初の近代的な執行制度を整えたのは1890（明治23）年制定の民事訴訟法であり，その後半部分の第6編に強制執行手続と民事保全手続に関する規定が置かれていた。ところが，担保権の実行手続に関する規定はそこには含まれておらず，担保権の実行手続と形式的競売に関しては1898（明治31）年制定の競売法という別個の法律が存在した。ところが，民事訴訟法はドイツ法に倣った法律であるのに，民法の担保物権に関する規定は，旧民法ひいてはフランス法の影響を受けていたため，競売法はドイツ法に依拠することができなかった。その結果，同じ請求権の強制的実現をはかる手続を規律する2つの法律の間に様々な齟齬が生ずることとなってしまった（とりわけ，強制執行手続では「債務名義制度」がとられ，担保権の実行手続ではそれがとられなかったことによる影響は大きい）。

　そこで，判決手続に関する1890（明治23）年の民事訴訟法の前半部分が1926（大正15）年に大改正を受けた後，間もない時期からその後半部分と競売法の改正が意図されたが，第2次世界大戦の影響等もあり，なかなか改正作業は進捗せず，ようやく，1979（昭和54）年に至って，強制執行手続と担保権の実行手続，形式的競売のすべてを規律する法律として民事執行法が成立したのである。また，その際，民事執行手続の基本となる事項および当事者その他の関係人の権利義務に関わる事項については法律に規定するが，それ以外の，民事執行の手続に関わる具体的な細目的事項に関しては最高裁判所規則によるということとされ（民執21条），民事執行規則が定められた。

　上記のように1890（明治23）年の民事訴訟法には民事保全手続に関する規定が含まれており，民事執行法の立案過程ではこれをも含めて改正することが意図されたが，時間不足等のために実現せず，従来の規定のうち，保全命令の発令とそれに対する不服申立ての手続に関する部分のみが民事訴訟法にそのまま残され，保全執行に関する部分は民事執行法に移されるということになってしまった。このような状態を解消し，内容的にも従来の規定を刷新して制定されたのが，1989（平成元）年の民事保全法と1990（平成2）年の民事保全規則である。これに伴い，民事訴訟法と民事執行法・民事執行規則中の民事保全手続に

関する関連規定は削除された。

2 制定後の改正

　民事執行法は，制定後も，その時々の社会情勢に応ずるために，ある程度の規模の改正を何回か受けている。すなわち，最初の重要な改正は1996（平成 8）年の改正であり，破綻した住宅金融専門会社の処理の一環として債権回収を容易にするため，執行妨害対策のための不動産の競売手続における保全処分と引渡命令の強化がはかられた。次に1998（平成10）年には，バブル崩壊後の不動産の競売手続における売却率の低下に対応するために，濫用的な執行抗告の簡易却下制度の新設，執行官・評価人の調査権限の強化などの改正が行われた。

　続いて，抵当権の効力等についての見直しの論議の高まりや司法制度改革審議会の意見書（2001〔平成13〕年 6 月12日）を契機として，2003（平成15）年に，担保不動産収益執行制度の創設，各種保全処分のさらなる強化，間接強制制度の適用範囲の拡大，財産開示制度の導入などの改正が行われた。そして，2003（平成15）年の改正の際に積み残された点に対応するために2004（平成16）年にも改正があり，少額訴訟債権執行制度の創設，扶養義務等に係る金銭債権に基づく間接強制の許容などのことがあった。2019（令和元）年にも，債務者の財産状況の調査に関する制度の実効性の向上のために財産開示制度の改善と第三者からの情報取得制度の導入が行われ，さらに，不動産競売における暴力団員の買受けの防止のための措置の導入や子の引渡しの強制執行に関する規律の明確化のための改正がなされた。

第 3 節　民事執行の種類と態様

1 民事執行の種類

　民事執行は，前述のように，強制執行，担保権実行としての競売，形式的競売，債務者の財産状況の調査の手続からなる。

　このうちの強制執行の手続は，実現すべき請求権（請求債権ないし執行債権）が金銭債権であるか否かによって，金銭執行と非金銭執行とに分かれる。

　さらに金銭執行は，執行の対象となる財産の種類に応じて，不動産執行，準

不動産執行，動産執行，債権およびその他の財産権に対する執行に分かれる。

　不動産執行には，不動産本体を換価して売得金を執行債権の満足に当てる強制競売の手続と，不動産を管理して収益をあげて弁済資金を生み出す強制管理の手続とがある。準不動産執行には，登記・登録の制度があるために不動産執行（強制競売）に準じて行われる船舶，航空機，自動車，建設機械に対する執行手続がある。動産執行は，動産を換価してその売得金を弁済資金に当てる手続である。債権その他の財産権に対する強制執行は，金銭債権等，債務者の債権やその他の財産権を対象とする執行手続であり，金銭債権等を金銭に代える手続には様々なものが用意されている。

　以上に対し，非金銭執行は金銭債権以外の権利の実現のための手続であり，不動産の引渡し・明渡しのための執行，動産の引渡しの執行，子の引渡しの執行，代替的作為請求権についての執行，不代替的作為請求権についての執行，不作為請求権についての執行，意思表示を求める請求権の執行に分かれる。

　他方，担保権実行としての競売は，担保権の被担保債権である金銭債権の満足のための執行であり，したがって，強制執行手続のうちの金銭執行の手続の各々に対応した手続が用意されている。

　まず，不動産の強制競売と強制管理に対応した手続として，担保不動産競売と担保不動産収益執行がある。準不動産執行の各手続に対応するものとして，船舶，航空機，自動車，建設機械の各競売手続がある。動産執行に対応するのが動産競売の手続である。また，債権その他の財産権に対する執行手続に対応するのが債権その他の財産権に対する担保権の実行手続である。これには，物上代位権の行使の手続も含まれる。

　民事執行の種類を図表にまとめると**図表Ⅰ-1**のように，各種の権利の実現手続の利用状況を図表にまとめると**図表Ⅰ-2**のようになる。

2　民事執行の態様

　執行の方法には，直接強制，代替執行，間接強制の3つがある。直接強制とは，執行機関がその権力作用によって債務者の意思と関係なく執行の目的である事実状態を実現する執行方法である。代替執行とは，第三者が債務者に代わって行っても実現可能な義務について，債権者または第三者に当該作為を行

図表 I - 1 　民事執行手続の種類

```
①強制執行
    金銭執行    不動産執行──┬──強制競売
                          └──強制管理
                船舶執行
                航空機・自動車・建設機械執行
                動産執行
                債権およびその他の財産権に対する執行
    非金銭執行   不動産・動産の引渡し・明渡しの執行
                子の引渡しの執行
                作為・不作為執行
                意思表示を求める請求権の執行
②担保権の実行手続
    不動産担保権の実行──┬──担保不動産競売
                      └──担保不動産収益執行
        船舶の競売
        航空機・自動車・建設機械の競売
        動産の競売
        債権およびその他の財産権についての担保権の実行
        （物上代位権の行使手続を含む。）
③形式的競売
        留置権に基づく競売
        民法・商法その他の法律の規定による換価のための競売
④債務者の財産状況の調査の手続
        財産開示
        第三者からの情報取得
```

図表 I - 2 　各種新受事件数

	強制執行		担保権の実行としての競売等		動産執行・競売	不動産・動産引渡事件等	仮差押事件	仮処分事件	破産事件
	不動産	債　権	不動産	債　権					
2010（平22）	4,970	112,462	46,311	2,828	72,728	29,742	12,857	6,759	131,370
2011（平23）	4,678	108,964	38,922	2,536	44,470	27,140	12,119	7,004	110,451
2012（平24）	4,329	111,963	34,633	2,017	35,202	25,354	11,111	7,116	92,555
2013（平25）	4,200	114,591	29,519	1,842	25,301	24,554	10,444	6,720	81,136
2014（平26）	4,129	118,646	23,956	1,523	23,675	22,878	10,034	6,595	73,370
2015（平27）	4,463	113,247	21,007	1,366	25,196	22,020	9,548	6,331	71,533
2016（平28）	4,702	113,931	28,808	1,234	25,247	21,866	9,203	6,344	71,840
2017（平29）	4,726	119,289	17,243	1,115	24,405	22,749	9,152	6,407	76,015
2018（平30）	5,064	119,034	16,531	1,145	20,176	22,922	8,868	6,332	80,012
2019（平31／令 1 ）	5,524	130,563	15,749	1,152					80,202

出所：司法統計年報民事・行政事件編平成31年／令和元年，裁判所データブック2019による。

わせ，それにかかった費用を債務者から取り立てるという執行方法である。また，間接強制とは，裁判所が債務者に対して履行を命ずるとともに，いつまでに履行しなければ不履行に対する制裁としていくらの金銭を債権者に支払えと命ずることによって，債務者の意思を圧迫して債務者に履行を強いるものである。

　強制執行のうちの金銭執行（と担保権の実行手続）は直接強制の方法による。すなわち，債権者の申立てにより目的財産を差し押さえ，それを売却等によって換価して得られた金銭で債権者の債権の満足をはかるという方法がとられる。ただし，前述のように，不動産の強制管理の手続（と担保不動産収益執行）では，換価されるのは不動産それ自体ではなく，その収益である。

　非金銭執行のうちの不動産・動産の引渡し・明渡しの執行では，執行官が目的財産に対する債務者の支配を強制的に排除して，その支配を債権者に委ねるという方法がとられる。これも直接強制の一種である。

　作為請求権の執行は，それが代替的なものであれば代替執行の方法により，不代替的なものであれば間接強制の方法による。

　不作為請求権に関しては，将来において一定の行為を行わないことを請求するほか，「債務者がした行為の結果を除去し，又は将来のため（将来義務違反行為が行われないようにするため）適当な処分をなすべきこと」を請求することが問題となりうる。前者の請求に関しては間接強制が，後者の請求に関しては代替執行の方法が利用されうる。

　さらに，意思表示を求める請求権は作為請求権の一種であるが，これに関しては，意思表示をなすべきことを債務者に命ずる判決が確定した場合（またはそれに準ずべき場合）に，意思表示がなされたことを擬制するという特殊な執行方法がとられている。

　従来は，1つの請求権には1つの執行方法が対応し，かつ，間接強制は債務者の意思に働きかける執行方法であるので債務者の人格尊重の観点から最後の手段であるとされ，直接強制・代替執行によりえない場合にのみ利用可能であると考えられてきた（間接強制の補充性）。しかし，間接強制の方が時間や費用の点で実効的な執行方法であることがありうることが認識されるにおよび，近時の改正により，他の方法が可能な場合でも間接強制によりうることになった。すなわち，不動産・動産の引渡・明渡義務や代替的作為義務について，債

権者は，直接強制や代替執行によらずに間接強制の方法を選択してもよいこととなった。また，扶養義務等に係る金銭債権についても，間接強制の方法をとりうることとなった。

　なお，以上で債権者，債務者というのは，民法でいう債権とか債務というのとは異なった意味で用いられている。すなわち，執行法上は，執行を求める能動的当事者を債権者と，その相手方となる受動的当事者を債務者というのである。そこで，所有権に基づく返還請求権という物権的権利を主張して引渡し・明渡しの強制執行を行う場合でも，能動的当事者を債権者，受動的当事者を債務者という。

第4節　民事執行手続の基本構造と理念

　執行制度は権利者の権利の実現のための制度であるから，第1次的には債権者の利益の保護がはかられなければならない。そのために，執行の簡易・迅速性が重視され，裁判機関と執行機関が分離される。つまり，権利の存否というのは，事実の存在を証拠によって認定し，その事実を要件とする法律効果の発生の有無を判断し，さらにそれらの法律効果の組み合わせによって初めて導きうるものであるから，そのような複雑・困難な作業を執行を担当する執行機関が自ら行いながら執行手続を進めるのでは，執行の簡易・迅速性の要請に応えることはできない。そこで，強制執行の場合には，執行機関と執行によって実現されるべき請求権の有無を判断する裁判機関は分離され，執行機関は，裁判機関が請求権の存在を認めた文書（執行証書の場合は，債権者と債務者が一致して認めた請求権を表示した文書）である債務名義を前提としつつ，自らはそこに表示された請求権の存否の実質的審査をせずに，その実現をはかるべく執行手続を進めるという仕組みが採用されている。これに準じたことは担保権の実行手続の場合にも当てはまり，執行機関は，債務名義の代わりに，抵当権の設定登記に関する登記事項証明書などの一定の法定文書を前提に執行手続を進めるべきこととされている。

　執行機関が裁判機関に権利の実質的な存否の判断を委ねているということは，執行の目的財産の帰属に関しても当てはまる。すなわち，執行は債務者に

帰属する財産に対してのみなされるべきであるが，ある財産が債務者に帰属しているか否かも実体的な判断であって必ずしも容易ではない。そこで，ここでも執行は不動産に関する登記や動産に関する占有という外形的な形式を基準とし（債権の場合には，債権者の主張をそのまま前提にする），執行機関は実質的な判断をしないこととされている。

　このようにすると，執行債権が実際には存在しなかったり，執行の対象財産が債務者には帰属しなかったりするにもかかわらず，執行法上は適法に執行が行われうるということが生じうる。このような執行を不当執行というが，その是正は債務者側や執行の目的財産上の権利を有する側からのイニシアチヴによる請求異議の訴えや第三者異議の訴え，あるいは執行異議や執行抗告などの別個の手続に委ねられているのである。

　もっとも，執行手続は債務者や，場合によっては第三者の私的な領域に国家権力の手によって強権的に介入するものであるから，一面的にその簡易・迅速を追い求めればよいというものでもない。すなわち，債務者や第三者の利益にも配慮する必要があるのであり，そのための1つの手段が上記の不当執行を是正するための手続である。また，執行が自然人である債務者の人格や人間としての尊厳を脅かすものであってはならないし，債務者の自立した人間としての生活を危殆（きたい）に晒すことがあってはならない。そのためにも，執行の方法は法律によって厳格に規律されているのであり，民事執行法や各種の社会法規によって差押禁止財産が定められてもいるのである。苛酷な執行申立ては，執行請求権の濫用として却下されることもありえよう。債務者の人間として尊厳を脅かすような苛酷な執行は，債務者に生活保護を余儀なくさせ，その結果，債権者の利益をはかるために社会全体の負担を増すことになるという意味でも許されない。

第5節　民事執行の基礎

　国家が私法上の請求権・担保権の実現のために民事執行手続を遂行する権能を民事執行権といい，具体的には，そのために債務者（所有者を含む）その他の利害関係人に拘束を加え，受忍服従を要求し，また抵抗を排除する権能を意味する。先にも述べたように，自力救済禁止の反面として，近代国家では，民

事執行権は国家が独占しており，国家執行権として統治権の作用に含まれ，民事司法権に属する。そして，その国家による独占の反面，私法上の権利の強制的実現を必要とする私人（債権者）は，国家に対し執行権の発動を求める必要があり，かつ，それができるのであり，この私人が国家に対して民事執行権の発動を求める権利を執行請求権という。これは，国家に対して民事執行を遂行すべきことを求める公法上の権利（公権）であって，債権者（担保権者を含む）が債務者（担保物所有者を含む）に対して有する私法上の権利とは区別されるものである。判決手続における訴権に対応している。

　執行請求権の基礎を何に求めるべきかについては，強制執行の場合を念頭に置いて古くから議論がなされてきた。

　まず，具体的執行請求権説は，執行請求権の成立のためには，債務名義の存在と私法上の請求権の存在が必要であると説く。これに対し，抽象的執行請求権説は，債務名義の存在のみでよいとする。さらに，折衷説は，私法上の請求権の存在を前提とするが，請求権存在の判断としては債務名義の表示が妥当性を有すると説いている。

　以上に対し，債務名義を要求されていない旧競売法の下の担保権実行のための競売に関しては，執行請求権を観念せずに，担保権に内在する換価権（売却権）に基づくものであると理解する見解が通説となっていた。

　強制執行と担保権実行のための競売を統合した民事執行法の下では，後者に関しては債務名義は要求されていないので，債務名義のみを執行請求権の基礎と見ることはできないと指摘しつつ，執行請求権の基礎は実体権であり，執行請求権は実体権が執行手続面で発現する力であり，実体権の私法上の効力である債権の掴取権能または担保権の換価権能の執行法上の対応物であると説く見解も主張されるに至っている。そして，この見解は，現実に民事執行を実施するためには，権利判定機関と執行機関の分離から，執行手続上の要件として，執行申立てに当たっての債務名義（強制執行の場合）または法定の証明文書（担保権実行のための競売）が要求されると説明する。

　個別の具体的な解釈論に直ちに影響する議論ではないが，執行制度の目的や執行手続の基本構造を考究する契機となる問題である。

（野村秀敏）

第**2**章

民事執行の主体

——執行機関と執行当事者——

　執行機関と執行当事者（債権者，債務者）の三者が民事執行の主体として手続に関与する。債権者と執行機関との間，債務者と執行機関との間，債権者と債務者との間で，三面的な執行手続上の法律関係が生じることになる。執行抗告（民執10条），執行異議（民執11条），国家賠償請求（国賠1条），請求異議の訴え（民執35条）などの救済手段に関係する。

第1節　執行機関

1　意　義

　民事執行手続の実施を担当する国家機関を執行機関という。民事執行をなす権限は，国家が独占している。私人が民事上の権利を強制的に実現することは禁止されている。

　民事執行は，簡易かつ迅速に行う必要がある。そこで，権利の存否を判断する権利判定機関と，その執行手続を担当する執行機関とが分離されている。

2　一元的構成と多元的構成

　執行機関の制度構成には，単一の機関に執行権限を集中させる一元的構成と並立する複数の執行機関に執行権限を分担させる多元的構成とがある。一元的構成は，執行手続を統合するため，同一債務者に対する同一債権に基づく執行が重複することを防げる。適切な対象を選別して，迅速かつ効果的な執行を実施するとともに，その範囲を必要な限度に抑え，債務者の生活や経営の保護を図ることができる。多元的構成は，執行対象の種類および執行方法の内容に応じて，各執行機関が，それぞれの機能的特性に適合した執行方法を実施する責

任を分担し，執行の迅速性と実効性が確保できる。いずれの構成にするかは，立法政策の問題である。

3　執行機関の構成

わが国では，執行機関は原則として裁判所（執行裁判所）と執行官であり（民執2条），2つの機関に分担させる二元的構成が採られている。執行機関の二元主義とも呼ばれる。その間に主従関係はない。例外として，少額訴訟債権執行の場合には，裁判所の書記官も執行機関の一翼を担っている（民執167条の2。裁判所書記官も含めて，三元的構成になったとする見解もある）。なお，保全執行の執行機関も，裁判所と執行官である（民保2条2項）。

権利関係や法的問題に対する観念的な判断を中心とした複雑で慎重な処理が必要とされる執行手続は，執行裁判所が担当する。事実行為を中心とした比較的簡易で，場合によっては威力の行使を要する執行手続については執行官が担当する。

執行裁判所と執行官との間における執行事務分配（職分管轄）に違反してなされた執行行為は，無効であると解されている。

第2節　執行裁判所

1　意　義

執行裁判所とは，民事執行について裁判所に委ねられた権限，すなわち，執行処分の実施，その他の執行手続への関与を職分とする裁判所をいう（民執3条）。

保全執行に関しては，保全執行裁判所という（民保2条3項）。

2　管　轄

執行裁判所となるのは，原則として地方裁判所であり，その構成は，単独裁判官による（裁25条・26条1項）。

少額訴訟債権執行の場合には，裁判所書記官が所属する簡易裁判所が執行裁判所となる（民執167条の3）。代替執行や間接強制については，簡易裁判所ま

たは家庭裁判所が執行裁判所となることがある（民執171条2項・172条6項・33条2項）。

民事執行法に規定する裁判所の管轄は，専属管轄である（民執19条）。

3　職　分

執行裁判所の職分には，以下のものがある。

(1)　執行裁判所が執行機関として担当する職務　観念的執行処分を主とする執行手続である。

金銭執行では，不動産に対する執行（民執44条・188条・195条），船舶に対する執行（民執113条），航空機に対する執行（民執規84条），自動車に対する執行（民執規87条），建設機械に対する執行（民執規98条），債権その他の財産権に対する執行（民執144条・167条）がある。

非金銭執行では，目的物を第三者が占有する場合の引渡執行（民執170条2項），代替執行（民執171条），間接強制（民執172条）がある。

(2)　執行官の執行手続を監督または補助する職務　休日または夜間における執行の許可（民執8条1項），差押禁止動産の範囲の変更（民執132条）などがある。

(3)　その他民事執行に付随する職務　執行異議の裁判（民執11条），特別代理人の選任（民執41条2項）などがある。

4　裁　判

(1)　手　続　執行裁判所の裁判手続は，口頭弁論を経ないですることができる（任意的口頭弁論。民執4条）。その裁判の形式は，決定である（民執20条，民訴87条）。第三者異議の訴え（民執38条3項）や配当異議の訴え（民執90条2項）は，通常の訴訟事件なので，口頭弁論は必要的である。

執行裁判所は，必要があると認めるときは，利害関係を有する者その他参考人を審尋することができる（民執5条）。審尋をしない場合がある（民執145条2項）。

(2)　告　知　執行裁判所の裁判は，決定なので，執行裁判所は相当と認める方法で告知すれば足りるのを原則とする（民執20条，民訴119条）。

例外として，期日における言渡しを必要とする場合（民執69条），送達を必要とする場合（民執45条2項・145条3項・159条2項）がある。

(3)　**不服申立て**　　執行裁判所の裁判に対して，特別の定めがある場合には執行抗告（民執10条），その他の場合には執行異議（民執11条）ができるのが原則である。

例外的に，不服申立てが認められない裁判もある（民執10条9項・36条5項，44条4項）。

第3節　執行官

1　意　義

執行官とは，各地方裁判所に置かれ，法律の定めるところにより，裁判の執行，裁判所の発する文書の送達その他の事務を行う，独立かつ単独制の司法機関である（裁62条）。

2　地　位

(1)　**任命・監督等**　　執行官は，各地方裁判所に置かれる特別職の国家公務員である（裁62条1項，国公2条3項13号）。

執行官は，最高裁判所が定める基準に該当する者のうちから，一定の試験による選考を経て，各地方裁判所が任命する（裁62条2項・64条。執行官規1条，裁判官以外の裁判所職員の任免等に関する規則4条）。裁判所書記官は筆記試験が免除されており（執行官規1条2項），裁判所書記官を経験した者から任命されることが多い。

執行官の事務分配は，所属地方裁判所が定める（裁65条，執行官2条2項）。執行官は，所属する地方裁判所の監督を受ける（裁80条，執行官規4条以下）。地方裁判所には1人の総括執行官が置かれ，総括執行官は，執行官の一般執務について指導監督する（執行官規5条の2）。

しかし，執行官は独立の司法機関である。民事執行に関する執行処分に関して，執行官は，自己の責任と判断においてその権限を行使する。

(2)　**手数料制**　　執行官は，国から俸給を受けない。その職務の執行につい

コラムⅠ-1　執行官制度の沿革

　執行官制度は，1890（明治23）年の裁判所構成法および民事訴訟法に，「執達吏」として採用された。その後，1947（昭和22）年の裁判所法により，その名称を「執行吏」と改め，さらに1966（昭和41）年の執行官法により，執行官になった。

　執行吏制度の基本的な特徴として，以下の3つがあげられる。

① 　執行吏は，所属裁判所の管轄区域内において，裁判所の指定した地に役場を設け，その所在地に住所を定める（役場制）。

② 　債権者は，同一の裁判所に所属する数人の執行吏のうちから，任意に1人を選択して，執行を委任する（自由選択制）。

③ 　執行吏は，俸給を受けず，取り扱った事件の当事者から受ける手数料がその給与となる。手数料が一定額に達しない場合には，国庫から不足額が支給される（手数料制）。

　これらは，執行吏間の自由な競争を促進し，債権者のために執行手続の効率化をあげることが期待できる。しかし，執行吏と当事者との間に情実を生じやすく，その職務執行を不明朗・不公正なものとするおそれがあり，制度の改革が強く要望されるに至った。そこで，執行官法が制定され，裁判所法が改正された。役場制と自由選択制が廃止されたが，手数料制は維持された。執行機関の一元化の問題とともに，将来の課題である。

て手数料を受ける。この手数料制が，執行官と一般の国家公務員との相違点である。執務の効率を確保するためである。

　執行官は，1年間の手数料収入が政令で定める一定の額に達しないときは，国庫からその不足額の補助を受ける（裁62条4項，執行官7条～9条・12条～16条・21条）。

　(3)　除　斥　　執行官について所定の事由があるときは，執行官は職務の執行から除斥される（執行官3条）。これは，執行官の職務執行の不公正を防止し，国民の執行官に対する信頼感を保持するためである。

　回避は，地方裁判所の許可を得てできる（民訴規12条の類推）。忌避については，職務内容の定型性および忌避申立ての濫用の危惧から，認められないと解されている。

　(4)　**職務の代行**　　地方裁判所は，執行官の事故その他の理由により必要が

あるときは（執行官の病気，休職など），最高裁判所の規則で定めるところにより，裁判所書記官に執行官の職務の全部または一部を行わせることができる（執行官20条）。

3　管　轄

(1)　職分管轄（執行官の職分）　　執行官の職分には，次の3種がある。

(イ)　執行官が執行機関として担当する職務　　現実的（事実的）執行処分が主である。①動産執行（民執122条），動産競売（民執190条），②物（不動産等または動産）の引渡しまたは明渡しを求める請求権の強制執行（民執168条・169条。ただし，第三者が占有している場合を除く）がある。

(ロ)　執行裁判所が執行機関となる手続における執行官の職務　　執行裁判所が行う民事執行手続に付随して，執行官が執行行為を行うことがある。不動産の現況調査（民執57条），不動産の保管（民執55条・77条），内覧の実施（民執64条の2）などがある。

(ハ)　その他の職分　　以上の(イ)・(ロ)は，いずれも民事執行法等の法令において執行官が取り扱うべきものとされている事務である（法定事務。執行官1条1号）。このほかに執行裁判所の個別的な裁判において，執行官が取り扱うべきものとされた事務（裁定事務。執行官1条2号）がある。

不動産の強制管理・収益執行における管理人の事務（民執94条・188条），代替執行における作為の実施（民執171条1項）などがある。これらについて，執行官が選任された場合，執行官の職分に当たる。

(2)　土地管轄（職務執行区域）　　執行官は，原則として，所属する地方裁判所の管轄区域内において，その職務を行う（執行官4条）。例外として，不動産の現況調査（民執規28条），数個の動産の同時差押え（民執規101条），競り売り期日の開催（民執規114条2項），不動産等の引渡し等（民執規152条）などの場合には，所属の地方裁判所の管轄区域外で職務を行うことができる。

職務執行区域の限定が，間接的に，執行官の土地管轄を定めることになる。

4　執行官による執行手続

(1)　執行の申立て等　　執行官の職分に属する執行行為の実施は，原則とし

て申立てによる（執行官 2 条 1 項，執行官規 7 条 1 項）。民事執行の申立てがある
と，執行官は，民事執行を開始する日時を申立人に通知する（民執規11条）。執
行官は，民事執行を実施したときは，調書を作成しなければならない（民執規
13条）。

(2)　執行官と申立人（債権者）との関係　　執行官と申立人との関係は，私
法上の委任関係ではない。執行官は，申立人の代理人ではない。執行官は，申
立人の具体的な指示に拘束されない。

　法律は，執行官に特別な実体的権限を認めている。すなわち，執行官は，動
産執行（民執122条 2 項），動産の引渡しの強制執行（民執169条 2 項），動産競売
（民執192条）において，債務者または第三者から執行の目的物，金銭などが提
供されることがあるが，これを受領する権限を有する（任意弁済受領権）。ただ
し，これは，執行機関として受領するものである。執行官は，受け取ったもの
につき，受取証を交付する（執行官規14条）。

　債権者が，申立てに当たり，執行官に対して，一定の私法上の行為（代物弁
済の受領，和解の締結，期限の猶予，反対給付の提供など）について，代理権を付与
することはできないと解されている。

(3)　強制力行使　　執行官による執行処分は，主として事実行為であり，執
行官は，強制力を行使する権限を有する。動産の差押えや引渡しの強制執行に
際し，執行官は，債務者の住居その他の場所に立ち入り，目的物を捜索し，閉
鎖した戸や金庫その他の容器を開くため必要な処分をすることができる（民執
123条 2 項・169条 2 項）。不動産等の引渡し・明渡しの強制執行をするに際し，
執行官は，債務者の占有する不動産等に立ち入り，閉鎖した戸を開くため必要
な処分をすることができる（民執168条 4 項）。

　執行官が職務の執行に際し，債務者または第三者から，執行妨害のために物
理的その他の手段による抵抗（暴行・脅迫行為，バリケードの設置，座込みなど）
を受けることがある。執行官は，抵抗を排除するために，自ら威力（実力）を
行使することができる。必要があると認める場合には，警察上の援助を求める
ことができる（民執 6 条 1 項本文）。

(4)　職務執行の適正確保　　執行官の職務執行の適正を確保する必要があ
る。住居の平穏が不当に侵害されないように，立会人が必要である（民執 7

条）。執行官が休日または夜間に住居に立ち入って職務執行をするには，執行裁判所の許可を受けなければならない（民執8条）。執行官が職務を執行する場合には，身分証明書等を携帯し，請求があった場合，これを提示しなければならない（民執9条，執行官規11条）。

執行官の執行処分およびその遅怠に対しては，当事者は，執行異議を申し立てることができる（民執11条）。執行官がその職務を行うにつき，他人に損害を加えた場合，国がその損害の賠償責任を負うことになる（国賠1条。最判平9・7・15民集51巻6号2645頁〈百選28〉参照）。

第4節　執行共助機関

1　意　義

執行機関（執行裁判所，執行官）を補助して，民事執行手続上の付随的事項を担当する他の機関を執行共助機関（執行補助機関とも呼ばれる）という。

2　裁判所書記官

執行共助機関の代表的なものは裁判所書記官である。裁判所書記官は，各裁判所に置かれ，原則として裁判官を補助し，裁判官の命令に従う（裁60条）。しかし，複雑な法律判断を必要としない定型的な行為については，裁判所書記官が担う。民事執行法は，裁判所書記官に固有の職務権限を認めている。2004（平成16）年改正により，裁判所書記官の権限がさらに拡大され，その果たす役割は大きくなっている。担当すべき分野は広範にわたっている。

裁判所書記官の固有の権限として，不動産の売却方法の決定（民執64条1項），差押え等の登記嘱託（民執48条・54条・82条・150条・164条），公告（民執49条2項・64条5項），配当要求の終期の決定（民執49条），物件明細書の作成（民執62条），配当表の作成（民執85条5項）などが認められている。少額訴訟債権執行の手続きは，裁判所書記官が行う（民執167条の2以下）。

3　官庁・公署

執行裁判所または執行官は，民事執行のため必要がある場合には，官庁また

は公署に対して援助を求めることができ，執行目的財産に対して課される租税その他の公課について証明書の交付を請求できる（民執18条）。

　警察官（民執 6 条 1 項），登記官・登録官（民執48条・54条・150条・164条），市町村（民執規36条 2 項）に対しても協力を求めることができる。これらは民事執行に協力する場合，補助機関としての活動として位置づけられる。

4　執行補助者

　執行官以外の者で，執行裁判所の命令により民事執行に関する職務を行う者がいる。執行補助者とも呼ばれる。不動産の評価人（民執58条），管理人（民執94条），船舶の保管人（民執116条）などである。

　これらの者が職務執行に当たり抵抗を受ける場合，執行官に対し援助を求めることができる（民執 6 条 2 項・96条 2 項・116条 4 項）。立会人の必要性，休日または夜間の執行についての執行裁判所の許可，身分証明書等の携帯についても，執行官の職務執行に準じた扱いを受ける（民執 7 条・ 8 条・ 9 条。執行官「等」に当たる）。

第 5 節　執行当事者

1　意　義

　民事執行手続においても，判決手続と同様に，執行債権につき利害が対立する二当事者が手続に関与する。これを執行当事者という。執行を求める者を債権者（または執行債権者）という。その相手方を債務者（または執行債務者）という。なお，個々の執行手続との関係では，債権者を差押債権者と呼ぶこともある（民執55条・128条・155条など）。民事執行手続における債権者・債務者は，実体法上の債権者・債務者の概念と一致しない場合がある。

　強制執行の申立書には，債権者，債務者の氏名等を記載する（民執規21条）。

2　当事者能力

　当事者能力（執行当事者能力とも呼ばれる）とは，執行当事者となることができる一般的な資格である。民事執行は，私法上の請求権の強制的実現のための

手続であるため，債権者・債務者には当事者能力が必要となる。

　自然人および法人は，当事者能力を有する。法人格のない社団・財団であっても，代表者・管理人の定めがあるものは，執行当事者となることができる（民執20条。民訴28条・29条）。民法上の組合についても，民事訴訟法29条の準用により，団体としての独立的実在を有するものについては，当事者能力を認める見解が有力である。

　当事者能力は職権調査事項であり，執行機関は，当事者能力の有無について職権で調査しなければならない。

3　訴訟能力

　訴訟能力についても，民事訴訟法が準用される（民執20条）。債権者は，執行の申立てや配当要求など，自らの意思で積極的に執行手続上の行為をするので，訴訟能力が必要である。

　債務者の訴訟能力については争いがある。債務者は，執行手続を求める者の相手方であり，執行を受忍する地位にあるので，原則として訴訟能力は不要である。ただし，債務者が，たとえば，審尋を受けたり，債務名義の送達や裁判の送達を受けたり（民執29条・145条3項・159条2項），執行抗告や執行異議の申立てなど，手続に積極的に関与する場合には，訴訟能力が必要であると解されている。これに対して，執行手続を常に監視し，処分の適否を争うべきか判断する必要があり，債務者についても，訴訟能力が必要であると解する見解もある。

　訴訟能力は職権調査事項であり，執行機関は，訴訟能力の有無について職権で調査しなければならない。

4　執行当事者適格

　個々の民事執行手続において，債権者または債務者となることができる資格を執行当事者適格という。

　強制執行手続においては，執行当事者適格は，債務名義の執行力の主観的範囲（民執23条）によって定まる。担保権実行手続においては，担保権者またはその承継人に執行債権者適格が認められ，担保目的物の所有者（または債務者）

に執行債務者適格が認められる。

5　代理人

　執行当事者は，民事執行手続を代理人によって行わせることができる。判決手続よりも代理人となる資格要件が緩和されている。執行手続は債務名義で確定された請求権の存在を前提として開始され，手続の内容も定型的に法定されている場合が多いからである。

　執行裁判所の執行手続について，訴え（第三者異議の訴えなど）または執行抗告に係るものは，弁護士代理の原則（民訴54条1項）が適用され，代理人の資格が限定される。それらの手続を除いては，執行裁判所の許可を得て，代理人になることができる（民執13条1項，民執規9条。なお，弁護士法72条〔非弁護士の法律事務の取扱い等の禁止〕による規制がある。司法書士は，請求の価額が140万円を超えない少額訴訟債権執行を除いては，強制執行に関する事項について代理することができない。司書3条1項6号参照）。

　執行官が行う執行手続に関しては，代理人の資格につき制限はない。

（大内義三）

第3章

債務名義

第1節　債務名義の意義

　債権者が強制執行を実施するためには，「執行文の付された債務名義の正本」に基づくことが必要であり（民執25条），強制執行の申立書にこれを添付しなければならない（民執規21条）。本章においては，まず「債務名義」について解説し，「執行文」については次章（第4章）において解説する。

　債務名義とは，一定の給付請求権の存在と範囲を表示した文書で，法律により執行力が認められたものである。たとえば，XがYに対して提起した貸金返還請求訴訟における「YはXに300万円を支払え」という請求を認容する確定判決は，XのYに対する300万円の貸金返還請求権が表示された文書であり，かつ，民執法22条1号の「確定判決」に該当する執行力が認められる文書であるため，債務名義となる。

　強制執行の申立てに債務名義が必要であるとされているのは，執行機関と権利判定機関（権利確定機関）が分離されていることに由来する。強制執行は，給付請求権が実体的に存在していることを前提とするが，役割分担上，執行機関はその存否を実質的に調査し得ないのが原則である。そこで，執行機関は，給付請求権の実質的な調査に代え，形式的に債務名義が存在していることを確認することによって，直ちに強制執行を開始することができるという仕組みになっている。

　したがって，ある文書が債務名義とされるためには，給付請求権の存在と範囲が，強制執行の開始が債務者に受忍されうる程度の蓋然性をもって表象されているものでなければならない。もっとも，最終的には，どのような文書を債務名義とするのかは，立法政策的な判断に委ねられる問題である。

第2節　債務名義の種類

　債務名義となる文書は，民執法22条の各号に列挙されている。この規定を類推して新たな債務名義を創設したり，私人間の合意のみによって特定の文書を債務名義としたりすることはできない（なお，他の法律において「執行力のある債務名義と同一の効力を有する」旨の定が置かれることにより，債務名義となる文書もある〔たとえば，民訴費15条1項・16条1項，家事75条，民訴189条1項，刑訴490条1項など参照〕。これらの文書については，執行文は原則として不要と解されている）。

　以下では，民執法22条の各号に列挙されている債務名義を，順に見ていくこととする。

1　確定判決（民執22条1号）

　確定判決とは，上訴によって取り消される余地がなくなった判決をいう。もっとも，確定判決であればそのすべてが債務名義となるのではなく，給付判決，すなわち，原告の主張する給付請求権の存在を認め，被告にその給付を命じる本案判決（給付の訴えにおける請求認容判決）でなければならず，さらに，給付判決であっても，強制執行になじむ給付を命じる給付判決でなければ，債務名義とはならない。

2　仮執行宣言付判決（民執22条2号）

　民事訴訟において請求認容判決が言い渡されたとしても，被告によって上訴がなされれば，判決の確定までにさらに時間がかかり，原告の権利の実現が遅延することになる。そこで，原告に早期の救済を与え，遅延目的の濫用的な上訴を防止するために，仮執行宣言の制度が設けられている。裁判所は，必要があると認めるときは，申立てによりまたは職権で，財産上の請求に関する判決に「この判決は，仮に執行することができる」という仮執行宣言を付すことができる（民訴259条1項）。本号により，原告は，この仮執行宣言付判決を債務名義として，判決確定前においても強制執行を行うことが可能となる。執行後に，上訴審において原告が敗訴したなど，判決が変更された場合には，仮執行

宣言は効力を失い（民訴260条 1 項），裁判所は，被告の申立てにより，仮執行により満足を受けた原告に原状回復を命じることとなる（民訴260条 2 項）。

3　抗告によらなければ不服を申し立てることができない裁判（民執22条 3 号）

抗告によらなければ不服を申し立てることができない裁判とは，強制執行になじむ給付を命じる決定または命令であり，その性質上，抗告が認められるものを意味する。たとえば，売却のための保全処分（民執55条），不動産引渡命令（民執83条），間接強制金決定（民執172条 1 項），訴訟費用の償還を命じる決定（民訴69条 1 項・192条 1 項）などがこれに当たる。

なお，文書提出命令（民訴223条），検証物提示命令（民訴232条）は，抗告が認められる決定であるが，文書等の所持者が負うのは裁判所に対する義務であることや，制裁による履行確保の方法が別に定められている（民訴224・225・232条 1 ・ 2 項）ことから，本号の対象にはならないと解されている。

4　仮執行宣言付損害賠償命令（民執22条 3 号の 2 ）

犯罪被害者およびその遺族が，民事上の損害賠償請求権について，簡易迅速に債務名義を得られるようにするため，「犯罪被害者等の権利利益の保護を図るための刑事手続に付随する措置に関する法律」（2007〔平成19〕年）により，損害賠償命令制度（犯罪被害保護23条以下）が設けられている。この制度により，刑事被告事件の係属する裁判所は，被告人に対し，被害者等への損害賠償を命じることができ，被害者等は，民事訴訟をはじめから提起する負担が軽減されることとなる。この損害賠償命令に仮執行宣言が付された場合（犯罪被害保護32条 2 項）には，本号により債務名義となる（仮執行宣言付損害賠償命令は決定であるが，不服申立ては異議によることとなる〔犯罪被害保護33条，異議により民事訴訟に移行する［犯罪被害保護34条］〕ため，民執法22条 3 号には該当しないことから，枝番号として追加されている）。

なお，被告人による適法な異議がないときは，損害賠償命令は確定判決と同一の効力を有することとなる（犯罪被害保護33条 5 項）。この場合は，本号ではなく民執法22条 7 号の債務名義となる。

5　仮執行宣言付届出債権支払命令（民執22条3号の3）

　同種の被害が拡散的に多発する消費者被害を集団的に回復するため，「消費者の財産的被害の集団的な回復のための民事の裁判手続の特例に関する法律」（2013〔平成25〕年）により，二段階型の手続が設けられている。まず，一段階目の手続として，特定適格消費者団体（消費者被害回復65条）が原告となり，事業者を被告として，消費者契約に関して相当多数の消費者に生じた財産的被害に対し，共通する原因に基づき金銭を支払う義務を負うべきことの確認を求める訴え（共通義務確認訴訟）を提起することができる（消費者被害回復3条）。この共通義務確認訴訟において特定適格消費者団体が勝訴した場合は，二段階目の手続として，個々の消費者は，特定適格消費者団体に授権することにより手続に参加し，授権を受けた特定適格消費者団体が，個々の消費者の債権を裁判所に届け出る（消費者被害回復30・31条）。事業者が届出債権の全部または一部を認めなかった場合は，特定適格消費者団体は，事業者の対応を争うことができ，この場合には，裁判所の判断により債権が確定する（簡易確定決定。消費者被害回復44条1項）。簡易確定決定において，裁判所が届出債権を認める場合，事業者に支払を命ずる決定（届出債権支払命令）をし，この届出債権支払命令に仮執行宣言を付けることができる（消費者被害回復44条4項）。本号は，これが債務名義となることを規定するものである（仮執行宣言付届出債権支払命令は決定であるが，不服申立は異議によることになる〔消費者被害回復46条，異議により民事訴訟に移行する［消費者被害回復52条］〕ため，前号と同様に枝番号として追加されている）。

　なお，異議申立てがない場合は，届出債権支払命令は確定判決と同一の効力を有することとなる（消費者被害回復46条6項）。この場合は，本号ではなく民執法22条7号の債務名義となる（また，債権届出の段階で，届出債権を事業者が認めた場合等も，届出消費者表の記載に，確定判決と同一の効力が認められ〔消費者被害回復42条5項・47条2項〕，民執22条7号の債務名義となる）。

6　仮執行宣言付支払督促（民執22条4号）

　債務者が債務について争わないことが見込まれる場合に，債権者が簡易迅速に債務名義を得る手続として，簡易裁判所の裁判所書記官が発付する支払督促

（民訴382条以下）の制度が設けられている（1996〔平成8〕年民訴法改正前は，簡易裁判所が発令する支払命令の制度であった）。この制度の対象となる請求権は，強制的実現が誤っていた場合の回復が比較的容易である，金銭その他の代替物または有価証券の一定数量の給付を目的とする請求に限られている。

　支払督促の手続は，まず，債権者の申立てにより，支払督促が発付され，それが債務者に送達される。2週間以内に債務者から督促異議の申立てがない場合は，債権者の申立てにより，支払督促に仮執行宣言が付される（民訴391条，なお，督促異議の申立てがあった場合は，民事訴訟に移行する〔民訴395条〕）。本号の規定により，この仮執行宣言付支払督促が債務名義となる。

　なお，仮執行宣言付支払督促も債務者に送達され，2週間以内に債務者から督促異議の申立てがない場合は，支払督促は確定判決の同一の効力を有する（民訴396条）。この場合は，本号ではなく民執法22条7号の債務名義となる。

7　訴訟費用，執行費用等に関する裁判所書記官の処分（民執22条4号の2）

　訴訟費用もしくは和解費用の負担の額を定める裁判所書記官の処分（民訴71条・72条）がこれに当たる（この処分に対して異議が申し立てられ，裁判所が決定により額を定めた場合〔民訴71条6項〕は，民執法22条3号の債務名義となる）。また，債務者が負担すべき執行費用のうち，同時取立（民執42条2項）がなされなかった額，および債務者が返還すべき金銭（民執42条3項）の額を定める裁判所書記官の処分（民執42条4項）もこれに当たる。

　本号は，1996（平成8）年民訴法改正によって，費用額確定の権限が，裁判官から裁判所書記官に移されたことに伴い，枝番号として追加されたものである。

8　執行証書（民執22条5号）

　執行証書とは，①公証人が作成した公正証書であること，②金銭の一定の額の支払（またはその他の代替物・有価証券の一定の数量の給付）を目的とすること，③債務者が直ちに強制執行に服する旨の陳述（執行受諾文言）が記載されていること，という3つの要件を満たす文書をいう。

　このような執行証書は，私人間で交わされる契約書よりも信頼性が高いと考

えられることから，本号により債務名義とされているのであるが，公証人は請求権の存在・内容について実質的に審査するわけではなく，その実体的な正当性の保障が弱い。そのため，執行証書の効力をめぐる争いもしばしば見られ，以下のような点について議論がある。

　上記①の要件につき，執行証書は公正証書としての方式を遵守しなければならないことに関連して，代理人が本人と称して作成嘱託をし，本人の名で署名をして（いわゆる署名代理によって）作成された執行証書の効力について議論がある。債務者側の署名代理につき，最判昭51・10・12民集30巻9号889頁（百選2①）は，実質的審査権が制限された公証人の審査においては，作成手続の形式的な手順，特に代理形式をとる場合の手続形式が重要であること（公証2条，32条，39条，同法施行規則13条の2）から，「公正証書の作成を現実に嘱託する者に人違いがないということは，公正証書の作成にあたり要求される最も基本的な事項」であるとして，無効であるとする（債権者側の署名代理の場合についても，最判昭56・3・24民集35巻2号254頁〈百選2②〉が同旨の判断を示す）。これに対し，学説においては，民法上の法律行為に関しては署名代理も有効であること，現実に代理権を有する以上，本人の意思に反するとは言えないこと等の理由により，有効であると解する立場も有力である。

　上記②の要件は，債務者に執行を受ける範囲を明示しその保護を図るため，金銭の一定の額の支払を目的とすることを必要とするものである。一定の額の記載があれば，条件または期限付きの請求権が記載されていたり，反対給付に係る請求権が記載されていたりしても，この要件を満たすとされているが，保証人の事後求償権（民459条）は，弁済額に応じて具体的に発生するため，これが記載された公正証書の効力について議論がある。大阪高決昭60・8・30判タ569号84頁〈百選3①〉は，民執法27条（条件成就執行文）の類推により認められる余地があるが，当該事案では記載が曖昧であることを理由に認められないとした。福岡高判平2・4・26判時1394号90頁〈百選3②〉も，傍論としてではあるが，同じく民執法27条の類推により認められる旨を判示する。これらの裁判例は，原則として肯定する立場を示すものであり，学説上も，求償の最高額が明示されている限り，②の要件を満たすという見解が有力である。これに対し，実務（東京地裁）においては，債務者保護の観点から，否定説に立った

運用がなされているとされる。

　上記③の要件の執行受諾文言につき，その陳述は訴訟行為であると一般に解されている。手続の安定のため，訴訟行為には民法上の意思表示の規定は適用されないという原則との関係で，これに民法上の意思表示の規定の類推適用が認められるかについて議論がある。判例は，錯誤（民95条）について，最判昭44・9・18民集23巻9号1675頁が，その適用を認める。その一方で，表見代理については，民法109条につき最判昭42・7・13判時495号50頁が，民法110条につき最判昭33・5・23民集12巻8号1105頁などが，適用を認めていない。後者に対しては，学説上，執行受諾は訴訟行為であるが，取引行為の一環として私法行為とともになされることから，取引安全保護の見地から表見代理を適用すべきであるとの異論も見られる。

9　確定した執行判決のある外国裁判所の判決（民執22条6号）

　外国裁判所の給付判決であっても，その内容が日本国内で実現可能である場合（たとえば，金銭の給付を命じる判決で債務者の財産が日本国内にある場合など）には，債権者が外国裁判所の判決に基づいて，日本国内で強制執行をすることができれば，債務名義を得るために再度訴訟を提起する手間を省くことができる。そこでまず，民訴法118条において，外国裁判所の確定判決は，①法令または条約により外国裁判所の裁判権が認められること，②敗訴の被告が訴訟の開始に必要な呼出しもしくは命令の送達（公示送達その他これに類する送達を除く）を受けたこと，またはこれを受けなかったが応訴したこと，③判決の内容および訴訟手続が日本における公の秩序または善良の風俗に反しないこと，④相互の保証があること，以上をすべて満たす場合に，日本において効力が生じると規定されている。もっとも，その判断には慎重さが求められるため，執行機関や執行文付与機関に委ねることは妥当でない。そこで，本号は，債権者は，強制執行の申立てに先立って，日本国内の裁判所（管轄については民執24条1項参照）に訴訟を提起して，執行判決を求めなければならないこととしている。すなわち，外国裁判所の判決と執行判決が揃って初めて1つの債務名義となる。

　執行判決を求める訴えにおいて，裁判所は，外国裁判所の判決の内容の当否は調査せず（民執24条4項），判決が確定したこと，および上記の民訴法118条

の要件を満たすことのみを調査する（たとえば，3号の公序違反につき，カリフォルニア州裁判所の判決の懲罰的損害賠償を命じた部分が日本における公の秩序に反するとした判例として，最判平9・7・11民集51巻6号2573頁がある。香港の裁判所が命じた弁護士費用の敗訴者負担について，実際に生じた費用の範囲内でその負担を求めるのであれば公の秩序に反しないとした判例として，最判平10・4・28民集52巻3号853頁〈百選4〉がある）。審理の結果，外国裁判所の判決の確定が証明され，かつ，民訴法118条の要件が認められる場合には（民執24条5項参照），執行判決が言い渡される（民執24条6項）。

10　確定した執行決定のある仲裁判断（民執22条6号の2）

　仲裁法45条1項本文により，仲裁判断は，確定判決と同一の効力を有するとされるが，仲裁手続は私人間で行われる手続であり，仲裁法44条1項に列挙してある一定の事由がある場合には，仲裁判断が取り消されるため，強制執行の申立てに先立って取消事由がないことを確認しておく必要がある。そこで，仲裁法45条1項但書により，仲裁判断に基づいて強制執行をするためには執行決定が必要であるとされており，仲裁判断と執行決定が揃って初めて1つの債務名義となる（かつては，民執22条6号に外国裁判所の判決と合わせて規定されていたが，2003〔平成15〕年の仲裁法制定によって，以前は執行判決とされていたものが執行決定に変わったため，枝番号として分けて規定されている）。

　執行決定を求める申立ては，債務者を被申立人として，裁判所（管轄については仲裁46条4項参照）に対して行う。裁判所は，承認・執行拒絶事由（仲裁45条2項）がないかを調査し，これがない場合に執行決定をする（仲裁46条7項）。

　外国仲裁判断の承認・執行については，多くの場合，外国仲裁判断の承認および執行に関する条約（ニューヨーク条約）等の条約によって規律される（たとえば，ニューヨーク条約と日中貿易協定の定めに従い，日本の仲裁法を適用して判断した事例として，大阪地決平23・3・25判時2122号106頁〈百選5〉）。条約の適用がない場合は，仲裁法の規定に従う（仲裁45条1項括弧書）。

11　確定判決と同一の効力を有するもの（民執22条7号）

　個別の法律で「確定判決と同一の効力を有する」と規定されている文書は，

コラムⅠ-2　ADR における和解合意への執行力付与

　2004（平成16）年の「裁判外紛争解決手続の利用の促進に関する法律」（ADR
法）の制定に際し，裁判外紛争解決手続（ADR）の利用促進のため，ADR におけ
る和解合意に執行力を付与することが検討された。しかし，民間の ADR 機関で容
易に債務名義が作成されることには，「債務名義製造会社」が出現するといった弊
害が懸念される。そこで，執行証書に倣い金銭債権等に限定し，かつ執行受諾文言
を要求することや，仲裁判断に倣い裁判所の執行決定を要求することなど，債務名
義の成立を慎重なものにすることによって対処することも考えられたが，当事者間
で裁判外の和解が成立した場合に，これを債務名義化する際に従来利用されていた
既存の制度（即決和解〔民訴275条〕，執行証書）に比べ，必ずしも使い勝手が良い
とは言えず，それほどのニーズがないと考えられた。また，ADR 法によって導入
された ADR 機関が法務大臣から認証を受ける仕組み（認証制度）によって，弊害
は回避できるとも考えられたが，認証制度の開始と同時の執行力の付与は時期尚早
であるとされ，ADR 法制定の際の執行力の付与は見送られた。

　ADR 法の成立から10年以上が経過した現在，ADR の利用は，当初期待されてい
たほど活発ではないとされており，その利用促進のため，これまで様々な提案がな
されている。その中には，認証 ADR 機関の選択により，裁判所の執行決定と当事
者の執行受諾文言があることを条件に，認証 ADR における和解合意に執行力の付
与が可能となる制度の提言も見られる（一般財団法人日本 ADR 協会「ADR 法制
の改善に関する提言」NBL1126号〔2018年〕62頁）。今後，これが新しい債務名義
が創設されることにつながるのか，注目される。

　本号により，債務名義となる。これまでの各号の説明の中で触れたもののほか
にも，重要なものとして，和解調書・認諾調書（民訴267条），調停調書（民調16
条，家事268条1項），労働審判（労審21条4項），倒産手続における債権者表への
記載（破221条1項，民再180条2項・3項・185条，会更206条2項・235条1項・240
条）などがこれに当たる。

第3節　執行力の主観的範囲

　ある強制執行手続において，債権者または債務者となることのできる者（執

行当事者適格を有する者）が誰であるかについては，当該債務名義の執行力の主
観的範囲（人的範囲）によって決まる。

　民執法23条は，債務名義の執行力が及ぶ者を，執行証書以外の債務名義と執
行証書に分けて規定している。執行証書以外の債務名義については，下記の**1**
～**4**の者に及ぶと規定しており，執行証書については，下記の**1**，**3**の者にの
み及ぶと規定している。

1　債務名義に表示された当事者（民執23条1項1号，2項）

　債務名義に表示された当事者は，当該債務名義が本来予定している債権者お
よび債務者であり，また，債務名義作成過程に関与の機会が保障されている者
でもある。したがって，執行力は債務名義に表示された当事者に及ぶことが，
原則であり，本号（執行証書の場合は本項）はこれを規定するものである。

2　債務名義に表示された当事者が他人のために当事者となった場合のその 他人（民執23条1項2号）

　「債務名義に表示された当事者が他人のために当事者となった場合」とは，
破産管財人（破80条），遺言執行者（民1012条），選定当事者（民訴30条）などが
権利義務の帰属主体（破産者，相続人，選定者など）のために当事者となって訴
訟を追行する，第三者の訴訟担当の場合がこれに当たる（訴訟手続に限定しない
広い意味では手続担当と呼ばれる）。訴訟担当（手続担当）は，被担当者に効力が
及ぶことを前提とするものであるので，本号により，権利義務の帰属主体に執
行力が及ぶものとされている。

　債務名義が執行証書の場合には，本号の適用がない（民執23条2項の反対解
釈）。しかし，遺言執行者が執行証書を作成することもあり得ることから，執
行力が及ぶことを認めるべきという見解も有力である。

3　債務名義成立後の承継人（民執23条1項2号，2項）

　1，**2**に掲げる者の債務名義成立後（判決の場合は口頭弁論終結後，犯罪被害者
保護法上の損害賠償命令の場合は審判終結後）の承継人には，執行力が及ぶ。債務
名義成立後に，債務者の法的地位が承継された場合に，債権者が再び承継人と

の間で債務名義を取得しなければならないとすると、債権者が債務名義を得た意義が著しく損われる。債務名義を取得した債権者の地位の安定のため、執行力の拡張が必要となる。その一方で、債務名義の作成過程へ関与する機会のなかった第三者に執行力を拡張することは、無限定に許容されるものではない。そこで、「承継」概念の解釈を通じて、その範囲が画定されることになる。

　承継があったと認められる場合としては、たとえば、相続や合併により前主の地位を包括的に承継した場合のような、債務名義に表示された権利義務の帰属主体たる地位の承継があった場合や、たとえば、建物明渡請求権が表示された債務名義に関して、当該建物の占有を承継した場合のような、債務名義に表示された請求権と同一の利益が帰属すべき法的地位の承継があった場合がこれに当たると解されている。

　ところで、承継人に固有の防御方法がある場合、民訴法115条1項3号による既判力の拡張については、自己固有の抗弁を持つ者は、既判力の拡張を受ける承継人でないとする見解（実質説）と、自己固有の抗弁を持つ者は、既判力の拡張を受ける承継人であるが、この者は、後訴において固有の抗弁を提出することができるとする見解（形式説）の対立という形で、民訴法上の議論がなされてきた。これに対して、執行力の拡張については、その効果が、既判力拡張の場合は承継人が後訴において前訴で確定された権利関係を争えないという効果にとどまるのに対し、執行力拡張の場合は承継人が強制執行を受けるという結果となるため、既判力拡張と執行力拡張の議論は同一に論じられず、権利確認説と起訴責任転換説の対立という形で、民執法上の議論がなされてきた。

　権利確認説によれば、執行文付与機関（裁判所書記官、公証人）は、承継人固有の防御方法の有無を確認して、執行文付与の可否を判断することとなり、債権者は、執行文付与の訴え（民執33条）によって、債務者は、執行文付与に対する異議の訴え（民執34条）によって、その判断を争うことになる。これに対し、起訴責任転換説によれば、執行文付与機関は、承継の事実のみを審査して執行文を付与することとなり、債務者は、請求異議の訴え（民執35条）の中で固有の防御方法を主張することとなる。この議論は、執行文付与機関の判断能力の実際上または理論上の限界と、強制執行が開始されるためには事前にどの程度提出の機会を保障すべきであるのか（事後的保障のみで十分か）という点

を，どのように理解するのかという問題に関わる。

　なお，最判昭48・6・21民集27巻6号712頁〈百選6〉は，XのYに対する，通謀虚偽表示に基づく土地所有権移転登記手続請求訴訟（請求認容判決が確定）の口頭弁論終結後に，強制競売によって本件土地を買い受け，所有権移転登記を経由したZに対して，Xが，Zは口頭弁論終結後の承継人であるとして，Zに対する承継執行文の付与を受けて，Xへ所有権移転登記を経由したところ，Zが，民法94条2項の善意の第三者であること（Z固有の抗弁）を主張して，Xを被告として，所有権移転登記手続等を求める訴えを提起したした事案において，「ZはYのXに対する本件土地所有権移転登記義務を承継するものではないから，Xが，右確定判決につき，Yの承継人としてZに対する承継執行文の付与を受けて執行することは許されない」と判示した。この判例の立場は必ずしも明確ではないが，権利確認説に親和的な判断と見ることができる。

　この最判昭48・6・21の事案は，それが可能であることを前提としたものであったが，そもそも，登記請求等の意思表示の強制執行について，承継執行自体が認められるのか，という議論もある。なぜなら，意思表示の強制執行は，判決の確定等と同時に意思表示が擬制され，狭義の執行は終了する（民執177条1項。承継執行文の付与が認められるとしても，それは登記手続のために必要に過ぎない）という，他の種類の請求権の強制執行手続には見られない特殊性があるからである（→第Ⅰ編第13章第5節参照）。登記請求についての承継執行を一律に否定してしまうと，債務名義を取得した債権者の既得的地位の保護に欠けるという問題が生じることは明らかである。しかし，承継執行を肯定すると，承継人が知らない間に登記名義を失うこともあり得るため，承継人側の手続保障に重大な問題が生じる。そこで，承継執行を肯定する立場からは，民執法177条3項の類推により，一定の期間を定めて，承継人に承継の事実の不存在を争う書面を提出する機会を与えるなどの方法が提案されているが，この問題も，執行文付与機関の判断能力の実際上または理論上の限界と，強制執行が開始されるためには事前にどの程度提出の機会を保障すべきであるのかいう問題に帰着する。

4 請求の目的物の所持者（民執23条3項）

　ここでの請求とは，特定物の引渡請求権を指し，所持者とは，請求の目的物の所持につき固有の利益を持たない者を指す（同居者，受寄者，管理人など）。このような固有の利益を持たない者には，独自の手続保障を与える必要がないことから，執行力の拡張が正当化される（本項は1項各号とは異なり，執行債務者適格のみの拡張を認めるものである）。

　債務名義が執行証書の場合には，本号の適用がない（民執23条2項の反対解釈）。執行証書は，金銭の一定の額の支払を目的とするので，本項が対象とする特定物の引渡請求権が問題となることはないからである。

　なお，法人格否認の法理により，法人とその背後者について同一視し，執行力の拡張を認めてもよいかについても議論がある。最判昭53・9・14判時906号88頁〈百選9〉は，Xから損害賠償請求を提起されたA社が，債務を免れるため，訴訟係属中にY社を設立しており（Y社は，A社から営業設備等を譲り受け，従業員等を引き継いだ），XはA社に勝訴し請求認容判決を得たが，A社は有名無実であったので，Y社に対して執行文付与の訴えを提起した事案において，「法人格否認の法理によりXは自己とA会社間の前記確定判決の内容である損害賠償請求をY会社に対しすることができる」とする一方で，「権利関係の公権的な確定及びその迅速確実な実現をはかるために手続の明確，安定を重んずる訴訟手続ないし強制執行手続においては，その手続の性格上A会社に対する判決の既判力及び執行力の範囲をY会社にまで拡張することは許されない」と判示した。このように，判例は，法人格否認の法理の実体法上の効力は認めつつも，訴訟法上の効力は認めないという立場に立つ（第三者異議の訴え〔民執38条〕においては，執行力の拡張ではなく，実体権の有無が問題となるため，法人格否認の法理の主張が認められた判例として，最判平17・7・15民集59巻6号1742頁〈百選18〉参照）。

（園田賢治）

第4章

執行文

第1節　執行文の意義

　執行文とは，債務名義の執行力の存在および範囲を公証する文言である。強制執行を実施するためには，債務名義の正本だけではなく，これに執行文が付されていなければならない（民執25条。執行文の付された債務名義の正本は，執行正本と呼ばれる）。

　強制執行手続の開始に執行文が必要とされているのは，債務名義が存在しているとしても，執行力が存在しているとは限らないからである。たとえば，確定判決の場合は，これが再審によって覆されていないか，仮執行宣言付判決の場合は，これが上訴で覆されていないか，といったことを確認しておく必要がある。また，債務名義に表示された当事者以外の者を債権者または債務者とする場合は，その者に執行力が及ぶことを確認しておく必要がある。しかし，執行機関がその都度これらを調査するのは効率が悪いことから，別の機関（執行文付与機関）が予めこれらを調査し，執行機関は，執行文が付されているという形式を備えた債務名義であることを確認すれば足りることとしている。債務名義と同様に，執行文もまた，迅速な執行を可能とするための役割分担の仕組みである。

　なお，執行文が不要とされる例外もある。債務名義のうち，少額訴訟における確定判決・仮執行宣言付判決，仮執行宣言付支払督促については，簡易迅速な執行が強く要求される債務名義であるため，執行文の付与自体が不要である（民執25条但書。ただし，債務名義に表示された請求権が条件の成就にかかる場合や，債務名義に表示された当事者に承継があった場合などには，執行文が必要となる）。また，他の法律において「執行力のある債務名義と同一の効力を有する」旨の定

めが置かれることにより，債務名義となる文書（たとえば，民訴費15条１項・16条１項，民訴189条１項，刑訴490条１項など参照）については，執行文は原則として不要であると解されている（これに対し，執行文の要否は，文書の性質によって個別的に考えるべきであるとする見解も有力であり，たとえば，給付を命じる家事審判〔家事75条〕については，執行文が必要であるとされる）。

第 2 節　執行文付与の機関

　執行文の付与は，執行機関（執行裁判所または執行官）とは別の機関が担当する。執行文付与機関となるのは，裁判所書記官または公証人であり，どちらが担当するのかについては，債務名義の種類によって決まる（民執26条１項）。

　執行証書以外の債務名義については，これらは裁判所の何らかの関与の下において作成される債務名義であることから，事件の記録の存する裁判所の裁判所書記官が，執行文付与機関となる。これに対し，債務名義が執行証書の場合は，関連する書類は裁判所にはなく，公証人の手元にあるので，執行証書の原本を保存する公証人が，執行文付与機関となる。

第 3 節　執行文付与の手続

1　執行文付与の申立て

　執行文付与の申立ては，執行文付与機関に，民執規16条１項各号に記載の事項（債権者および債務者の氏名・住所，債務名義の表示など）を記載した書面を提出する。確定判決等，確定しなければその効力を生じない裁判にかかる債務名義について，執行文付与を申し立てる場合は，その裁判の確定を証する文書を添付する（民執規16条２項）。

2　執行文付与の方法

　執行文付与の申立てを受けた執行文付与機関は，執行文付与の要件（後述）を満たすのかについて，自らが保管する記録や申立人が提出した資料に基づき調査する。執行文付与機関は，その要件を満たすと判断した場合には，執行文

を付与し，その要件を満たさないと判断した場合は，付与を拒絶する処分をする。執行文の付与は，「債権者は，債務者に対し，この債務名義により強制執行をすることができる」旨を，債務名義の正本の末尾に付記する方法で行う（民執26条 2 項）。

3　執行文の数通付与・再度付与

　債権者が，債務者の複数の財産を対象として金銭執行を申し立てようとする場合など，執行文の付された債務名義が複数必要となるときには，債権者は，複数の債務名義の正本の交付を受けてから，各債務名義に執行文の付与を受けることができる（民執28条 1 項）。また，執行文の付された債務名義が滅失した場合には，再度，執行文の付与を受けることができる（同条同項）。

第 4 節　執行文の付与の要件

　執行文が付与されるためには，申立てにかかる債務名義が執行力を有していることが必要である。執行文付与の一般的な要件としては，①債務名義となり得る文書が存在していること（判決の場合，確定していること，または仮執行宣言が付されていること。執行証書の場合，所定の方式を備えていることなど），②債務名義に強制執行になじむ請求権が記載されていること（たとえば，夫婦の同居義務のような，その性質上，強制執行が許されない請求権が記載されていないこと）③債務名義の執行力が存続していること（請求異議の訴え〔民執35条〕を認容する確定判決または仮執行宣言付判決が存在しないこと。確定判決の場合，再審によって取り消されていないこと。仮執行宣言付判決の場合，上訴審における判決，訴えの取下げ，訴訟上の和解などにより失効していないことなど）である。

　また，執行文が付与されるための主体面での要件として，申立人および相手方に対して執行力が及ぶことも一般的要件とされる。このことは，債務名義に表示された当事者が，申立人および相手方と一致する場合には，基本的に問題とならない（ただし，第三者の訴訟担当〔手続担当〕により作成された債務名義について，債務名義に表示された当事者である担当者が，引き続き執行当事者適格を有するのかという第三者の執行担当の問題は生じ得る）。一致しない場合には，承継執行

文（民執27条 2 項）の付与の可否の問題となる。このような特殊執行文における特別の要件については，次節において触れる。

第 5 節　執行文の種類

執行文の種類は，以下のように分類される。

1　単純執行文

通常の執行文，すなわち，以下の **2 ～ 5** の執行文（特殊執行文と呼ばれる）に当たらないものを，単純執行文という。

2　条件成就執行文（民執27条 1 項）

債務名義に表示された請求が，債権者の証明すべき事実の到来に係る場合，執行文付与機関が，これを確認して執行文を付与する。これを条件成就執行文という。ここで執行文付与機関が行う，債権者の証明すべき事実が到来したか否かについての調査は，形式的なものであり，債権者がその事実の到来を証する文書を提出した場合にのみ，条件成就執行文は付与される。

条件成就執行文の対象となる債権者の証明すべき事実には，執行開始要件は含まれないことに注意する必要がある。たとえば，X（賃貸人）のY（賃借人）に対する建物明渡請求訴訟において，「Yは，〇月〇日までにXに建物を明渡す」という内容の訴訟上の和解が成立したときに，これに基づいて強制執行を申し立てる場合は，確定期限の到来（民執30条 1 項）に当たるので，執行文付与機関ではなく，執行機関自らが〇月〇日が到来したことを確認することとなる。また，「Yは，100万円の支払を受けるのと引き換えに，Xに建物を明渡す」という内容の和解が成立したときに，これに基づいて強制執行を申し立てる場合は，反対給付の履行ないし提供（民執31条 1 項）に当たるので，この場合も執行機関自らが100万円の支払があったことを確認することとなる。すなわち，これらの場合は，単純執行文が付与されることとなる。これに対し，たとえば上記事例で，「XがYに100万円を支払い，Yは，その支払を受けたときから 3 ヶ月以内に，Xに建物を明渡す」という内容の訴訟上の和解に基づいて

強制執行を申し立てる場合は，執行開始要件に当たらないため，執行文付与機関がこれらの事実の到来を確認して，条件成就執行文を付与することとなる。

　給付条項の付款としての「割賦金の支払を2回怠った場合には期限の利益を失い残債務を直ちに支払う」というような，債務不履行を執行の条件とする債務名義上の条項は，過怠約款と呼ばれる（上記建物明渡請求訴訟の例で，Yが賃料を支払う旨の訴訟上の和解が成立し，「Yが2ヶ月以上賃料を延滞したときは，Yは直ちに，Xに建物を明渡す」という条項がある場合もこれに当たる）。債務者に不払い（過怠）がある場合は，債権者は，過怠の存在を証する文書を提出して条件成就執行文の付与を受けるべきなのか，条件成就執行文の付与を受けることなく，単純執行文を申し立てることで足りるのか，旧法下において議論があった。最判昭41・12・15民集20巻10号2089頁〈百選10〉は，過怠の事実は債務者がその不存在について証明責任を負うことから，条件成就執行文の問題とならないという立場を示した。これを受け，現行の民執法27条1項において「債権者の証明すべき事実」と明文で規定され，過怠の事実がこれに当たらないことは明らかとなった。しかし，そのように解すると，債権者は，債務をきちんと履行している債務者に対しても，強制執行手続を開始することが可能となってしまう。債務者は，これを止めるためには，請求異議の訴え（民執35条）を提起しなければならないということになり，債務者に重い負担を課す。そこで，学説上は，民執法177条3項の類推により，執行文付与機関が，執行文付与の段階で一定の期間を定めて，債務者に，過怠の事実の不存在を主張する書面を提出する機会を与えるという方法が提案されている。

3　承継執行文（民執27条2項）

　債務名義に表示された当事者以外の者を債権者または債務者とする場合，執行文付与機関が，その者に執行力が及ぶことを確認して執行文を付与する。これを承継執行文という。執行力が拡張される当事者以外の者とは，債務名義に表示された当事者が他人のために当事者となった場合のその他人（民執23条1項2号），債務名義成立後の承継人（民執23条1項2号，2項），請求の目的物の所持者（民執23条3項）である（第Ⅰ編第3章第3節参照）。

　執行文付与機関は，ここでも，その者に執行力が及ぶか否かについて，形式

コラム I - 3　「条件成就執行文」「承継執行文」という用語

　本文で説明したように，債務名義に表示された請求が，債権者の証明すべき事実の到来に係る場合に付与される執行文（民執27条 1 項）は，条件成就執行文と呼ばれる。しかし，「債権者の証明すべき事実の到来」が常に「条件成就」とは限らない。債権者の証明すべき事実の到来に当たる不確定期限の到来は条件ではない一方で，解除条件の成就は，文字通り条件成就であるが，債務者の証明すべき事実であるため，債権者の証明すべき事実の到来に当たらない。このことから，「条件成就執行文」という用語は正確でないため，「いわゆる」を付けたり，別の用語を用いて「事実到来執行文」などと呼ばれたりすることもある。

　また，債務名義に表示された当事者以外の者を債権者または債務者とする場合に付与される執行文（民執27条 2 項）は，承継執行文と呼ばれるが，これについても「債務名義に表示された当事者以外の者を債権者または債務者とする場合」が常に「承継」があった場合であるとは限らない。民執法23条によって執行力が拡張される場合には，債務名義成立後の承継人だけでなく，手続担当の場合の被担当者，請求の目的物の所持者も含まれるからである。このように「承継執行文」という用語は正確でないため，条件成就執行文と同様に「いわゆる」を付けたり，別の用語を用いて「交代執行文」「名義移転執行文」などと呼ばれたりすることもある。

　以上のように，用語としては正確でないにもかかわらず，「条件成就執行文」「承継執行文」という表現が一般的な用いられているのは，民事執行法制定前の条文において「……条件ニ繋ル場合ニ於イテ……」（旧民訴518条 2 項）「……債権者ノ承継人ノ為ニ之ヲ付与シ……債務者ノ一般ノ承継人ニ対シ之ヲ付与スル……」（旧民訴519条 1 項）と規定されていたことに由来している。既に定着した用語であるため，本書においても，「条件成就執行文」「承継執行文」という言葉をなお用いているが，その意味内容には注意する必要がある。

的な調査のみを行う。すなわち，承継等の事実が執行文付与機関に明白であるとき，または債権者がそのことを証する文書を提出した場合にのみ，承継執行文は付与される。

4　債務者不特定執行文（民執27条 3 ～ 5 項）

　不動産の引渡しまたは明渡しの強制執行において，占有者を次々に入れ替えるなどの執行妨害がなされれば，強制執行を申し立てる前に，占有者を特定す

ることが困難となる。その対応として，2003（平成15）年の改正において，債務者を特定せずに執行文を付与することが可能とされた。この執行文は，強制執行をする前に，不動産の占有者を特定することを困難とする特別な事情があるとき（民執27条3項柱書）に，①不動産の引渡しまたは明渡しを命じる債務名義について，占有移転禁止の仮処分（民保25条の2）の執行がされ，かつ民保法62条1項の規定により占有者に対して引渡しまたは明渡しの強制執行ができる場合（民執27条3項1号），または②不動産引渡命令（民執83条。民執22条3号により債務名義となる）について，競売手続上の占有移転禁止・公示保全処分（民執55条1項3号・77条1項3号・187条1項）の執行がされ，かつ民執法83条の2第1項の規定により占有者に対して引渡しの強制執行ができる場合（民執27条3項2号）に付与される（債権者は，以上のことを証する文書を提出しなければならない）。

　債務者不特定執行文の付された債務名義に基づく強制執行は，執行文付与の日から4週間以内にしなければならず，強制執行において不動産の占有を解く際に，占有者を特定することができなければならない（民執27条4項）。この強制執行がなされたときは，不動産の占有を解かれた者が債務者となる（民執27条5項）。

5　転換執行文

　土地の賃貸人が土地の賃借人に対して提起した建物収去土地明渡請求訴訟における請求認容判決のように，建物収去土地明渡請求権が表示された債務名義が成立した後に，債務者（賃借人）が建物買取請求権（借地借家13条）を行使したときは，建物の所有権が債権者（賃貸人）に移転するため，実体法上，債権者は，建物「収去」土地明渡を求めることはできなくなるが，建物「退去」土地明渡を求めることができる。この場合に，債権者は，改めて，建物退去土地明渡請求権が表示された債務名義を取得する必要はなく，建物収去土地明渡請求権が表示された債務名義に基づいて，建物退去土地明渡しの強制執行ができるという理解が一般的である。このような取扱いを可能とする説明として，学説上，債権者は，転換執行文の付与を受けることによって，強制執行を開始することができることとなるとする見解が主張されている。すなわち，転換執行

文とは，同一当事者間において，債務名義に表示された請求権が転換した場合に，転換後の請求権について付与される執行文であるとされる。しかし，このような転換執行文という類型の執行文を認める必要があるのかということについては，建物収去土地明渡請求権と建物退去土地明渡請求権とがどのような関係にあるのかといった前提問題をめぐっても議論があり，見解の一致を見ない。

第 6 節　執行文付与等に関する救済

執行文が付与された，あるいは付与されなかったことに対する，当事者の救済手段として，以下のものがある。

1　執行文付与等に関する異議（民執32条）

執行文付与等に関する異議とは，執行文が付与されるべきであるのに付与が拒絶されたと主張する債権者が，あるいは付与されるべきではないのに付与されたと主張する債務者が不服を申し立てる異議である。裁判所書記官の処分に対しては，当該裁判所書記官の所属する裁判所に，公証人の処分に対しては，公証人役場の所在地を管轄する地方裁判所に異議を申し立てる（民執32条1項）。異議の事由となるのは，執行文付与の要件（一般的要件または特殊執行文の付与のための特別要件）の存否である。ただし，裁判以外の債務名義の成立についての異議については，民執法35条1項後段による請求異議の訴えによるべきであると解されている。

異議に対する裁判は決定でなされ（民執32条3項），この決定に対しては不服を申し立てることができない（同条4項）。裁判所は，債権者が申し立てた異議を認容する場合は，付与拒絶処分を取り消す旨を宣言し，執行文付与機関が執行文を付与することとなる。債務者が申し立てた異議を認容する場合は，執行文付与を取り消して，当該債務名義の正本に基づく執行を許さない旨を宣言する。

2　執行文付与の訴え（民執33条）

　債権者は，条件成就執行文（民執27条1項），承継執行文（同条2項），債務者不特定執行文（民執27条3項～5項）の付与を申し立てる場合，それぞれの特別要件について，これを証する文書（証明文書）を提出したときに限り（承継執行文の場合は明白性がある場合も含まれる），付与を受けることができる。しかし，債権者がそのような文書を常に提出できるとは限らない。そのような場合には，債権者は，債務者を被告として執行文付与の訴えを提起し（管轄については，民執33条2項において債務名義の種類に応じて定められている），この訴訟の中で条件成就の事実や承継の事実等を主張・立証し，請求認容判決を得て，この判決（証明文書）を執行文付与機関に提出することによって，執行文付与を受けることができるという仕組みとなっている。

　以上のように，執行文付与の訴えとは，条件成就執行文等の特殊執行文が付与されなかった場合に，判決手続によってその救済を求める訴えである。単純執行文が付与されなかった場合に，この訴えによって付与を求めることができるわけではないことに注意する必要がある。

3　執行文付与に対する異議の訴え（民執34条）

　執行文付与に対する異議の訴えとは，条件成就執行文等の特殊執行文が付与された場合に，判決手続によってその救済を求める訴えである。債務者は，債権者を被告として，執行文付与に対する異議の訴えを提起し（管轄については，民執34条3項によって執行文付与の訴えの規定が準用される），条件成就の事実や承継の事実等を争い，請求を認容する判決を得て，これを執行機関に提出することによって強制執行を停止することができる（民執39条1項1号）。

　この訴えで争うことのできる事実は，執行文付与等に関する異議（民執32条）によっても争うことができるが，この訴えは，この争いを既判力によって確定することに意義がある。この訴えも，執行文付与の訴えと同様に，単純執行文に対しては用いることができないことに注意する必要がある。

4　執行文付与をめぐる訴えと請求異議の訴えとの関係

　まず，請求異議事由を，請求異議の訴えによらずに執行文付与の訴えにおい

て抗弁として主張できるかについて議論がある。最判昭52・11・24民集31巻 6号943頁〈百選14〉は，XのAに対する手形金支払請求訴訟（前訴）の請求認容判決が確定した後にAが死亡し，YらがAを共同相続したため，XはYらに対して強制執行しようとしたが，外国人であるYらの相続人資格や相続分を文書で証明することができず，Yらを被告として執行文付与の訴えを提起したところ，Yらは抗弁として，Xによる債権の放棄，反対債権による相殺，一部弁済（いずれも前訴判決確定後の事由である）を主張したという事案において，「審理の対象は条件の成就又は承継の事実の存否のみに限られるものと解するのが相当であり……執行文付与の訴において執行債務者が請求に関する異議の事由を反訴としてではなく単に抗弁として主張することは，〔旧〕民訴法〔＝民執法〕が右両訴をそれぞれ認めた趣旨に反するものであつて，許されない」と判示した。このような判例の立場は，消極説と呼ばれるが，学説上は，請求異議事由の主張を認める積極説も有力に主張されている。さらに，積極説の中でも，執行文付与の訴えの口頭弁論終結前に生じた事由を，後から請求異議の訴えの事由として主張できるかという点について見解が分かれ，一律主張できないとする失権肯定説，一律主張できるとする失権否定説，執行文付与の訴えの中で主張した場合にのみ主張できないとする折衷説がある。

　次に，請求異議事由を，請求異議の訴えによらずに執行文付与に対する異議の訴えにおいて請求原因事実の 1 つとして主張できるかについても議論がある。最判昭55・5・1判時970号156頁〈百選15〉は，AのXに対する建物明渡請求訴訟の請求認容判決が確定した後に，建物がA→B→C→Yと譲渡され，YがXに対して強制執行をするために承継執行文を取得したところ，XがYを被告として執行文付与に対する異議の訴えを提起し，Xは，B→C→Yの所有権移転は通謀虚偽表示により無効である等の主張に加え，Yの明渡請求が信義則上許されない旨（請求異議事由）の主張をしたという事案において，「執行文付与に対する異議の訴における審理の対象は，債務名義に表示された条件が成就したものとして執行文が付与された場合における条件成就の有無，又は承継執行文を付与された場合における債務名義に表示された当事者についての承継の存否のみに限られ，その請求の原因として同法〔＝旧民訴法〕545条〔民執法35条に相当〕所定の請求に関する異議事由を主張することが許されない」と

判示した。このような判例の立場は，訴権競合説と呼ばれるが，学説上は，1個の訴えで双方の事由を主張できる（主張しておかなければ失権する）という法条競合説や，債務者が双方の異議事由をともに主張した場合は1個の訴えとして扱うが，同時主張は強制されないという折衷説も主張されている。

　以上における請求異議事由の主張を認めない上記判例の立場（消極説，訴権競合説。以下，総称して否定説という）と，主張を認める上記有力説の立場（積極説，法条競合説・折衷説。以下，総称して肯定説という）の対立は，以下の問題の捉え方に基因する。第1に，執行文付与をめぐる訴訟の目的・機能は何かという問題である。否定説は，債務名義と執行文という二段階の構造に対応して，請求異議の訴えと執行文をめぐる訴えが別個に設けられていることから，執行文付与をめぐる訴えは，実体権の存在とは別個の承継関係等を争うための訴訟であるという考え方に基づく。これに対して，肯定説は，請求異議の訴えと執行文付与をめぐる訴えは，ともに債務名義の執行力を争うための訴訟であり，本質的に同一であるという考え方に基づく。第2に，債務者側の便宜ないし負担の問題である。否定説によれば，債務者は，請求異議事由を主張するためには請求異議の訴えの提起を強いられることになるが，肯定説は，これを債務者側にとって重い負担を課すとして批判する。他方で，肯定説においても，紛争の一回的解決のために失権を強く肯定する見解に立てば，債務者に執行文付与をめぐる訴えの中で請求異議事由の主張を強いることとなるため，かえって債務者の便宜を損なうおそれもある。第3に，迅速な執行ないし訴訟遅延の回避という債権者側の利益の問題である。否定説は，請求異議事由の主張を認めると，執行文付与をめぐる訴えにおける審判の対象が拡大し，訴訟遅延（引き延ばし）が生じるおそれがあるとする。これに対し，肯定説は，執行文付与をめぐる訴えの後に，請求異議の訴えが提起される方が，かえって手続が遅延するおそれがあるとする。

（園田賢治）

第5章

強制執行手続の進行

第1節　強制執行の開始要件

　執行機関は，債権者の申立てがあった場合には，強制執行の開始に当たっ
て，職権で，強制執行の開始要件の存否を審査しなければならない。そして，
開始要件が欠けているときは，申立人に対して，その補正を求めなければなら
ない。申立人が補正をしない場合または補正ができない場合には，執行機関
は，強制執行の申立てを却下しなければならない。

　(1)　**債務名義の送達**　　強制執行は，債務名義または確定により債務名義と
なるべき裁判の正本または謄本が，あらかじめ，または同時に，債務者に送達
されたときに限り，開始することができる（民執29条前段）。これは，債務者に
執行債権の内容を知らせることで，債務者に防御の機会を与える趣旨である。

　ただし，債務名義が裁判の正本等の場合，裁判手続の一環として債務者に送
達される（民訴255条等）から，強制執行のために改めて送達する必要はない。
また，各種の保全処分（民執55条9項・68条の2第4項・77条2項・187条5項）ま
たは過料の裁判（民訴189条2項但書，非訟121条2項但書，家事291条2項，民調36条
2項，刑訴490条2項但書等）は，執行の簡易迅速性を特に図る必要があるため
に，債務者への送達前でも執行することができる。

　なお，必要とされる事前の送達が行われないうちに実施された執行行為の効
力については，執行抗告（民執10条）または執行異議（民執11条）によって取り
消されない限りは有効であり，事後的な送達によって瑕疵は治癒されると解す
るのが，通説および裁判例（東京高決昭45・5・14判タ253号273頁等）である。

　(2)　**執行文および証明文書の送達**　　補充執行文または承継執行文が付与さ
れた場合には，執行文および債権者が提出した文書の謄本も，あらかじめ，ま

たは同時に，債務者に送達されなければならない（民執29条後段）。これもま
た，債務者に執行文の内容を知らせることで，債務者に執行文関係の防御の機
会（民執32条・34条）を与える趣旨である。

　（3）**確定期限の到来**　　請求が確定期限の到来に係る場合においては，強制
執行は，その期限の到来後に限り，開始することができる（民執30条１項）。確
定期限（例：令和〇年〇月〇日）の到来は，債権者が証明するまでもなく時間の
経過によって明らかなために，執行機関が独自に判断することができる。

　これに対して，扶養義務等に係る定期金債権を請求する場合の予備差押えま
たは間接強制（民執151条の２第１項・167条の16）では，確定期限が到来してい
ないものについても，強制執行することができる場合がある。

　（4）**担保の提供**　　担保を立てることを強制執行の実施の条件とする債務名
義による強制執行は，債権者が担保を立てたことを証する文書を提出したとき
に限り，開始することができる（民執30条２項）。

　例えば，「この判決は，原告が金300万円の担保を供するときは，仮に執行す
ることができる。」といった仮執行宣言が付されている場合（民訴259条），債権
者が担保を提供したことを証明する文書を執行機関に対して提出したときに
限って，執行機関は強制執行を開始することができることになる。

　（5）**引換給付に係る場合の反対給付の履行または提供**　　債務者の給付が反
対給付と引換えにすべきものである場合においては，強制執行は，債権者が反
対給付またはその提供のあったことを証明したときに限り，開始することがで
きる（民執31条１項）。

　例えば，「被告は，原告から金200万円の支払いを受けるのと引き換えに，別
紙物件目録記載の建物を明け渡せ。」といった引換給付判決がなされた場合，
請求債権（建物の明渡し）と反対給付（200万円の支払い）は同時履行の関係にあ
るから，仮に反対給付の履行等を執行文付与の要件とすると，債権者に対して
反対給付の履行等を先に行うように強制することになってしまう。そこで，民
事執行法は，反対給付の履行等を強制執行の開始要件とすることにしたのであ
る（例外：意思表示擬制〔民執177条１項但書・２項〕。第Ⅰ編第13章第５節４③参照）。

　この点，執行機関は，反対給付の履行等が有効か否かという実体判断をしな
ければならないことになる。とはいえ，通常は執行機関でもその有効性の判断

を容易にすることができると思われるため，問題はあまり生じないと解される。これに対して，債権者が別の債権と相殺して反対給付の履行等を証明することで強制執行を開始することは，執行機関に対して相殺の有効性という複雑な実体判断を要求することになってしまうから，基本的には認められないというべきである（東京高決昭54・12・25判時958号73頁〈百選11〉）。

(6) 代償請求　債務者の給付が，他の給付について強制執行の目的を達することができない場合に，他の給付に代えてすべきものであるときは，強制執行は，債権者が他の給付について強制執行の目的を達することができなかったことを証明したときに限り，開始することができる（民執31条2項）。

例えば，「被告は，原告に対し，別紙物件目録記載の普通乗用車を引き渡せ。前項の引渡しの強制執行ができないときは，被告は，原告に対し，金150万円を支払え。」といった給付判決がなされた場合，債権者が150万円の金銭債権（代償請求）の強制執行をするには，本来的給付である普通乗用車の引渡しの強制執行ができなかったことを，（条件成就執行文の付与の要件ではなく）強制執行の開始要件として，執行機関に対して証明する必要がある。本来的給付の執行不能の証明は，民事執行の目的を達することができなかった旨を記載した執行調書（民執規13条1項7号）を執行機関に提出してするのが一般的である。

(7) 執行障害事由の不存在　倒産手続の開始決定（破42条，民再39条，会更50条，会社515条等），強制執行手続の中止命令もしくは包括的禁止命令（破24条・25条，民再26条・27条，会更24条・25条，会社512条・516条等），または企業担保権の実行手続の開始（企業担保28条）によって，強制執行は行うことができなくなる。そのため，これらの不存在が強制執行の開始要件となる。

第2節　強制執行の停止および取消し

1　意　義

強制執行の停止とは，法律上の事由により執行機関が強制執行を開始または続行しないことをいう。停止には，特定の債務名義に基づく強制執行全部または個々の執行手続全体を停止する全部停止と，複数の債権者，債務者または執行対象の一部に限定して停止する一部停止がある。また，停止には，執行手続

の停止のみならず既になされた執行処分の取消しを伴う終局的停止と，執行手続を一時的に停止するのみで将来続行する可能性がある一時的停止がある。

　強制執行の取消しとは，執行機関が既に行った執行処分の全部または一部を除去することをいう。つまり，終局的停止と強制執行の取消しは同義である。

2　停止・取消しの必要性

　執行手続が開始された場合，執行機関は，執行行為の妥当性（実体法上の問題）を自ら判断することなく，執行手続を進めなければならない。その分，執行行為の妥当性については，執行機関以外の手続機関が判断することになる。

　ただし，執行手続が許されないと判断されても，それだけで執行手続が効力を失うわけではない。むしろ，執行の阻止を求める債務者または第三者が，執行停止文書または執行取消文書（民執39条・40条）を執行機関に提出して，執行の停止または取消しを申し立てることによって，初めて執行機関による執行の停止または取消しがなされることになる。そして，このことを通じて，結果的に執行手続の正当性が確保されることになるのである。

3　執行取消文書・執行停止文書

　⑴　**執行取消文書**　　次の文書は，執行停止文書であると同時に執行取消文書である。よって，執行裁判所または執行官は，執行手続を停止すると同時に，既にした執行処分をも取り消さなければならない（民執40条1項）。

　①　債務名義（執行証書を除く）もしくは仮執行の宣言を取り消す旨または強制執行を許さない旨を記載した執行力のある裁判の正本（民執39条1項1号）　　上訴・再審・仮執行宣言付き支払督促に対する異議等によって債務名義自体を取り消す裁判，仮執行宣言のみを取り消す裁判のほか，執行法上の法的救済手続（民執10条・11条・32条・34条・35条・38条）において執行の不許を宣言する裁判の，広義の執行力のある正本が，これに該当する。なお，確定を要する裁判にあっては，確定したものに限られる。

　②　債務名義に係る和解，認諾，調停または労働審判の効力がないことを宣言する確定判決の正本（民執39条1項2号）　　和解等の無効確認訴訟における請求認容の確定判決の正本が，これに該当する。

③　債務名義（民執22条 2 号〜 4 号の 2 ）が訴えの取下げその他の事由により効力を失ったことを証する調書の正本その他の裁判所書記官の作成した文書（民執39条 1 項 3 号）　　債務名義の失効をもたらす「その他の事由」には，請求の放棄・支払督促の申立て等の取下げ・訴訟上の和解の成立等がある。

④　強制執行をしない旨またはその申立てを取り下げる旨を記載した裁判上の和解もしくは調停の調書の正本または裁判上の和解と同一の効力を有する労働審判の審判書（労審21条 4 項）もしくは調書（労審20条 7 項）の正本（民執39条 1 項 4 号）　　裁判上の和解・調停・労働審判の内容として，不執行の合意を含む執行制限合意または執行申立ての取下げの合意が成立した場合である。この場合，債務者は，請求異議の訴え（民執35条）の勝訴判決を得るまでもなく，執行の停止または取消しを求めることができる。

⑤　強制執行を免れるための担保を立てたことを証する文書（民執39条 1 項 5 号）　　仮執行免脱宣言付き判決（民訴259条 3 項）における，担保を提供した旨の供託証明書（供託規則49条）または支払保証委託契約の締結証明書（民訴76条・民訴規29条）等が，これに該当する。

⑥　強制執行の停止および執行処分の取消しを命ずる旨を記載した裁判の正本（民執39条 1 項 6 号）　　執行停止等の裁判（民訴403条，民執36条・37条・38条 4 項等）の中で，強制執行の停止のみならず執行処分の取消しをも命じているものが，これに該当する。

(2)　執行停止文書　　次の文書は，純粋な執行停止文書である。よって，執行手続の停止のみが認められ，既にした執行処分の取消しは認められない。

①　強制執行の一時の停止を命ずる旨を記載した裁判の正本（民執39条 1 項 7 号）　　執行停止の裁判（民訴403条，民執10条 6 項・11条 1 項・32条 2 項・36条・37条・38条 4 項・132条 3 項等），倒産法上の中止命令または包括的禁止命令（前節(7)参照）等が，これに該当する。また，実務では，債務者が債権者に対して債務の分割払いの民事調停または特定調停を申し立て，調停法上の執行停止命令（民調規 5 条，特定調停 7 条）を得ることも多い。

②　債権者が，債務名義の成立後に，弁済を受け，または弁済の猶予を承諾した旨を記載した文書（民執39条 1 項 8 号）　　弁済の受領または弁済の猶予は，本来は請求異議の訴え（民執35条）の異議事由であるが，債務名義の成立

後に作成された弁済受領文書または弁済猶予文書を債務者が提出したときは，債務者を保護するために，一時的に執行を停止することにした。

　このうち，弁済受領文書は，執行債権の全額の弁済を受けた旨を証する文書でなければならない。ここでの「弁済」には，代物弁済，弁済供託，相殺，免除，転付命令，他の執行手続での配当受領等によって，執行債権が消滅した場合も含まれる。そして，弁済受領文書の提出による強制執行の停止は，4週間に限られる（民執39条2項）。なぜなら，請求異議の訴えに伴う執行停止の裁判（民執35条・36条）を得るまでの暫定的な措置にすぎないからである。

　また，弁済猶予文書の提出による強制執行の停止は，2回に限り，かつ，通じて6か月を超えることができない（民執39条3項）。これは，弁済猶予文書の提出を繰り返して執行手続を遅延させるという民事執行法の制定前に横行していた執行妨害を防止する趣旨で，あえて制限を設けたものである。

4　執行停止・取消しの手続

(1)　**執行停止・取消しの申立て**　　執行の停止または取消しにつき法的利益を有する債務者または第三者は，執行機関に対して執行停止・取消文書を提出して，執行の停止または取消しの申立てをすることができる。もっとも，執行機関が職権で執行処分の取消しをする場合もある（民執14条4項・53条等）。

　強制執行を停止したり取り消したりする権限は，執行機関のみが有する。

(2)　**執行停止・取消しの方法**　　(イ)　執行機関が執行裁判所の場合　　執行の停止では，執行裁判所が，執行処分を実施しないという消極的行為にとどまらず，執行停止の宣言，取立禁止の裁判または期日指定を取り消す旨の裁判を行うといった積極的行為をすることが必要となる場合が多い。また，執行処分の取消しでは，執行裁判所が既にした執行処分を取り消す旨の裁判を行う。

　(ロ)　執行機関が執行官の場合　　執行の停止では，執行官が執行処分を実施しないという消極的行為による。また，執行処分の取消しでは，執行官は，動産の差押えの場合は，差押えを解除して債務者等に差押物を返還し（民執規127条1項），建物の明渡執行の場合は，搬出中の動産を建物内に戻して執行に着手する前の状態に復元した上で，債権者にその理由を通知する。

(3)　**手続段階と執行停止文書の提出時期との関係**　　債権者による強制執行

の申立ての前に債務者が執行停止文書を提出した場合には，そもそも停止すべき事件がまだ存在していないから，執行機関は，当該文書を受理すべきではないと解される（東京高決平20・10・1判タ1288号293頁）。

　また，債権者による強制執行の申立て後・執行の開始前に債務者が執行停止文書を提出した場合には，執行機関は，執行を開始して差押えをした上で，その後の執行手続を停止すべきである。なぜなら，執行停止の解除によって執行手続が続行される可能性がある以上は，差押えの処分禁止効を及ぼしておく必要があるからである。

　さらに，債権執行において，債権差押命令の発令後・第三債務者への送達の前に債務者が執行停止文書を提出した場合には，執行裁判所は，差押命令を第三債務者に送達することができる（東京高決平25・3・27判タ1393号356頁）。

　なお，執行停止文書の提出は，その後の執行手続を停止するのみであって，提出前にさかのぼって強制執行の申立てや執行処分を違法とするわけではない（大阪高決昭60・2・18判タ554号200頁〈百選19〉等）。

　(4)　執行停止・取消しの効果　　執行の停止により，執行停止文書が提出された時点の状態で執行手続は凍結される。執行の停止につき利害関係を有する者には，その旨の通知がなされる（民執規25条2項・52条・67条2項・136条2項）。その後に執行停止を取り消す旨の裁判がなされた場合または停止期間が経過した場合には，執行機関は停止した執行手続を続行しなければならない。

　これに対して，執行処分が取り消された場合には，当該執行処分は終局的にその効力を失う。よって，その後に取消しの裁判を取り消す旨の裁判が出されたとしても，元の執行処分は復活せず，債権者は改めて強制執行の申立てをする必要がある。

　そして，執行取消文書の提出により執行処分が取り消された場合は，執行抗告をすることはできない（民執40条2項）。なぜなら，執行取消文書が提出された以上，取消原因の存在は確実であって，他の取消処分の場合と同様の不服申立てを認める必要はないと考えられるからである。

　もっとも，執行処分が取り消されたとしても，すでに完結した執行処分によって発生した実体法上の効果は，第三者に対する関係では遡及的に消滅するわけではない（民執79条・84条3項・4項参照）。

第3節　強制執行の終了，執行費用

1　強制執行の終了

　強制執行手続は，全体としては，債権者が債務名義に表示された請求権（執行債権）および執行費用の完全な満足を得たとき，または執行債権の満足が客観的に不能になったとき（例：物の引渡執行における目的物の滅失）に終了する。

　また，個々の執行手続は，その手続の最終段階に当たる執行行為が完結したときに終了する（この場合，債権者の完全な満足は生じる必要がない）。よって，金銭執行の場合は，配当等の手続が行われたときに終了する。さらに，債権執行では，差押債権者が第三債務者から取立てを行ったとき（民執155条）や，転付命令または譲渡命令が効力を生じたとき（民執159条4項・161条4項）に終了する。その他，債権者が強制執行の申立てを取り下げたときや，執行取消文書の提出または職権によって執行処分の取消しがなされたときに強制執行は終了する。

2　執行費用

　強制執行の費用で必要なもの（執行費用）は，債務者の負担となる（民執42条1項）。これは，債務者が自己の債務を任意に履行しないために強制執行が行われることに鑑みて，その原因を作った債務者に執行費用を負担させるのが適当だと考えられるからである。そして，金銭執行にあっては，執行費用は，その執行手続において，債務名義を要しないで，同時に，取り立てることができ（民執42条2項），それ以外の強制執行にあっては，執行費用の額は，申立てにより，執行裁判所の裁判所書記官が定める（民執42条4項）。この裁判所書記官の処分は，確定しなければその効力を生じないが（民執42条8項），確定したものは債務名義となる（民執22条4号の2）。

　これに対して，既にした執行処分の取消し等により強制執行が目的を達せずに終了した場合における執行費用の負担は，執行裁判所が，民事執行法20条において準用する民事訴訟法73条の規定に基づいて定めるべきであるとされる（最決平29・7・20民集71巻6号952頁）。

（柳沢雄二）

第6章

執行の対象

第1節　責任財産

1　意　義

　責任財産とは，執行手続で債権者の請求権の満足に用いられるべき財産のことをいう。金銭執行の場合，基本的に債務者の所有するすべての財産が責任財産となる。ただし，①差押禁止財産（動産につき民執131条，債権につき同152条。その他，各種の法律で差押えが禁止される財産が法定されている。例えば，国民年金法24条，健康保険法61条，雇用保険法11条等），②責任財産が法律上一定の範囲に限定されている場合（有限責任），および，③金銭的評価をすることができないものは，責任財産から除外される。②の例には，相続人の限定承認（民922条），積荷等が救助された場合の積荷等所有者の積荷等からの救助料債務の弁済責任（商804条）等がある。また，③の例には，不融通物（麻薬・銃砲刀剣類等），扶養請求権（民877条以下・881条）等の帰属上または行使上の一身専属権，債務者の人格権または身分権，独立した財産的価値のない取消権や解除権等がある。

　責任財産となるのは，強制執行が開始される時点で債務者が所有する財産に限定される。ただし，民事保全手続によって責任財産が固定される場合や，詐害行為取消権の行使（民424条）によって責任財産が回復される場合もある。

2　執行対象の選択

　金銭執行の場合，債務者の所有するどの財産を強制執行の対象として差し押さえるかについては，基本的に債権者の自由な選択に委ねられる（処分権主義，民執20条，民訴246条参照）。

　よって，まずは動産執行を行い，それで債権者が完全な満足を得られない場

合には債権執行を行うといった，財産の種類による執行手続の順序は，現行法には規定されていない。また，執行機関による執行手続の選択も許されない。

　むしろ，債権者は，民事執行を申し立てる際に，対象となる財産を特定しなければならない。ただし，動産執行では，債権者は，個々の動産を特定する必要はなく，差押えの場所を特定すれば足りる（場所特定主義，民執規99条。差し押さえるべき動産は，執行官が執行の現場で選択する〔民執規100条〕）。

3　責任財産の帰属性の判断

　民事執行の正当性を確保するためには，本来的に，執行の対象となった財産が債務者の責任財産に属していなければならない。他方で，民事執行の迅速性の要請から，差押えに当たっては，形式的判断に依拠することにした。

　すなわち，執行機関は，差押えの対象となる財産が債務者の所有物であるか否かは審査せず，その代わりに権利の帰属を推認させる外観（メルクマール）に基づいて差押えを行う。このような建前を，外観主義という。

　ここでの外観は，不動産執行の場合は債務者名義の登記（民執規23条1号・73条）であり，動産執行の場合は債務者の占有（所持）（民執123条）であり，債権執行の場合は債権者による執行申立書の記載（債務者の第三債務者に対する債権が存在する旨の債権者の主張）（民執規133条・21条）である。

　そして，外観に基づいて財産の差押えがなされた以上，手続法上は適法な執行である。しかし，差し押さえられた財産が実際には第三者の所有財産であったような場合，当該第三者が執行を甘受すべき理由は存在せず，強制執行は実体法上は不当である。そこで，当該第三者は，自ら執行裁判所に対して第三者異議の訴え（民執38条）を提起して，執行の排除を求めなければならない。

第2節　債務者の財産状況の調査

1　趣　旨

　強制執行では，債務者の所有する財産を執行の対象として，債権者の権利を実現することになる。しかし，債権者にとって，債務者がどこにどのような財産を有しているかを把握するのは困難である。そこで，2003（平成15）年改正

により，債務者に自己の所有財産を開示させる手続（財産開示手続）が新設された。しかし，様々な欠陥が指摘されたこともあってか，利用件数がずっと低調であった。そこで，2019（令和元）年改正により，財産開示手続の実効性を高めるための改正が行われるとともに，第三者に債務者の所有財産の情報を提供させる手続（第三者からの情報取得手続）が新設された。

2　財産開示手続

(1)　財産開示手続については，債務者の普通裁判籍の所在地を管轄する地方裁判所が，執行裁判所として管轄する（民執196条）。

(2)　財産開示手続の申立てをすることができる債権者は，①執行力のある債務名義の正本を有する金銭債権の債権者（民執197条1項。強制執行の開始要件の具備も必要。同項但書参照），②債務者の財産について一般の先取特権（民306条）を有することを証する文書を提出した債権者（民執197条2項。被担保債権の弁済期の到来も必要と解される），である。

この点，①について，従来は，特定の債務名義（民執22条2号・3号の2から4号・5号・確定判決と同一の効力を有する支払督促）を有する債権者には財産開示の申立てが認められていなかった。しかし，理論的な疑問を含め様々な批判がなされたため，2019（令和元）年改正によって，この限定は廃止された。

また，②は，一般先取特権者（特に労働者）を保護すべきであるという社会政策的な見地から認められたものである。

(3)　財産開示手続の実施要件は，①強制執行または担保権実行における配当等の手続（申立ての日より6か月以上前に終了したものを除く）において，申立人が金銭債権または一般先取特権の被担保債権の完全な弁済を得ることができなかったとき（民執197条1項1号・2項1号。1号要件），または，②知れている財産に対する強制執行または担保権の実行を実施しても，申立人が金銭債権または一般先取特権の被担保債権の完全な弁済を得られないことの疎明があったとき（民執197条1項2号・2項2号。2号要件），のいずれかである。

ここで，①に関しては，申立人自身が強制執行または担保権実行を申し立てた場合のみならず，他の債権者が申し立てた場合も含まれる。また，「配当等」の意義について，東京高決平21・3・31判タ1296号298頁は，「配当又は弁済金

の交付」（民執84条3項参照）が行われた場合に限られると解している。

　なお，②の趣旨は，強制執行を試みても不奏功に終わることが確実な場合にまで債権者に強制執行の申立てを強制するのは無意味だという点にある。

　さらに，債務者（債務者に法定代理人がある場合にあっては当該法定代理人，債務者が法人である場合にあってはその代表者。この者を「開示義務者」という〔民執198条2項2号参照〕）が，財産開示の申立ての日前3年以内に，財産開示期日（財産を開示すべき期日）において，債務者の財産について陳述していないことを要する（民執197条3項本文参照）。ただし，①債務者が財産開示期日において一部の財産を開示しなかったとき，②債務者が財産開示期日の後に新たに財産を取得したとき，③財産開示期日の後に債務者と使用者との雇用関係が終了したとき，のいずれかがある場合は，財産開示期日から3年以内であっても，再度の財産開示手続が実施される（民執197条3項但書）。

　⑷　執行裁判所は，財産開示手続の実施要件を満たすときは，債権者の申立てにより，債務者について，財産開示手続を実施する旨の決定をしなければならない（民執197条1項・2項）。財産開示の実施決定は，債務者に送達しなければならない（民執197条4項）。他方で，実施要件を具備していない場合には，執行裁判所は申立てを却下する。財産開示の申立てについての裁判（財産開示の実施決定または申立却下決定）に対しては，執行抗告をすることができる（民執197条5項）。財産開示の実施決定は，確定しなければその効力を生じない（民執197条6項）。

　⑸　執行裁判所は，財産開示の実施決定が確定したときは，財産開示期日を指定し（民執198条1項），当該財産開示期日以前の日を開示義務者が財産目録を執行裁判所に提出すべき期限として定め，これを当該開示義務者に通知しなければならない（民執規183条1項）。そして，財産開示期日には，申立人および開示義務者を呼び出さなければならない（民執198条2項）。これを受けて，開示義務者は，財産開示期日における陳述の対象となる債務者の財産を財産目録に記載し（民執規183条2項），執行裁判所が定めた期限までに執行裁判所に財産目録を提出しなければならない（民執規183条3項）。

　⑹　開示義務者は，財産開示期日に出頭しなければならない（出頭義務。民執199条1項）。また，開示義務者には，特別の定めがある場合を除き，宣誓を

させなければならない（宣誓義務。民執199条 7 項，民訴201条 1 項）。そして，開示義務者は，債務者の財産（民執131条 1 号または 2 号の差押禁止動産を除く）について陳述しなければならない（陳述義務。民執199条 1 項）。陳述の対象となる財産は資産（積極財産）であり，外国に存在する財産も含まれる。陳述においては，陳述の対象となる財産について，強制執行または担保権実行の申立てをするのに必要となる事項等を明示しなければならない（民執199条 2 項，民執規184条。なお，陳述義務の一部免除につき民執200条）。

　(7)　正当な理由のない開示義務者の不出頭，宣誓拒絶，陳述拒絶または虚偽の陳述に対しては， 6 か月以下の懲役または50万円以下の罰金が科される（民執213条 1 項 5 号・ 6 号）。この点，従来は30万円以下の過料のみが認められていたが，これでは制裁として全く役に立っていないと批判された。そこで，2019（令和元）年改正により，懲役刑および罰金刑が科されることになった。

　(8)　執行裁判所は，財産開示期日において，開示義務者に対し質問を発することができる（民執199条 3 項）。また，申立人は，財産開示期日に出頭し，債務者の財産の状況を明らかにするため，執行裁判所の許可を得て開示義務者に対し質問を発することができる（民執199条 4 項）。執行裁判所は，申立人が出頭しないときであっても，財産開示期日における手続を実施することができる（民執199条 5 項）。財産開示期日における手続は，公開しない（民執199条 6 項）。

　(9)　財産開示事件の記録中，実施決定の確定までに関する部分について，利害関係を有する者は記録の閲覧等を請求することができる（民執17条）。他方で，財産開示期日に関する部分について記録の閲覧等を請求することができるのは，申立人，債務者に対する金銭債権について執行力のある債務名義の正本を有する債権者，債務者の財産について一般の先取特権を有することを証する文書を提出した債権者，債務者または開示義務者，に限定される（民執201条）。

　申立人または事件記録の閲覧をした他の債権者は，財産開示手続において得られた債務者の財産または債務に関する情報を，目的外で利用しまたは提供してはならない（民執202条）。この制限に違反した者は，30万円以下の過料に処される（民執214条 1 項。この過料事件は執行裁判所の管轄となる〔民執215条〕）。

3　第三者からの情報取得手続

(1)　第三者からの情報取得手続については，債務者の普通裁判籍の所在地を管轄する地方裁判所が，普通裁判籍がないときは情報の提供を命じられるべき者の所在地を管轄する地方裁判所が，執行裁判所として管轄する（民執204条）。

(2)　取得できる情報の種類　(イ)　債務者の不動産に係る情報の取得　執行裁判所は，財産開示の実施要件のいずれか（民執197条１項・２項）に該当するときは，執行力のある債務名義の正本を有する金銭債権の債権者，または債務者の財産について一般の先取特権を有することを証する文書を提出した債権者の申立てにより，法務省令に定める登記所に対し，債務者が所有権の登記名義人である不動産等に対する強制執行または担保権実行の申立てをするのに必要となる事項として所定のもの（民執規189条参照）について，情報の提供をすべき旨を命じなければならない（民執205条１項本文）。

情報提供の申立ては，財産開示期日における手続が実施された場合（当該財産開示期日に係る財産開示手続において一部免除の許可〔民執200条１項〕がされたときを除く）において，当該財産開示期日から３年以内に限り，することができる（民執205条２項）。すなわち，財産開示手続の前置が必要であり，かつ申立期限が限定されている。情報提供の申立てを認容する決定がされたときは，当該決定を債務者に送達しなければならない（民執205条３項）。情報提供の申立てについての裁判（情報提供命令または申立却下決定）に対しては，執行抗告をすることができる（民執205条４項。よって，債務者による不服申立ても認められる）。情報提供の申立てを認容する決定は，確定しなければその効力を生じない（民執205条５項）。

(ロ)　債務者の給与債権に係る情報の取得　執行裁判所は，財産開示の実施要件のいずれか（民執197条１項各号）に該当するときは，扶養義務等に係る定期金債権（民執151条の２）または人の生命もしくは身体の侵害による損害賠償請求権について執行力のある債務名義の正本を有する債権者の申立てにより，①市町村（特別区を含む）に対して，債務者が支払いを受ける給与（地方税317条の２第１項但書）に係る債権についての情報，②日本年金機構または公務員の共済組合等に対して，債務者が支払いを受ける報酬または賞与（厚年３条１項３号・４号）に係る債権についての情報，の提供をすべき旨を命じなければな

らない（民執206条1項本文，民執規190条）。

　財産開示手続の前置，認容決定の債務者への送達，執行抗告，認容決定の確定による効力の発生については，債務者の不動産に係る情報の取得と同じである（民執206条2項・205条2項〜5項）。

　(ハ)　債務者の預貯金債権等に係る情報の取得　　執行裁判所は，財産開示の実施要件のいずれか（民執197条1項・2項）に該当するときは，執行力のある債務名義の正本を有する金銭債権の債権者，または債務者の財産について一般の先取特権を有することを証する文書を提出した債権者の申立てにより，①銀行等に対しては，債務者の当該銀行等に対する預貯金債権（民466条の5第1項）についての情報，②振替機関等に対しては，債務者の有する振替社債等（社債等振替279条に規定する振替社債等であって，当該振替機関等の備える振替口座簿における債務者の口座に記載され，または記録されたものに限る）についての情報，の提供をすべき旨を命じなければならない（民執207条1項本文・2項，民執規191条）。

　なお，債務者の預貯金債権等に係る情報の取得では，財産開示手続を前置する必要がない。また，申立認容決定を債務者に送達する必要はなく，認容決定に対する債務者からの執行抗告も認められない。これは，債権者が債務者の預貯金債権等に関する情報を取得しようとしていることを債務者が認識した場合，預貯金の引出し等によって債権者の強制執行を妨害しかねないからである。他方で，財産情報の提供の申立てを却下する裁判に対しては，申立権者は執行抗告をすることができる（民執207条3項）。

　(3)　第三者からの情報取得の申立てを認容する決定により命じられた情報の提供は，執行裁判所に対し，書面でしなければならない（民執208条1項）。情報の提供がされたときは，執行裁判所は，申立人に提出書面の写しを送付し，かつ，債務者に対し，申立認容決定に基づいてその財産に関する情報の提供がされた旨を通知しなければならない（民執208条2項，民執規192条）。

　第三者からの情報取得手続に係る事件の記録中，第三者からの情報提供に関する部分についての閲覧請求は，申立人，当該情報の提供を請求できる所定の債権者，債務者，当該情報の提供をした者，に限って認められる（民執209条）。

　申立人または事件記録を閲覧した他の債権者は，第三者からの情報取得手続において得られた債務者の財産に関する情報を，目的外で利用しまたは提供し

てはならない（民執210条）。この制限に違反した者は，30万円以下の過料に処される（民執214条2項。この過料事件は執行裁判所の管轄となる〔民執215条〕）。

（柳沢雄二）

第**7**章

執行の救済

第1節　違法執行と不当執行に対する法的救済制度

1　意　義

　執行手続は国家権力の行使であるから，適正な手続を確保する必要がある。そのための方策として，民事執行法は，執行手続や実体法上の問題に関して不服のある者が，自ら裁判所に不服を申し立てなければならないことにしている。そして，裁判所の判断を経ることによって，結果的に民事執行の正当性を確保しようとしているのである。

　ただし，申し立てられる不服の種類によって，申立ての形式を区別しなければならない。それが，違法執行と不当執行の区別である。

　(1)　**違法執行に対する法的救済制度**　　違法執行とは，執行機関の執行行為で，民事執行法その他の手続法に違反しているものをいう。これに対する法的救済制度として，執行抗告（民執10条）および執行異議（民執11条）がある。

　(2)　**不当執行に対する法的救済制度**　　不当執行とは，手続法上は適法な執行であるが，執行の結果が実体法上は不当なものをいう。これに対する法的救済制度として，債務名義は存在するが執行債権が存在しないといった請求権の存否等に関するものは請求異議の訴え（民執35条）により，外観主義に基づいて差し押さえられた財産が第三者の所有物であるといった財産の帰属等に関するものは第三者異議の訴え（民執38条）による。

　(3)　**担保権実行に関する例外**　　担保権実行では，担保権の不存在または消滅等の実体的異議事由を理由とする執行抗告または執行異議が認められている（民執182条・189条・191条・193条2項）。すなわち，違法執行に対する法的救済制度である執行抗告または執行異議が，担保権実行では，請求異議の訴えの代わ

りに，不当執行に対する法的救済制度としても利用されることになる（これらを講学上は実体抗告または実体異議ともいう）。これは，担保権実行では債務名義の提出を要求しないという立法措置に対応するものである。

なお，担保権実行でも，違法執行に対する法的救済制度としての執行抗告（民執10条）および執行異議（民執11条），ならびに不当執行に対する法的救済制度としての第三者異議の訴え（民執194条・38条）が認められる点は，強制執行の場合と同様である。

2　事後的救済

違法な執行処分によって損害を受けた者は，国に対して国家賠償（国賠1条）を請求することができる場合がある（現況調査に当たっての執行官の注意義務違反につき，最判平9・7・15民集51巻6号2645頁〈百選28〉参照）。

ただし，判例（最判昭57・2・23民集36巻2号154頁〈百選12〉）は，執行機関が自ら執行処分を是正すべき場合など特別の事情がある場合を除き，権利者が民事執行法に定める不服申立手続による救済を求めることを怠った場合には，国家賠償を請求することができないと解している。この判例に対しては学説上の批判も強いが，判例法理としては確立したものといえよう。

第2節　執行抗告

1　意　義

民事執行の手続に関する裁判に対しては，特別の定めがある場合に限り，執行抗告をすることができる（民執10条1項）。執行抗告は，手続法に違反する執行裁判所の裁判に対する上級審への上訴であるが，執行抗告をすることができる旨の「特別の定め」がある場合に限って申し立てることができる。執行裁判所の裁判で「特別の定め」がない場合は，執行異議（民執11条）による。

2　執行抗告をすることができる裁判

執行抗告をすることができる裁判については，次の3つに分類するのが有益であろう。

コラム I - 4　執行抗告の新設の経緯

　民事執行法の制定前は，執行機関の違法な執行処分に対する不服申立てとして，執行方法に関する異議（旧民訴544条）と即時抗告（旧民訴558条）があった。しかし，両者の適用範囲につき判例と学説が対立したり，即時抗告が執行妨害の手段として濫用されたり（抗告屋の暗躍）して，様々に批判された。

　こういった問題を解決すべく，民事執行法は，従来の即時抗告を改めて執行抗告を新設し，「特別の定め」がある場合に限って執行抗告の申立てを認めたり，執行抗告をしても当然には執行停止の効力がないとしたり，抗告につき理由強制の制度を採用したりするなどして，制度の改善を図っている。

(1)　**執行手続全体または特定の関係者との関係で執行手続を終結させる裁判**　これは，違法な執行手続を是正することができる最後の機会であるために，執行抗告が認められる。例えば，民事執行の手続を取り消す裁判（民執12条1項），民事執行の申立てを却下する裁判（民執45条3項・93条5項・145条6項），配当要求を却下する裁判（民執51条2項・154条3項）等がある。

(2)　**執行抗告を認めないと関係者に重大な不利益を与えるおそれのある裁判**　例えば，各種の保全処分についての裁判（民執55条6項・68条の2第4項・77条2項・187条5項），強制管理開始決定または担保不動産収益執行開始決定（民執93条5項・188条），債権差押命令（民執145条6項）等がある。

(3)　**実体関係の変動または確定を生ずる裁判**　　例えば，不動産の売却の許可または不許可の決定（民執74条1項），不動産引渡命令の申立てについての裁判（民執83条4項），転付命令または譲渡命令等の申立てについての決定（民執159条4項・161条3項），代替執行または間接強制の申立てについての裁判（民執171条5項・172条5項）等がある。

3　執行抗告の申立て

(1)　**抗告権者**　　抗告権者は，執行抗告が認められる裁判によって直接的に不利益を受ける者である。よって，債権者，債務者のみならず，債権執行における第三債務者その他の利害関係人でもよい。もっとも，債権差押命令および転付命令が破産手続の開始によって失効する場合（破42条2項本文），破産管財

人にはこれらの命令に対して執行抗告をする利益はないと解されている（東京高決昭56・5・6判時1009号70頁等）。

（2）　**抗告理由**　　執行抗告の理由は，基本的に，執行裁判所が自ら調査および判断すべき事項について，手続法に違反していることである。よって，承継執行文の付与の要件である承継事由の欠缺または被差押債権の不存在もしくは消滅は，債務名義に基づく債権差押命令および転付命令に対する執行抗告の理由とはならない（東京高決平21・8・19判タ1312号308頁）。

ただし，担保権実行では，担保権の不存在または消滅等の実体的異議事由を理由とする執行抗告が認められる（民執182条・189条・193条2項）。

（3）　**抗告期間と抗告状の提出先**　　執行抗告は，裁判の告知を受けた日から1週間の不変期間内に，抗告状を原裁判所に提出してしなければならない（民執10条2項。なお，提起期間の始期の特例につき民執規5条）。

抗告状が原裁判所ではなく他の裁判所に提出された場合について，民事執行法の施行直後は，却下説と移送説の対立が見られた。しかし，最高裁が却下説を採用して以降（最判昭57・7・19民集36巻6号1229頁，最判昭57・7・20判時1052号66頁），実務は却下説で統一された。ここでは，移送による手続の遅滞または執行抗告の濫用を防止する必要性が重視されているといえる。

（4）　**抗告状の記載事項**　　抗告状には，当事者および法定代理人，原裁判の表示およびその裁判に対して執行抗告をする旨を記載しなければならない（民執20条，民訴331条・286条2項）。また，抗告人は，抗告状に執行抗告の理由を記載することが望ましいが，記載がなかったとしても，直ちに執行抗告が不適法となるわけではない。すなわち，抗告状に執行抗告の理由の記載がないときは，抗告人は，抗告状を提出した日から1週間以内に，執行抗告の理由書を原裁判所に提出しなければならない（民執10条3項）。

執行抗告の理由には，原裁判の取消しまたは変更を求める事由を具体的に記載しなければならない。そして，当該事由が，法令の違反であるときはその法令の条項または内容および法令に違反する事由を，事実の誤認であるときは誤認に係る事実を適示しなければならない（民執10条4項，民執規6条）。

なお，抗告状の提出から1週間という抗告理由書の提出期間は，抗告期間（民執10条2項）とは異なり不変期間ではないから，原裁判所が期間を伸長する

ことは可能である（民執20条，民訴96条1項本文）。また，追完（民執20条，民訴97条）も認められると解されている。

(5)　原裁判所の措置　(イ)　原裁判所による却下決定　①抗告人が執行抗告の理由書（民執10条3項）の提出をしなかったとき，②執行抗告の理由の記載が明らかに具体的でないとき（民執10条4項，民執規6条違反），③執行抗告が不適法であってその不備を補正することができないことが明らかであるとき，④執行抗告が民事執行の手続を不当に遅延させることを目的としてされたものであるとき，は，原裁判所は，執行抗告を却下しなければならない（民執10条5項）。このうち，③の例としては，執行抗告できない裁判に対して執行抗告がされた場合や，抗告期間が経過した後に抗告状が提出された場合等がある。また，④は，1998（平成10）年改正で追加された事由であり，その趣旨は，執行の引き延ばしを目的とした濫用的な執行抗告を防止し，迅速かつ円滑に執行手続を進行させる点にある。

原裁判所による却下決定に対しては，執行抗告をすることができる（民執10条8項。事件記録の送付の特例につき民執規7条の2）。ただし，原裁判所による却下決定は，告知の時点で効力が生じるため，再度の執行抗告の申立てには却下決定の確定を遮断する効力はない。また，再度の執行抗告の理由は，原裁判所による却下決定が違法である旨（民執10条5項各号に該当しないこと）に限定される（札幌高決昭61・5・27判タ610号138頁等）。なお，再度の執行抗告に対する原裁判所による却下決定の可否については，見解の対立がある。

(ロ)　それ以外の場合　原裁判所は，執行抗告に理由があると認めるときは，再度の考案（民執20条，民訴333条）によって，自ら原裁判を更正することもできる。他方で，執行抗告を理由がないと認めるときは，原裁判所は，その旨の意見を付して事件を抗告裁判所に送付しなければならない（民執規15条の2，民訴規206条。事件記録の送付につき民執規7条）。

事件の送付を受けた抗告裁判所は，原則として，抗告人の相手方に対し，抗告状および抗告理由書の写しを送付する（民執規15条の2，民訴規207条の2）。

(6)　執行停止等の仮の処分　執行抗告が申し立てられたとしても，執行手続は当然には停止されないため，裁判所による執行停止等の仮の処分が別途必要となる。すなわち，抗告裁判所は，執行抗告についての裁判が効力を生ずる

までの間，担保を立てさせ，もしくは立てさせないで原裁判の執行の停止もしくは民事執行の手続の全部もしくは一部の停止を命じ，または担保を立てさせてこれらの続行を命ずることができる。事件の記録が原裁判所に存する間は，原裁判所も，これらの処分を命ずることができる（民執10条6項）。この仮の処分の決定に対しては，不服を申し立てることができない（民執10条9項）。

　これに対して，執行抗告をすることができる裁判で，確定しなければその効力を生じないと規定されているもの（民執12条2項・55条7項・74条5項・83条5項・159条5項・161条4項・197条4項等）については，執行抗告の申立てがなされると当該裁判の確定が遮断されるため，裁判の効力は生じない。

4　執行抗告の審理および裁判

　(1)　**審　理**　　執行抗告の審理は，決定手続であり，口頭弁論を経ることを要しない（任意的口頭弁論，民執4条参照）。口頭弁論を経ないときは，利害関係人を審尋することができる（民執20条，民訴187条）。特に，執行抗告に理由があるとして抗告人の相手方の不利益に原裁判を取り消したり変更したりする場合には，相手方の弁論権を保障するためにも，相手方を審尋すべきである。

　(2)　**審理の範囲**　　抗告裁判所は，抗告状または執行抗告の理由書に記載された理由に限り，調査する（民執10条7項本文）。これは，抗告理由の提出強制（民執10条3項）の目的を達成するためである。この場合，抗告人は，原審で主張しなかった事由または原裁判から抗告理由書の提出までに発生した事由を執行抗告で主張することができる。また，抗告理由書の提出期間の経過後も，期間内に提出された理由を，同一性を害しない範囲で補正することは許される。

　ただし，原裁判に影響を及ぼすべき法令の違反または事実の誤認の有無については，職権で調査することができる（民執10条7項但書）。

　(3)　**裁　判**　　執行抗告の裁判は，決定でなされる（民執20条，民訴87条1項但書）。抗告裁判所は，執行抗告が不適法な場合には抗告を却下し，執行抗告が適法であるが理由がない場合には抗告を棄却し，執行抗告が適法でかつ理由がある場合には原裁判を取り消す。ここで，原裁判が職権による手続取消決定（例えば民執14条4項・53条・63条・73条4項）である場合には，原裁判を取り消すだけで十分である。これに対して，原裁判が当事者の申立てに係る場合また

は裁判の性質上その手続段階で何らかの裁判が必要な場合（例えば売却の許可または不許可の決定）には，抗告裁判所は，原裁判の取消しとともに自判または差戻しをする必要がある（民執20条，民訴307条・308条・331条）。

　なお，抗告裁判所は，再度の執行抗告（民執10条8項）に基づいて原審却下決定を取り消す場合には，当初の執行抗告の当否について自判することができると解される（東京高決平12・12・21判タ1054号272頁等）。

　(4)　裁判に対する不服申立て　　執行裁判所は通常は地方裁判所であるから，抗告裁判所は通常は高等裁判所になる。この場合，抗告審の裁判に対して再抗告をすることはできないが（裁7条2号参照），特別抗告（民執20条，民訴336条）または許可抗告（民執20条，民訴337条）をすることはできる。

　これに対して，執行裁判所が簡易裁判所であり，抗告裁判所が地方裁判所になる場合には，再抗告が認められる（民執20条，民訴330条）。

　また，執行抗告をすることができる裁判が確定した場合でも，再審抗告を申し立てることができる（民執10条10項，民訴349条）。

第3節　執行異議

1　適用範囲

　執行裁判所の執行処分で執行抗告をすることができないものに対しては，執行裁判所に執行異議を申し立てることができる。執行官の執行処分およびその遅怠に対しても，同様とする（民執11条1項）。

　(1)　執行裁判所の執行処分　　執行裁判所の執行処分は，執行抗告をすることができないものが執行異議の対象となる。例えば，不動産強制競売開始決定または担保不動産競売開始決定（民執45条1項・188条），地代等の代払いの許可（民執56条），売却基準価額の決定または変更（民執60条），一括売却（民執61条），買受けの申出の保証（民執66条），不動産強制管理における管理人の選任（民執94条1項），船舶強制競売開始決定（民執114条1項）等がある。

　執行裁判所の執行処分に対する執行異議は，当該執行処分をした執行裁判所に対する不服申立てであり，再度の考案（民訴333条）の申立てに相当する。

　他方で，執行停止の仮の処分（民執10条9項・11条2項・36条5項）または移送

の裁判（民執44条4項・119条2項・144条4項）については，処分の暫定性または
手続の安定性のために，不服を申し立てることができない。

　なお，執行裁判所の「遅怠」が執行異議の対象となるか，それとも執行裁判
所の職権発動を促すにすぎないかについては見解の対立がある。実際には大差
ないであろうが，執行異議の対象に含めても特に不都合はないと思われる。

　(2)　**執行官の執行処分**　　執行官の執行処分は，その種類を問わず，すべて
執行異議の対象となる。また，執行官の執行処分の「遅怠」には，執行官の遅
延，怠慢さらには処分の拒絶も含まれる。

　ただし，執行裁判所が執行機関であり，執行官がその補助機関として行う執
行処分の違法について，これを前提とする執行裁判所の事後の執行処分に対し
て執行抗告または執行異議による救済を認めれば十分な場合には，執行官の執
行処分に対する執行異議を認める必要はない。例えば，執行官の売却実施（民
執64条3項）の違法は，執行裁判所の売却許可決定に対する執行抗告（民執74
条）で争えば十分であり，執行官の売却実施に対する執行異議を別途認める必
要はない。これに対して，その他の執行官の執行処分（例えば現況調査〔民執57
条〕の違法または遅怠）については，原則どおり執行異議が認められる。

　(3)　**裁判所書記官の執行処分**　　少額訴訟債権執行において裁判所書記官が
行う執行処分に対しても，執行裁判所に執行異議を申し立てることができる
（民執167条の4第2項）。また，2004（平成16）年改正で裁判所書記官の独立の権
限とされた執行処分に対しては，執行異議と同様の「異議」を申し立てること
ができる（民執14条2項・47条4項・49条5項・62条3項・64条6項・78条6項。こ
れらは，改正前は執行裁判所の執行処分であり，執行異議が認められていた）。

　その他の裁判所書記官の執行処分（例えば不動産強制競売開始決定に伴う登記嘱
託〔民執48条〕の遅怠）については，その裁判所書記官の所属する裁判所に対し
て異議を申し立てることができる（民執20条，民訴121条）。

2　執行異議の申立て

　(1)　**異議権者**　　異議権者は，違法な執行処分またはその遅怠によって直接
的に不利益を受ける者である。よって，債権者，債務者のみならず，その他の
利害関係人でもよい。

（2）**異議事由**　執行異議の異議事由は，基本的に，執行機関が自ら調査および判断すべき事項について，手続法に違反していることである。

ただし，担保権実行では，担保権の不存在または消滅等の実体的異議事由を理由とする執行異議が認められる（民執182条・189条・191条・193条2項）。

（3）**異議申立期間**　執行異議の申立期間は，特に規定されている場合（民執167条の5第3項・167条の6第3項・167条の9第3項）を除き，法律上制限されていない。ただし，異議の利益がなければならないから，執行異議の申立ては，遅くとも違法な執行処分を含む執行手続が完結するまでに行われなければならない。これに対して，執行官の執行申立却下または執行機関の執行処分の遅怠に対する執行異議の申立ては，執行手続の完結後も可能である。

（4）**管轄裁判所**　執行裁判所の執行処分に対する執行異議は，当該執行裁判所の，また，執行官の執行処分に対する執行異議は，当該執行官の所属する地方裁判所の，それぞれ専属管轄に属する（民執3条・19条）。

（5）**申立ての方式**　執行異議の申立ては，期日においてする場合（執行裁判所が実施する売却決定期日，配当期日または審尋期日）を除き，書面でしなければならない（民執規8条1項）。また，執行異議の申立てをするときは，異議の理由を明らかにしなければならない（民執規8条2項）。これは，濫用的な執行異議の申立てを防止するためである。

（6）**執行停止等の仮の処分**　執行異議を申し立てられたとしても，執行手続は当然には停止されないため，裁判所による執行停止等の仮の処分が別途必要となる（民執11条2項・10条6項前段）。この仮の処分の決定に対しては，不服を申し立てることができない（民執11条2項・10条9項）。

3　執行異議の審理および裁判

（1）**審　理**　執行異議の審理は，決定手続であり，口頭弁論を経ることを要しない（任意的口頭弁論，民執4条参照）。口頭弁論を経ないときは，利害関係人を審尋することができる（民執5条）。審理手続は対審構造を採るわけではないが，異議の相手方が考えられる場合で，執行異議に理由があるとして執行処分を取り消すときは，弁論権を保障するために相手方を審尋すべきである。

執行異議の審理の範囲は，執行異議の申立ての際に明示された事由に限定さ

れず（民執10条7項の準用はない），異議事由の追加主張も許される。

(2)　裁　判　　執行異議の裁判は，決定でなされる（民執20条，民訴87条1項但書）。執行裁判所は，執行異議が不適法な場合には異議を却下し，執行異議が適法であるが理由がない場合には異議を棄却する。他方で，執行裁判所は，執行異議が適法でかつ理由がある場合，①執行裁判所の執行処分に対する異議のときは，執行処分の取消しまたは変更を行う。②執行裁判所の執行処分の遅怠に対する異議のときは，執行裁判所が自ら執行処分を行う。③執行官の執行処分に対する異議のときは，執行を許さない旨の宣言または執行官に対する執行処分の取消しを命ずる。④執行官の執行処分の遅怠に対する異議のときは，執行官に対して執行処分をなすべき旨を宣言する。

(3)　裁判に対する不服申立て　　執行異議の裁判は，原則として一審限りであり，不服を申し立てることはできない。もっとも，①民事執行の手続を取り消す旨の決定，②民事執行の手続を取り消す執行官の処分に対する執行異議の申立てを却下する裁判，③執行官に民事執行の手続の取消しを命ずる決定に対しては，執行抗告をすることができる（民執12条1項）。なお，②については，執行異議の申立てを棄却する裁判も含むと解すべきである。

そして，執行抗告をすることができる裁判は，確定しなければその効力を生じない（民執12条2項）。

第4節　請求異議の訴え

1　意　義

強制執行は，執行力のある債務名義の正本（執行正本）のみに基づいて行われる（民執25条）。債務名義は，実現されるべき実体法上の請求権の存在およびその内容を表示するものであるが，場合によっては当該請求権がもともと存在しない，または債務名義の成立後に消滅しもしくは内容に変更を来たすことがあり得る。これらの場合であっても，債務名義の執行力は当然に消滅するわけではなく，強制執行は，手続法上は適法である。

しかしながら，そもそも強制執行は債権者の実体法上の請求権を終局的に実現することを目的とする手続であるから，このような場合にまで債務者が強制

執行を甘受すべき理由は存在せず，強制執行は，実体法上は不当である（不当執行）。そこで，債務者が訴えを提起し，それに続いて強制執行の停止および取消しを申し立てることで強制執行を阻止し，ひいては債務者を救済するために認められたのが，請求異議の訴え（民執35条）である。

さらに，裁判以外の債務名義に関しては，その成立について異議のある債務者も，請求異議の訴えを提起することが認められている。

2　法的性質および訴訟物

請求異議の訴えの法的性質および訴訟物について，見解の対立が激しい。

判例（大判昭7・11・30民集11巻2216頁等）および通説は，請求異議の訴えが債務名義の執行力を排除して当該債務名義に基づく強制執行の不許の宣言を求めることを目的とするものであり，請求異議の訴えの認容判決によって債務名義の執行力が排除されるという形成的効果が生じると解する形成訴訟説である。この説は，債務名義の執行力は請求権の実体関係の変動によって当然に影響を受けるものではなく，請求異議の訴えの認容判決が確定することによって初めて債務名義の執行力が排除されて，当該債務名義に基づく強制執行が不適法になるとする，いわゆる抽象的執行請求権説（第I編第1章第5節参照）を前提とする。

形成訴訟説による場合，請求異議の訴えの訴訟物については，債務名義の執行力を排除するための手続法上の異議権という形成権であると解する異議権説が有力である。この説によれば，異議権は債務名義における請求権の表示とその実体的権利状態との不一致に基づくものであるから，この不一致の態様に応じて数個の異議権が存在することになる。

形成訴訟説に対しては，異議の理由である実体法上の請求権の存否が訴訟物とならず，この点について既判力が生じない（民訴114条1項参照）ために，債務者は，請求異議の訴えで実体法上の請求権の存在を理由に敗訴した場合でも，同一の異議事由に基づいて不当利得返還請求訴訟や不法行為に基づく損害賠償請求訴訟を提起することが可能になるとの批判がある。これに対しては，実体法上の請求権の不存在確認訴訟（または中間確認訴訟）の提起を認める以外にも，判決理由中の判断に生じる信義則（または争点効）によって後訴での実

体法上の請求権の不存在等の主張を排斥すればよいとの反論がある。また，上記の批判に鑑みて，訴訟物を債務者が特定の債務名義について執行力の排除を求めることができる法的地位であると解する新形成訴訟説も主張されている。

その他，①債務者の責任の不存在確認を目的とする訴訟法上の確認訴訟説，②債務名義に表示された実体法上の給付義務の不存在確認訴訟説，③請求権の不行使を求める消極的給付訴訟説，④請求権の存否の確認という確認的作用と債務名義の執行力の排除という形成的作用とを併有するとする救済訴訟説，⑤執行の許容性の要件である事項を訴訟物とし，これを既判力をもって確定するとともに，その結果に従って当該債務名義に基づく執行の許否を執行機関に対する拘束力をもって判決主文で宣言すると解する命令訴訟説もある。

3　請求異議の訴えの対象となる債務名義

(1)　債務名義に係る請求権の存在または内容について異議のある債務者は，その債務名義による強制執行の不許を求めるために，請求異議の訴えを提起することができる（民執35条1項前段）。ただし，仮執行宣言付判決（民執22条2号），仮執行宣言付損害賠償命令（民執22条3号の2），仮執行宣言付届出債権支払命令（民執22条3号の3）または仮執行宣言付支払督促（民執22条4号）で確定前のものについては，それぞれ上訴（民訴281条・311条），異議の申立て（犯罪被害者保護法33条，消費者裁判手続特例法46条）または督促異議の申立て（民訴393条）をすることができるので，請求異議の訴えを提起することはできない（民執35条1項前段括弧書）。もっとも，未確定の仮執行宣言付判決について控訴審の口頭弁論終結後に異議事由が生じた場合には，法律審である上告審で新たに異議事由を追加することはできないから，請求異議の訴えは適法であると解すべきである（東京地判平9・11・12判タ979号239頁）。

(2)　担保権実行手続については，担保権の不存在または消滅等の実体的異議事由を理由とする執行抗告または執行異議が認められるので（民執182条・189条・191条・193条2項），請求異議の訴えは認められない（民執194条は民執35条を準用していない）。また，民事保全手続については，被保全権利の不存在または消滅等の実体的異議事由を理由とする保全異議（民保26条）または保全取消し（民保37条～39条）が認められるので，請求異議の訴えは認められない（民保46条

> コラムⅠ-5　請求異議の訴えの訴訟物とその個数
>
> 　請求異議の訴えの訴訟物については，①異議事由説（異議事由が訴訟物であり，主張される異議事由ごとに訴訟物が異なるとする説），②異議権説（債務名義の執行力を排除するための手続法上の異議権という形成権が訴訟物であり，債務名義における請求権の表示と実体的権利状態との不一致の態様に応じて訴訟物が異なるとする説），③異議態様説・実体関係説（債務名義に表示された給付義務が現在の実体関係と一致しない旨の主張が訴訟物であり，異議の態様ごとに訴訟物が異なるとする説），④債務名義説（特定の債務名義につき執行力の排除を求め得る地位にあるとの法的主張が訴訟物であり，執行力の排除が求められる債務名義が1個であれば訴訟物は1個だとする説），に分類することができる。
>
> 　このように，①説・②説・③説は，訴訟物が複数存在することを認める見解であるのに対して，④説は，訴訟物は1個だと解する見解であるといえる。

は民執35条を準用していない）。

　(3)　不動産引渡命令（民執83条）について，旧民訴法下では判例は執行処分と解していたために請求異議の訴えを否定していたが，現行法上は債務名義である（民執22条3号）から，請求異議の訴えを提起することができる。

　(4)　代替執行の授権決定については，執行抗告をすることができる（民執171条5項）から，請求異議の訴えは認められない。債務者に実体法上の異議事由があるときは，基礎となる債務名義に対する請求異議の訴えが認められる。

　(5)　間接強制の決定については，執行抗告をすることができる（民執172条5項）が，命ぜられた強制金の支払いに関しては債務名義であるから（民執22条3号），強制金の弁済等により強制金の支払義務が消滅したことを理由とする請求異議の訴えは認められる（大阪高判昭54・7・20判時949号123頁参照）。

　(6)　検察官が訴訟費用の裁判の執行のために発した徴収命令（刑訴490条）について，その執行は民事執行法その他の強制執行の手続に関する法令の規定に従って行われる（刑訴490条2項）。しかし，その不服申立てに関して，最高裁は，検察官の処分に対する言渡しをした裁判所への異議の申立て（刑訴502条）およびこれについてされた決定に対する即時抗告（刑訴504条）が規定されているから，請求異議の訴えを提起することはできないとする（最判平4・7・17民

集46巻 5 号538頁）。ただし，当該異議または即時抗告を認容する決定が執行停止・取消文書（民執39条・40条）に該当するか否かは不明である。

（7）　債務名義の執行力を排除するためではなく，行われた具体的な執行行為（例えば目的物の差押え）の排除を求めるために請求異議の訴えを提起することができるかについて，否定する判例（大判明44・2・4民録17輯30頁）と肯定する判例（大判大3・5・14民録20輯531頁，大連判大10・3・30民録27輯667頁，東京高判平7・5・29判時1535号85頁等）に分かれる。学説上は，否定説が従来の通説であったが，近時は肯定説も有力である。

4　請求異議の訴えの異議事由

（1）　**請求権の存在または内容についての異議の事由**　　債務名義における請求権の存在または内容の表示と実体的権利関係との不一致に基づく事由であり（民執35条 1 項前段），内容的には次の 4 つに分類し得る。①請求権の発生自体を妨げる事由（執行証書や和解調書等の場合。例：公序良俗違反，通謀虚偽表示，錯誤，代理権の欠缺），②請求権を消滅させる事由（例：弁済，相殺，更改，免除，消滅時効，契約の解除），③請求権の効力を停止もしくは制限する事由または責任を制限もしくは消滅させる事由（前者の例：弁済期限の猶予，停止条件の付与，支払猶予令〔モラトリアム〕。後者の例：倒産手続における免責〔破253条，民再178条・235条・244条，会更204条〕），④請求権の主体を変動させる事由（例：債権譲渡による債権者の変動，免責的債務引受による債務者の変動）。

なお，債務名義に表示された請求権が第三債権者（執行債権者の債権者）によって（仮）差押えされた場合に，債務者に認められる法的救済制度は何かが問題となる。かつての判例（大判昭15・12・27民集19巻2368頁等）は請求異議の訴えを認めていたが，最高裁によって判例変更された（最判昭48・3・13民集27巻2号344頁〔百選53〕）。これを前提とすると，債務者は，執行異議（民執11条）を申し立てるか（東京地決平21・7・6金法1896号105頁②），または（仮）差押命令の正本を一時的執行停止文書（民執39条 1 項 7 号）に準じて執行機関に提出すべきであるということになると解される。他方で，執行抗告（民執145条 6 項・10条）は難しいと思われる（東京高決平10・8・7判タ1034号281頁，東京高決平21・6・4金法1896号105頁①参照）。

(2)　裁判以外の債務名義の成立についての異議の事由　　裁判以外の債務名義の成立について異議のある債務者も，請求異議の訴えを提起することができる（民執35条 1 項後段）。

この点，裁判による債務名義の成立について争う場合，債務者は，上訴，異議または再審等を提起することができる。これに対して，裁判以外の債務名義の成立について争う場合，債務者にはこれらの不服申立方法を利用することが認められていない。もっとも，旧民訴法下では，判例は執行証書や和解調書の成立を争うために請求異議の訴えを提起することができるとしていた（最判昭32・6・6民集11巻 7 号1177頁参照）。その意味で，民事執行法35条 1 項後段は，従来の判例を踏襲するものである（なお，この規定は，第 1 次試案，第 2 次試案および法案要綱には存在しておらず，法務省または内閣法制局に移行した段階で急に追加されている。そのため，同項前段と重なる部分もある）。この限りで，請求異議の訴えに再審に代わる性質が付与されたことになる。

ただし，債務名義の成立についての異議がすべて請求異議の訴えの異議事由となるわけではなく，執行文の付与に対する異議（民執32条）によって主張すべき異議事由については，請求異議の訴えで主張することは認められない。執行文の付与に対する異議によるべきものとしては，記録等により容易に認定することができる場合，すなわち，①執行証書に表示された請求権が特定を欠く場合もしくは金額の一定性を欠く場合，②執行証書に契印を欠く場合もしくは公証人や作成嘱託人の署名捺印を欠く場合，③公証人が届出印鑑を使用しないで執行証書を作成した場合，または，④執行証書作成の委任状の印影と添付された印鑑証明書の印影との相違を看過した場合等がある。他方で，請求異議の訴えによるべきものとしては，記録等により容易に認定することができない場合，すなわち，①代理権が欠缺していた場合，②意思表示に通謀虚偽表示もしくは錯誤があった場合，または，③詐欺による取消しをした場合等がある。

(3)　その他の異議の事由　　(イ)　債務名義の不当取得　　確定判決のように債務名義が既判力を有する場合，債権者が不当に債務名義を取得したとする債務者の主張は，判決裁判所が認定した請求権の「成立」を争うものであるから，前訴判決の既判力との抵触は避けられない。よって，既判力による法的安定性の要求から，確定判決の不当取得を請求異議の訴えの異議事由とすること

はできないと解すべきである（最判昭40・12・21民集19巻9号2270頁。なお，最判昭43・2・27民集22巻2号316頁〈百選8〉も参照）。

　この場合の救済方法としては再審が考えられるが，立法論としては「当事者が不正な欺罔行為によって判決の既判力を取得したこと」を再審事由として認め，再審に基づく執行停止（民訴403条）の申立てを認めるべきであろう。

　㈣　権利濫用・信義則違反　　債権者が債務名義を取得したこと自体については特段の不当性は見られず，したがって債権者が債務者に対して実体法上の請求権を有している点に問題はないものの，その取得後（確定判決の場合には，前訴の事実審口頭弁論終結後）の事情の変化によって，当該債務名義を利用して強制執行を行うことが債務者に対する関係で権利濫用または信義則違反であると評価される場合があり得る。この場合について，否定説も主張されているが，債務者に対する関係で債務名義の執行力を排除することは不当とはいえないから，請求異議の訴えの異議事由とすることができると解すべきである。

　その際の判断要素としては，債務名義の性質，実現されるべき権利の内容，債務名義の成立の経緯，債務名義の成立から強制執行に至るまでの経緯，当事者双方の現在の状態，強制執行が当事者に及ぼす影響等を総合的に考慮して，権利濫用または信義則違反になるか否かが判断されることになろう（権利濫用ないし信義則違反を肯定した裁判例として最判昭37・5・24民集16巻5号1157頁および最判昭43・9・6民集22巻9号1862頁等があり，否定した裁判例として最判昭62・7・16判時1260号10頁等がある）。

　㈥　不執行の合意　　債権者と債務者との間で，特定の債務名義または給付請求権について強制執行をしない旨の合意がなされる場合がある。給付訴訟において，給付請求権について不執行の合意がある旨の主張がされ，その事実が認められる場合には，裁判所は，この請求権について強制執行をすることができないことを判決主文において明らかにしなければならない（最判平5・11・11民集47巻9号5255頁）。それにもかかわらず不執行の合意に反して債権者が強制執行を行った場合には，債務者は，執行文の付与に対する異議（民執32条）または執行異議（民執11条）によって執行の排除を求めることができる。

　他方で，この最高裁判決が出るまで，実務では給付訴訟時に存在していた不執行の合意を必ず判決主文で明示していたわけではなかったようであり，従来

は不執行の合意の成立が債務名義（給付判決）の成立の前か後かをあまり意識
することなく，不執行の合意があるにもかかわらず債権者が合意に反して強制
執行を行った場合に債務者に認められる救済方法について議論されてきた。

　この問題につき，大審院は，請求異議の訴えではなく執行方法に関する異議
（旧民訴544条）によるべきであるとしていた（大判大15・2・24民集5巻235頁，大
判昭2・3・16民集6巻187頁，大判昭10・7・9新聞3869号12頁等）。これに対し
て，最高裁（最決平18・9・11民集60巻7号2622頁〈百選1〉）は，「不執行の合意
等は，実体法上，債権者に強制執行の申立てをしないという不作為義務を負わ
せるにとどまり，執行機関を直接拘束するものではないから，不執行の合意等
のされた債権を請求債権として実施された強制執行が民事執行法規に照らして
直ちに違法になるということはできない」として，不執行の合意の法的性質に
関する実体契約説の立場を明らかにし，そこから，「強制執行を受けた債務者
が，その請求債権につき強制執行を行う権利の放棄又は不執行の合意があった
ことを主張して裁判所に強制執行の排除を求める場合には，執行抗告又は執行
異議の方法によることはできず，請求異議の訴えによるべきものと解するのが
相当である」と判示して，上記大審院判決を変更した。

　(二)　限定承認　被相続人に対して債務名義を有する債権者が，被相続人の
死亡後に相続人に対して承継執行文の付与を受けて強制執行を行ったところ，
相続人が限定承認を行い，かつ当該執行の目的物が相続人の固有財産であった
場合，相続人に認められる不服申立方法について，第三者異議訴訟説（大判昭
10・10・14新聞3909号7頁等），承継執行文の付与に対する異議または異議訴訟
説，請求異議訴訟説（大判昭15・9・28評論30巻民法24頁等）の対立がある。債務
と責任は区別されているとはいっても，責任は債務の本質的属性であり，かつ
相続人は限定承認によって相続財産以外の財産に対する強制執行の一般的不許
を求めているのであるから，請求異議の訴えによるべきである。

　他方で，債権者が相続人に対して相続債務の履行を請求する訴えを提起し，
相続人が限定承認を主張して「相続財産の限度で」支払うべき旨の給付判決が
なされたが，債権者が相続人の固有財産に対して強制執行を行った場合，相続
人は，第三者異議の訴え（民執38条）または執行異議（民執11条。執行の目的物が
相続財産でないことが債務名義から明らかな場合）によることができる。

5　確定判決の異議事由の時的限界

(1)　**原　則**　確定判決についての異議の事由は，口頭弁論の終結後に生じ
たものに限る（民執35条2項）。すなわち，既判力の生ずる確定判決の場合に
は，事実審の口頭弁論終結時（基準時・標準時）の前に存在していた異議事由は
既判力によって遮断され，原則として請求異議の訴えで主張することはできな
くなる。これは，確定判決の既判力による法的安定性を確保しかつ異議事由の
蒸し返しを防ぐためである。したがって，異議事由が基準時前に存在していた
か否かが重要であり，債務者がその存在を知っていたか否かまたは基準時まで
に主張することができたか否かは，基本的には問題とならない。

これに対して，確定判決以外の債務名義の場合には，このような制限は存在
しないため，債務者は，債務名義の成立前に存在していた異議事由を請求異議
の訴えで主張することができる（民執35条1項後段参照）。

(2)　**基準時後の形成権の行使**　既判力のある債務名義について，債務者
が，前訴の基準時前に存在していたが主張しなかった形成権を，基準時後に行
使して，請求異議の訴えで主張することができるか否かが問題となる。

判例および通説は，形成権の種類ごとに結論を区別する。すなわち，時効援
用権（大判昭9・10・3新聞3757号10頁），取消権（書面によらない贈与の取消しにつ
き最判昭36・12・12民集15巻11号2778頁〔なお，現在は解除に変更〕，詐欺による取消
しにつき最判昭55・10・23民集34巻5号747頁），白地手形補充権（最判昭57・3・30
民集36巻3号501頁）および解除権（大阪高判昭52・3・30判時873号42頁）について
は，これらの形成権が請求権自体に付着するものであるため，基準時前に行使
しておかなければ既判力によって遮断され，請求異議の訴えで主張することは
できないとする。これに対して，相殺権（最判昭40・4・2民集19巻3号539頁）
および建物買取請求権（最判平7・12・15民集49巻10号3051頁〈百選16〉）について
は，これらの形成権が請求権自体に付着するものではなく，請求権と別個に存
在するものであるため，基準時前に行使しておかなくても既判力によって遮断
されず，請求異議の訴えで主張することができるとする。

(3)　**限定承認**　債権者が相続人に対して相続債務の履行を請求する訴えを
提起し，相続人が限定承認を主張しなかったために無留保の給付判決がなさ
れ，債権者が相続人の固有財産に対して強制執行を行った場合，相続人は請求

異議の訴えを提起して限定承認を主張することができるか否かが問題となる。肯定説（大判昭15・2・3民集19巻110頁参照）も有力であるが，責任は債務の本質的属性であり，かつ無留保の給付判決には責任財産の限定がないとの趣旨も含まれているといえるので，限定承認の事実は既判力によって遮断され，債務者は請求異議の訴えで限定承認を主張することはできないというべきである。

　他方で，債権者が，前訴において相続人の限定承認を自認して相続財産の限度で支払うべき旨の給付判決を求め，これを認容する判決が確定した後に，基準時前に存在していた法定単純承認の事由（民921条）を後訴で主張することができるか否かについて，最高裁（最判昭49・4・26民集28巻3号503頁）は，限定承認に「既判力に準ずる効力」があることを理由に，これを否定した。

　(4)　**外国判決**　　外国判決に基づく強制執行の場合（民執22条6号）に，外国裁判所の判決についての執行判決を求める訴え（執行判決訴訟，民執24条）の中で，外国判決の基準時後で執行判決の基準時前に生じた請求権の存在または内容に関する異議事由を，抗弁として主張することができるか否かが問題となる。肯定説が多数説であるといえるが，執行判決訴訟と請求異議の訴えは別個の訴えであり，また執行判決訴訟の審判対象は民事執行法24条5項に掲げられた事項に限るべきであるから，執行判決訴訟の中で請求異議の訴えの異議事由を抗弁として主張することはできず，請求異議の訴えで主張すべきである。

　(5)　**仲裁判断**　　仲裁判断に基づく強制執行の場合（民執22条6号の2），請求異議の訴えの異議事由を執行決定における抗弁として主張することを認めると，実体判断をすることなく簡易かつ迅速に執行決定を出すという執行決定制度の趣旨が没却されることになるから，執行決定の中で執行異議の訴えの異議事由を抗弁として主張することはできず，請求異議の訴えで主張すべきである。もっとも，仲裁合意の内容として，請求異議の訴えの異議事由の存否についても仲裁で判断するとされている場合には，執行決定であろうと請求異議の訴えであろうと，当該異議事由の存否を審査することはできない。

6　異議事由の同時主張

　異議の事由が数個あるときは，債務者は，同時に，これを主張しなければならない（民執35条3項・34条2項）。これは，異議事由の蒸し返しによる執行の

引き延ばしを回避し，すでに存在するすべての異議事由を 1 つの訴訟で主張させることによって，執行のエネルギーを確保することを目的とする。

　ここでいう「同時に」とは，同一訴訟手続の意味であり，事実審の口頭弁論終結時までであれば，異議事由の追加が認められる（判例〔大判昭 6・11・14民集10巻1052頁，大判昭 9・10・25民集13巻1999頁〕・通説）。

　また，「異議の事由」について，請求異議の訴えの訴訟物が複数存在することを認める説によれば，異議事由の同時主張は訴訟物についての同時主張であり，この規定は別訴の禁止を定める特別な規定となる。これに対して，訴訟物は 1 個だと解する説によれば，異議事由の同時主張は異議の原因すなわち攻撃防御方法についての同時主張であるが，既判力の時的限界によって請求異議の訴えの基準時前に存在していた異議事由はすべて遮断されるから（民執35条 2 項），この規定は無意味な規定となりかねない。ただし，いずれにせよ，請求異議の訴えの訴訟物をどのように解したとしても，債務者は，請求異議の訴えの基準時前に存在していた異議事由を再度主張することはできなくなる。

7　訴訟手続

(1)　訴え提起の時期　債務名義が成立した後であれば，強制執行の開始前であっても，債務者は請求異議の訴えを提起することができる（最判昭26・4・3民集 5 巻 5 号207頁）。これに対して，債務名義に基づく強制執行手続が完結し，債権者が債務名義に表示された執行債権全額の満足を受けた後は，請求異議の訴えを提起する利益がなくなるため，訴えは却下される（大判明43・1・29民録16輯27頁，大判大 8・11・29民録25輯2139頁）。この場合，原告である債務者は，不当利得返還請求訴訟または不法行為に基づく損害賠償請求訴訟に訴えを変更（民訴143条）する必要がある。

(2)　管轄裁判所　請求異議の訴えの管轄裁判所は，債務名義の区分に応じて決定され（民執35条 3 項・33条 2 項），専属管轄である（民執19条）。

(3)　当事者　原告は，債務名義に債務者として表示された者，または承継人その他の債務名義の執行力を受ける者（民執23条）である。

　被告は，債務名義に債権者として表示された者，または承継人その他の債務名義の執行力を受ける者（民執23条）である。債権者の承継人の場合は，執行

文の付与を受けていないときでも，この者を被告とすることができる（大判昭7・11・30民集11巻2216頁）。

　なお，執行機関には，当事者適格は認められない。

　(4)　**訴訟代理権**　債務名義を成立させた訴訟の訴訟代理人だった者が，当該債務名義に基づく請求異議の訴えでも訴訟代理人になることができるか否かについて，民事訴訟法55条 1 項が訴訟代理権の範囲に強制執行を含めていることを根拠とする肯定説と，同項は訴訟終了後までは及ばず，執行関係訴訟のためには新たな訴訟代理権の授与が必要であると主張する否定説がある。

　(5)　**審　理**　請求異議の訴えの審理手続は，通常の民事訴訟手続と同じであり，必要的口頭弁論（民訴87条 1 項）に基づく判決手続が行われる。

　(6)　**裁　判**　原告の主張する異議事由の存否は，事実審の口頭弁論終結時を基準として判断される。

　裁判所は，請求異議の訴えに理由がないときは，請求を棄却する。他方で，訴えに理由があるときは，請求の趣旨に応じて，債務名義による強制執行が終局的または一時的に許されない旨を宣言する。債務名義に表示された請求権の一部について強制執行の不許を宣言することも可能である。なお，建物収去土地明渡しを命じた判決後に請求異議の訴えにおいて債務者が建物買取請求権を行使した場合には，債務名義の執行力は建物の収去を命ずる限度で消滅し，建物退去土地明渡を命ずる部分はなお保持されると解する。

　請求異議の訴えを認容する判決が確定した場合，債務名義は執行力を失い，当該債務名義に基づく強制執行は許されなくなる。また，債務者は，当該請求認容判決の正本を執行機関に提出することで，強制執行の停止および既になされた執行処分の取消し（民執39条 1 項 1 号・40条 1 項）を求めることができる。

　(7)　**執行停止等の仮の処分**　請求異議の訴えが提起されたとしても，執行手続は当然には停止されないため，執行停止等の仮の処分が別途必要となる。すなわち，請求異議の訴えの提起があった場合において，異議のため主張した事情が法律上理由があるとみえ，かつ，事実上の点について疎明があったときは，受訴裁判所は，申立てにより，強制執行の停止または執行処分の取消し等の仮の処分を命ずることができる（民執36条 1 項。なお，民執37条も参照）。

第5節　第三者異議の訴え

1　意　義

　金銭執行の場合，基本的に債務者の所有するすべての財産が責任財産となる。ただし，執行機関は，差押えの対象となる財産が債務者の所有物であるか否かは審査せず，その代わりに権利の帰属を推認させる外観（メルクマール）に基づいて差押えを行う（外観主義。第 I 編第 6 章第 1 節 3 参照）。そして，外観に基づいて財産の差押えがなされた以上，強制執行は，手続法上は適法である。

　しかしながら，差し押さえられた財産が，実際には第三者の所有財産であった場合，または債務者の責任財産に帰属していても当該財産に対する強制執行によって第三者の権利が侵害される場合があり得る。このような場合にまで当該第三者が執行を甘受すべき理由は存在せず，強制執行は，実体法上は不当である（不当執行）。そこで，第三者が訴えを提起し，それに続いて強制執行の停止および取消しを申し立てることで強制執行を阻止し，ひいては当該第三者を救済するために認められたのが，第三者異議の訴え（民執38条）である。

2　法的性質および訴訟物

　第三者異議の訴えの法的性質および訴訟物について，見解の対立が激しい。

　判例（大判大 6・3・20民録23輯502頁，大判大 8・12・8 民録25輯2250頁等）および通説は，第三者異議の訴えが強制執行の対象とされている特定の財産について強制執行の不許の宣言を求めることを目的とするものであり，第三者異議の訴えの認容判決によって当該財産に対する限りで債務名義の執行力が排除されるという形成的効果が生じると解する形成訴訟説である。この説による場合，第三者異議の訴えの訴訟物については，第三者の実体法上の権利に基づく手続法上の異議権という形成権であると解する異議権説が有力である。

　形成訴訟説に対しては，異議の理由である執行の目的物に対する実体法上の権利関係が訴訟物とならず，この点について既判力が生じない（民訴114条 1 項参照）ために，第三者は，第三者異議の訴えで敗訴した場合でも，同一の異議事由に基づいて不当利得返還請求訴訟や不法行為に基づく損害賠償請求訴訟を

提起することが可能になるとの批判がある。これに対しては，実体法上の権利関係の確認訴訟（または中間確認訴訟）の提起を認める以外にも，判決理由中の判断に生じる信義則（または争点効）によって後訴での第三者の実体法上の権利関係の主張を排斥すればよいとの反論がある。また，上記の批判に鑑みて，訴訟物を第三者が特定の財産について債務名義の執行力の排除を求めることができる法的地位であると解する新形成訴訟説も主張されている。

　その他，①執行の目的物が債務者の責任財産に属しないことの消極的確認と，これが第三者の執行を妨げる権利に基因する場合はその権利の積極的確認を求める確認訴訟説，②第三者が執行の目的物に対する権利を有することの確認および債権者に対して執行してはならないことを求める給付訴訟説，③執行の目的物が債務者の責任財産に属しないことの確認を要素として，行われた執行の排除という形成作用を伴う救済訴訟説，④執行の目的物をめぐる第三者と債権者との実体的権利関係を訴訟物とし，これを既判力をもって確定するとともに，その確定結果を執行機関に義務づける形で指示ないし宣言する命令訴訟説，⑤第三者が執行により法的利益を実体法上違法に侵害されたことを理由に債権者に対して執行の不作為ないし排除を求める新給付訴訟説もある。

3　適用範囲

　第三者異議の訴えは，強制執行によって第三者の財産に対する侵害となる可能性がある限り，すべての財産に関する執行に対して認められる。よって，金銭執行のみならず，非金銭執行（物の引渡し等）でも適用されるし，また担保権実行（民執194条）および保全執行（民保46条）でも準用される。

　また，第三者異議の訴えでは，執行の対象となった特定の財産が債務者の責任財産に属しない等の理由で，当該財産に対する執行が排除されるにすぎない。すなわち，債務名義の執行力を全面的に排除するものではないから，差押債権者が債務者に対して執行債権を有しているか否かは，第三者異議の訴えでは無関係である。さらに，差押債権者は，第三者異議の訴えで敗訴したとしても，債務者の所有する他の責任財産に対して強制執行することは可能である。

　なお，第三者異議の訴えと執行異議（民執11条）との関係について，特定の財産に対する執行が，手続法上違法でありかつ実体法上不当であるという場合

（例えば，動産執行において，第三者が所有しかつ占有する動産につき，第三者の承諾
〔民執124条〕がないにもかかわらず，債務者の財産として差押えがなされた場合）に
は，当該第三者は，執行異議の申立てをしてもよいし，第三者異議の訴えを提
起してもよい。

4　第三者異議の訴えの異議事由

　強制執行の目的物について所有権その他目的物の譲渡または引渡しを妨げる
権利を有する第三者は，債権者に対し，その強制執行の不許を求めるために，
第三者異議の訴えを提起することができる（民執38条１項）。ここでいう「譲
渡」は金銭執行の場合を，「引渡し」は物の引渡執行の場合を想定した表現だ
と言われているが，要するに，第三者が「強制執行による侵害を受忍すべき地
位にないこと」（最判平17・7・15民集59巻6号1742頁〈百選18〉）が第三者異議の
訴えの異議事由であると解すればよいであろう。

　(1)　所有権　　強制執行の対象となる責任財産は，原則として所有権の帰属
によって決定される。そのため，第三者の所有権は，第三者異議の訴えの異議
事由として典型的なものといえる。ただし，第三者の所有権は，差押債権者に
対抗することができるものでなければならず，第三者と差押債権者が対抗関係
に立つ場合には，第三者は原則として対抗要件（民177条・178条）を具備する必
要がある（大判大8・12・8民録25輯2250頁，大判大10・10・29民録27輯1760頁等）。
もっとも，差押債権者が背信的悪意者に該当する場合には，第三者は，対抗要
件を具備していなくても，差押債権者に対して自己の所有権を主張することが
できる（東京高判昭60・4・23判時1154号88頁）。

　なお，所有権が第三者異議の訴えの異議事由となるためには，強制執行に
よって第三者の所有権が侵害されることを要する。よって，建物収去土地明渡
しの強制執行に対して土地の真実の所有者であることを理由とする第三者異議
の訴えは認められない（東京高判昭52・2・22下民集28巻1号〜4号78頁）。

　(2)　誤振込された預金債権　　受取人の銀行の預金口座に誤って振込みがな
され，受取人の債権者が当該受取人の預金債権を差し押さえた場合に，振込依
頼人が第三者異議の訴えによって執行の不許を求めることができるか否かにつ
いて，振込依頼人と受取人との間に振込みの原因となる法律関係が存在しない

場合でも振込みに係る預金契約が成立するか否かと関連して，見解の対立がある。最高裁（最判平8・4・26民集50巻5号1267頁）は，原因関係の有無にかかわらず預金契約は成立し，振込依頼人は受取人に対して不当利得返還請求権を有することがあるにとどまり，預金債権の譲渡を妨げる権利を取得するわけではないとして，振込依頼人の第三者異議の訴えを否定した。これに対して，学説上は第三者異議の訴えを肯定する見解も非常に有力であるが，肯定説の中では，受取人の預金債権の成立を認める説と認めない説に分かれている。

(3)　**共有持分権**　共有者の一部の者に対する債務名義に基づき，共有持分権に対してではなく共有物全体に対して強制執行された場合，他の共有者は，自己の共有持分権に対する侵害を主張して，単独で第三者異議の訴えを提起することができる（大阪高判昭52・10・11判時887号86頁，東京高判昭63・11・7金法1224号33頁，大阪高判平23・3・30判時2130号13頁等）。民法上の組合の組合財産に対する強制執行の場合も同様である（大判大10・6・26新聞3860号16頁）。

(4)　**所有権移転に関する仮登記**　執行の目的物である不動産につき所有権移転に関する仮登記を得ている第三者が，本登記の原因が生じた場合に，所有権を主張して第三者異議の訴えを提起することができるか否かが問題となる。この点，仮登記には対抗力がないことを理由とする否定説が多数説であると言われてきたが，現在では仮登記権利者に不利益が及ぶ以上は第三者異議の訴えを認める肯定説の方が有力である。

(5)　**占有権**　占有権が第三者異議の訴えの異議事由になるか否かについて，判例および通説はこれを肯定する。すなわち，執行の対象となる財産を占有する第三者は，執行によって自己の占有権が違法に侵害され，かつ債権者に対し占有侵害を受忍すべき理由がない場合には，第三者異議の訴えを提起することができる（大判昭13・11・26新聞4355号14頁，最判昭38・11・28民集17巻11号1554頁）。ここでの占有権は，直接占有でも間接占有でもよく（大判昭6・3・31民集10巻150頁），また債権者に対抗し得る本権の有無を問わない（最判昭47・3・24判時665号56頁）。ただし，占有の訴え（民202条）とは異なり，本権に関する理由に基づいて裁判することは許される。

　もっとも，不動産競売の場合は，占有の移転なしに手続が行われ，第三者の占有を妨げないから，占有権は第三者異議の訴えの異議事由とはならない（た

だし，不動産引渡命令を除く）。また，占有移転禁止・執行官保管の仮処分が執行され，債務者である直接占有者による目的物の使用が許されている場合には，所有者の間接占有が侵害されるとはいえないから，所有者は間接占有権に基づいて第三者異議の訴えを提起することはできない（東京地判昭33・12・15下民集9巻12号2438頁，東京高判昭41・3・15判時449号50頁）。

　(6)　用益物権（地上権・永小作権）・対抗力のある賃借権　　不動産競売では，これらの権利は，差押債権者に対抗することができるものは売却によっても存続し，対抗することができないものは売却によって消滅する（民執59条1項2項・188条）から，第三者異議の訴えの異議事由にはならない。もっとも，不動産引渡命令に対して，買受人に対抗することができる賃借権を有し，かつ当該不動産を占有している賃借人は，第三者異議の訴えを提起することができる（東京地判平26・4・21判タ1403号335頁等）。

　不動産強制管理または担保不動産収益執行で，差押債権者に対抗することができる場合には，これらの権利は第三者異議の訴えの異議事由となり得る。

　(7)　典型担保物権　　(イ)　占有を伴う典型担保物権（留置権・質権）　　不動産競売では，留置権ならびに使用および収益をしない旨の定めのない質権で最先順位のものは売却によっても存続し（民執59条4項・188条），使用および収益をしない旨の定めのある質権は売却によって消滅する（民執59条1項）から，第三者異議の訴えは認められない。また，差押債権者に劣後する質権者（民347条但書）も，第三者異議の訴えを提起することはできない。

　これに対して，不動産強制管理または担保不動産収益執行では，留置権者または使用および収益をしない旨の定めのない質権者は，自己の占有が侵害される場合には，第三者異議の訴えを提起することができる。もっとも，留置権者が管理人または執行官に留置物を任意に引き渡した場合は，留置権は消滅する（民302条本文）ため，第三者異議の訴えは認められない。

　なお，債権質の質権者には，固有の取立権の行使が認められている（民366条1項）が，他の債権者の差押命令または転付命令によって事実上取立てが妨げられる場合には，第三者異議の訴えが認められる。

　(ロ)　占有を伴わない典型担保物権（先取特権・抵当権）　　先取特権者および抵当権者は，執行の目的物に対して使用および収益をする権能が認められてお

らず，他方で目的物の換価代金から優先弁済を受ける地位は影響を受けないために，原則として第三者異議の訴えを提起することはできない。また，抵当不動産の引渡しまたは明渡しの執行の場合も，その実施によって抵当権が侵害されるわけではないから，抵当権者には第三者異議の訴えは認められない。

　ただし，抵当権の目的物である不動産の従物（民87条）で抵当権の効力が及ぶものに対して，他の債権者による差押えまたは引渡しの執行がされた場合には，抵当権者は，抵当不動産の担保価値を下落させないために，第三者異議の訴えを提起することができる（最判昭44・3・28民集23巻3号699頁等）。

　また，建物収去土地明渡しの強制執行に対して，建物抵当権者は，建物が取り壊されると抵当権の実質が損なわれるために，当該強制執行が実体法上抵当権に対する違法な侵害であることを理由として，第三者異議の訴えを提起することができる（東京地判平3・9・26判時1435号93頁等）。

　さらに，財団抵当権者は，財団を構成する個々の財産に対してなされた差押えに対して，第三者異議の訴えを提起することができる（工場抵当法7条・33条，工業抵当法3条，鉄道抵当法4条2項）。

（8）**仮登記担保権**　　仮登記担保法は，いわゆる競売優先主義を採用した。

　すなわち，担保仮登記がされている土地または建物（土地等）につき，設定者の一般債権者または後順位担保権者の申立てによって強制競売等の開始決定があった場合において，その決定が清算金の支払いの債務の弁済後（清算金がないときは，清算期間の経過後）にされた申立てに基づくときは，担保仮登記の権利者は，仮登記のままでその土地等の所有権の取得をもって差押債権者に対抗することができる（仮登記担保15条2項）から，第三者異議の訴えを提起することができる。

　これに対して，開始決定が清算金の支払いの債務の弁済前（清算金がないときは，清算期間の経過前）にされた申立てに基づくときは，担保仮登記の権利者は，その仮登記に基づく本登記の請求をすることができない（仮登記担保15条1項）から，第三者異議の訴えを提起することはできない。この場合，担保仮登記に係る権利は，その土地等の売却によって消滅し（仮登記担保16条1項），担保仮登記の権利者は，債権届出をしたときに限り，売却代金の配当または弁済金の交付を受けることができる（仮登記担保17条2項）。

(9)　譲渡担保

(イ)　目的物に対して譲渡担保権設定者の一般債権者が差押えをする場合

(い)　目的物が不動産の場合　　不動産の所有権登記名義が譲渡担保権者に移転しており，外観主義との関係で差押えは不可能であるから，特に問題とならない。このことは，登記原因が「売買」でも「譲渡担保」でも同じである。

(ろ)　目的物が動産の場合　　譲渡担保権者が動産の直接占有を有するときは，譲渡担保権者の承諾がない限り差押えは不可能である（民執124条）が，譲渡担保権者が承諾することは想定できないから，これも特に問題とならない。

　　これに対して，譲渡担保では，占有改定（民183条）の方法で譲渡担保権者への引渡しがなされ，動産の直接占有は譲渡担保権設定者が有するのが通例である。そのため，設定者の一般債権者が当該動産を差し押さえる余地がある。この場合に，譲渡担保権者に認められるべき法的救済制度が問題となる。

　　判例（最判昭56・12・17民集35巻9号1328頁，最判昭58・2・24判時1078号76頁，最判昭62・11・10民集41巻8号1559頁〈百選17〉）は，「譲渡担保権者は，特段の事情がないかぎり，譲渡担保権者たる地位に基づいて目的物件に対し譲渡担保権設定者の一般債権者がした強制執行の排除を求めることができる」として，第三者異議の訴えを認めている（ここでの「特段の事情」につき，目的物の価額が被担保債権額を上回る場合と解する見解が多い）。

　　学説上は，第三者異議の訴えを認める説が有力であるが，第三者異議の訴えの一部認容として優先弁済請求を認める説，配当要求（民執133条類推）を認め第三者異議の訴えを否定する説，目的物の価額が被担保債権額を下回る場合は第三者異議の訴えを認めるが上回る場合は配当要求のみを認める説等もある。

(は)　目的物が債権の場合　　譲渡担保権者は，債権譲渡担保の対抗要件（通知または承諾〔民467条〕，登記〔動産債権譲渡特例法4条〕）を具備している場合には，第三者異議の訴えを提起することができる。

(ロ)　目的物に対して譲渡担保権者の一般債権者が差押えをする場合

コラムⅠ-6　民事執行法の制定による議論の変容

　民事執行法の制定前は，譲渡担保の所有権的構成から第三者異議訴訟を認める説，担保権的構成から優先弁済請求訴訟（旧民訴565条）を認める説，第三者異議訴訟と優先弁済請求訴訟を使い分ける説等が主張されていた。

　これに対して，民事執行法は，優先弁済請求訴訟を廃止し，動産執行の配当要求債権者を先取特権者または質権者に限定し（民執133条），他方で譲渡担保権者の手続参加の規定を置いていない。そのため，民事執行法の制定前と議論が変容していることに注意する必要がある。なお，譲渡担保の法的性質論から直ちに結論を導く見解は，現在ではほとんどないといってよい。

　(い)　**目的物が不動産の場合**　　不動産の登記名義が譲渡担保権者に移転しているため，譲渡担保権者の一般債権者が当該不動産を差し押さえる余地がある。他方で，譲渡担保権設定者には，被担保債権を弁済して当該不動産を受け戻す可能性があり，執行を排除する機会を与える必要がある。そこで，どのような場合に設定者による第三者異議の訴えが認められるかが問題となる。

　判例（最判平18・10・20民集60巻8号3098頁）は，「被担保債権の弁済期後に譲渡担保権者の債権者が目的不動産を差し押さえ，その旨の登記がされた時は，設定者は，差押登記後に債務の全額を弁済しても，第三者異議の訴えにより強制執行の不許を求めることはできない」と判示する。これは，設定者は，被担保債権の弁済期の経過後は目的物の処分権限を失うから，その後の強制執行については受忍すべきであるという考えに依拠するものと思われる。

　また，設定者による受戻しがなされた後も，登記名義が譲渡担保権者のままの状態であったために譲渡担保権者の一般債権者が差押えをした場合は，基本的に対抗関係（民177条）として捉えることができるから（最判昭62・11・12判タ655号106頁参照），設定者は受戻しによる所有権の復帰を差押債権者に主張することはできず，設定者の第三者異議の訴えは認められないというべきである。

　これに対して，上記平成18年最判は，傍論ではあるが，「被担保債権

の弁済期前に譲渡担保権者の債権者が目的不動産を差し押さえた場合
は，少なくとも，設定者が弁済期までに債務の全額を弁済して目的不動
産を受け戻したときは，設定者は，第三者異議の訴えにより強制執行の
不許を求めることができる」とする。この場合，第三者異議の訴えを認
容するために登記名義を設定者の名義に移転する必要があるか否か（移
転する必要があるとして，その登記は対抗要件としての登記か，それとも権利保
護要件としての登記か）は，残された問題である。

　他方で，譲渡担保権者の一般債権者による差押え後・被担保債権の弁
済期前に，設定者が第三者異議の訴えを提起して，その事実審の口頭弁
論終結時が到来した場合には，設定者は，受戻しをしていなくても，第
三者異議の訴えによる強制執行の不許を求めることができると解すべき
である。

　㈣　目的物が動産の場合　　譲渡担保権者が動産の直接占有を有するとき
は，目的物が不動産の場合と同様の問題が生じ得る。

　これに対して，譲渡担保権設定者が動産の直接占有を有するときは，
設定者の承諾がない限り差押えは不可能である（民執124条）が，設定者
が承諾することは想定できないから，特に問題とならない。

　㈥　目的物が債権の場合　　譲渡担保権者が債権譲渡担保の対抗要件を具
備しているときは，目的物が不動産の場合と同様の問題が生じ得る。

⑽　**所有権留保**　　所有権留保では，大抵は目的物が動産であり，かつ買主
が直接占有を有する。そして，判例（最判昭49・7・18民集28巻5号743頁）およ
び通説は，売買代金の完済前に買主の一般債権者が売買目的物を差し押さえた
場合，所有権留保売主は第三者異議の訴えを提起することができるとする。

⑾　**ファイナンス・リース**　　リース物件を占有し使用しているユーザーの
債権者がリース物件を差し押さえた場合，リース契約の経済的実質が金融の機
能を有しているとしても，リース業者は，所有権に基づいて，第三者異議の訴
えを提起することができる。

⑿　**債権的請求権**　　強制執行の目的物が債務者に属しない場合，債務者に
対して目的物の引渡しを求める債権的請求権を有する者（例えば，賃貸借契約に
基づいて目的物の返還請求権を有する賃貸人）は，債務者の他の債権者が当該目的

物を差し押さえたときは，第三者異議の訴えを提起することができる。

これに対して，強制執行の目的物が債務者に属する場合，債務者に対して目的物の引渡しを求める債権的請求権を有する者は，債務者の他の債権者が当該目的物を差し押さえたときは，対抗要件を具備しない限り差押債権者に対抗することができないため，第三者異議の訴えを提起することはできない。

(13) **処分禁止の仮処分**　処分禁止の仮処分の執行をした後に他の債権者が目的物を差し押さえた場合，当該差押えによって仮処分債権者の権利は侵害されないから，仮処分債権者は第三者異議の訴えを提起することはできない。

5　訴訟手続

(1) **訴え提起の時期**　執行手続が開始されなければ執行の目的物が特定されない場合には，執行手続の開始前に第三者異議の訴えが提起されても，訴えの利益を欠くために，当該訴えは却下される。もっとも，特定物の引渡しの強制執行で，債務名義上で目的物が特定されている場合は，執行文の付与前または執行手続の開始前であっても，第三者異議の訴えを提起することができる。

他方で，執行手続が完結した後に第三者異議の訴えが提起された場合または訴訟係属中に執行手続が完結した場合は，訴えの利益がなくなるため，訴えは却下される。この場合，原告である第三者は，不当利得返還請求訴訟または不法行為に基づく損害賠償請求訴訟に訴えを変更（民訴143条）する必要がある。

(2) **管轄裁判所**　第三者異議の訴えは，訴訟物の価額に関係なく，執行裁判所が管轄し（民執38条3項），専属管轄である（民執19条）。これは，第三者異議の訴えが，原則として執行手続が開始された後に提起されるために，執行裁判所において審理させるのが相当と考えられるからである。

もっとも，少額訴訟債権執行の場合は，執行裁判所（簡易裁判所）の所在地を管轄する地方裁判所が管轄裁判所となる（民執167条の7）。

(3) **当事者**　原告は，強制執行の目的物につき譲渡または引渡しを妨げる権利を有すると主張する第三者である。なお，執行債務者も，有限責任を表示した債務名義との関係で責任財産に属しない自己の所有物に対して強制執行を受けた場合には，第三者異議の訴えを提起することができる。また，信託財産に属する財産に対して強制執行がされた場合には，受託者または受益者は，第

三者異議の訴えを提起することができる（信託23条 5 項）。

　被告は，強制執行を遂行する債権者である。債権者の承継人も，承継執行文の付与を受けたときは，被告となり得る。

　なお，執行機関や配当要求債権者には，当事者適格は認められない。

　(4)　**訴えの提起**　　　原告は，被告が債務者に対する債務名義に基づいて特定の目的物に対して行った具体的な執行行為を許さない旨の判決を求める。

　また，原告は，第三者異議の訴えに併合して，債務者に対する強制執行の目的物についての訴えを提起することができる（民執38条 2 項）。これは，原告の債務者に対する訴えとしては，実体法上の権利に基づく確認訴訟または目的物の引渡し等を求める給付訴訟が考えられるところ，同じ目的物に関する訴訟ということで，専属管轄における訴えの併合（民訴 7 条・13条 1 項参照）についての特別の措置として，明文で例外を認めたものである。この場合，第三者異議の訴えと債務者に対する訴えは，通常共同訴訟（民訴38条）の関係にある。

　(5)　**審　理**　　　第三者異議の訴えの審理手続は，通常の民事訴訟手続と同じであり，必要的口頭弁論（民訴87条 1 項）に基づく判決手続が行われる。

　被告である差押債権者は，原告である第三者の譲渡または引渡しを妨げる権利に対抗することができるあらゆる事由を主張することができる。具体的には，信義則違反の抗弁（最判昭41・2・1民集20巻 2 号179頁），法人格否認の抗弁（最判平17・7・15民集59巻 6 号1742頁〈百選18〉），詐害行為取消しの反訴（最判昭40・3・26民集19巻 2 号508頁は，反訴が認容されるべき場合には，本訴である第三者異議訴訟は排斥を免れないとする。なお，最判昭43・11・15民集22巻12号2659頁は，詐害行為取消しの訴えと第三者異議の訴えとが別訴として提起され，それぞれ別個の判決がなされる場合には，詐害行為の成立を理由として第三者異議の訴えを棄却することはできないとする）等が許される。

　(6)　**裁　判**　　　原告の主張する異議事由の存否は，事実審の口頭弁論終結時を基準として判断される。

　裁判所は，第三者異議の訴えに理由がないときは，請求を棄却する。他方で，訴えに理由があるときは，強制執行の目的物に対する被告の強制執行を許さない旨を宣言する。また，債務者を共同被告とした訴訟（民執38条 2 項）において原告の請求を認容する場合には，原告の請求に応じて，債務者に対する

確認判決または給付判決がなされる。

　原告である第三者は，請求認容判決の正本を執行機関に提出することで，強制執行の停止および既になされた執行処分の取消し（民執39条 1 項 1 号・40条 1 項）を求めることができる。

(7)　執行停止等の仮の処分　　第三者異議の訴えが提起されたとしても，執行手続は当然には停止されないため，執行停止等の仮の処分が別途必要となる（民執38条 4 項・36条・37条）。

（柳沢雄二）

第**8**章

金銭執行序説

第1節　金銭執行の意義

1　総　説

(1)　金銭執行の概念　　金銭執行とは，私法上の義務の実現あるいは権利の実現という目的のもとに，多様な権利義務関係を調整し，金銭債権の満足を図る執行である。ここで金銭債権とは，債務者に対して一定額の金銭の給付を請求できる権利，すなわち金銭をもって表示された財産価値の支配権を自己または第三者に取得させることを目的とする請求権（兼子一『増補　強制執行法』酒井書店，1971年，157頁）をいうから，金銭執行は，この請求権を満足させるためのものである。この満足は一般に，債務者に帰属する財産を国家の強制力をもって売却（換価）して得た金銭によって行われる。

民事執行法は，金銭執行について最も詳細な規定を設けているが，それは主にこの金銭債権の性質によるといえる。というのも，金銭債権は，①多種多様な財産を対象とし，かつ②同一の財産に対して多数の執行が競合しうるがゆえに，その執行方法をめぐって精密な技術的考慮が必要となるからである。金銭債権の具体例としては，(a)券面額のある債権のほか，(b)表示されている金銭価値を債務者財産の換価や為替相場に即すかたちで満足させることのできる債権（金銭種類債権，外国通貨の給付を目的とする債権等）や，(c)債務者財産から取り立てた一定の金銭価値を引渡しまたは供託の方法で実現できる債権などがあげられる。

こうした性質に加え，金銭執行以外の執行手続における金銭（執行費用，代替執行の実施費用や間接強制の強制金等）の取立方法としても金銭執行は行われるから，その手続を理解することは大変重要である。

　(2)　**金銭執行の対象物**　　金銭執行は，債務者の財産の換価という方法で請求権を満足させるために行われるから，その対象物は金銭債権の対象となりうるもの，すなわち法律的に債務者の支配に属し，金銭的価値を有する有体無体の財産で，法律上換価が可能なもの，つまり物（所有権）または財産権である（兼子・前掲書158頁）。

　民事執行法はこれら対象物を不動産，船舶，動産，債権その他の財産権に区分し，そのそれぞれについて執行の手続を定め，どの執行機関が担当するのか明らかにしている。つまり，金銭執行の目的や方法に照らして対象物の手続上の種類が定められ，その目的や方法に合致した執行の手続と機関が規定されているのである。

　このことが意味しているのは，目的財産の本来の種類（民法などに定められた法的性質）と，執行手続における手続上の種類（民事執行法などで定められた法的性質）とが食い違う場合があるということである。たとえば，動産でありながら不動産執行の手続によるものや，不動産の一部を構成するものでありながら動産執行の対象となる場合がある。

2　金銭執行の諸段階

　民事執行法は，執行の対象となる財産の種類に応じてそれぞれの金銭執行の手続を定めている。その基本型は強制競売であり，まず目的財産の差押え，次いでその換価，そして換価によって得られた金銭の債権者または第三者への引渡しをもってする満足，という3段階で手続は進展する。もっとも，既に述べたように，金銭執行の目的や方法に照らして目的財産の手続上の種類が決められ，それに応じて手続や執行機関が異なるため，不動産に対する強制競売が同一の執行裁判所の取扱う統一的な手続として行われるのに対して，動産執行では差押えから満足まで執行官による事実的執行行為が中心となるし，また債権に対する換価・満足の手続においては，債権者みずからが取立権（民執155条1項）を行使して主体的な役割を果たすことが期待されており，その態様はさまざまである。

　(1)　**差押え**　　差押えとは，債権者の執行請求権に基づく国家の執行権能の発動として，金銭債権の満足にあてるために，執行の目的物に対する債務者の

コラムⅠ-7　差し押さえるモノ？

　金銭執行も民事執行の１つであるから，執行文の付された債務名義の正本すなわち「執行力のある債務名義の正本」（民執51条１項括弧書）に基づいて実施される（同25条１項）が，この「執行力」の法的性質をめぐっては，学説上２つの相対立する見解が打ち出されてきた。

　一方で，執行力を「債務名義に表示された給付請求権の強制執行による実現を求めうること」だと定義する立場によれば，請求異議認容判決が確定すると，特定の債務名義の執行力を除去する形成的効果が生じると捉えられる。だが他方で，これを「執行力を物質化するもの」だと批判する論者からすれば，執行力は「裁判がその内容である給付請求権につき，強制執行によって実現され得るという資格」だと定義されるから，確定した上記認容判決がもつのは（判決裁判所等による）「権利存在の判断の執行担当機関に対する，行動準則としての通用力」だということになる（竹下守夫『民事執行法の論点』有斐閣，1985年，63頁）。

　この２つの見解の対立は，学説上の対立を超えた，民事執行制度の構造理解に係る重要な論点を含んでいるが，ここでさらに注目すべきは，両者がその違いにもかかわらずともに強制執行の目的を給付請求権の実現に認めて，その究極的な理論的根拠を憲法上の権利保障に求めている点である。民事執行で扱うのはあくまで権利（および義務）なのであり，したがって差押えの対象もまた，モノそのものというよりは，そのモノに係る権利なのである。

処分権を奪うことを主眼とする執行機関の行為である。執行の最初の段階として，目的物を差し押さえ，債務者や第三者にその物（あるいはその収益）の処分を禁じることで，次に続く換価・満足の段階を準備するのである。差押えの処分禁止の効力に抵触する処分（譲渡や権利の設定）は，絶対的に無効となるわけではないが，金銭債権の満足にあてるという差押えの目的を損なう範囲でその効力を否定される（相対的無効）。また，差押えの封印や表示，公示書その他標識を損壊すると刑事罰を問われる（刑96条，民執212条）。

　(2)　換　価　　金銭執行の目的である金銭債権の満足は，債権者に対する金銭の引渡しというかたちで行われるので，差押えを受けた執行の目的物をこのために金銭化する必要がある。これが強制競売の第２段階であり，原則として公の競売すなわち一般公衆から買受けの申出を受けつける方法による。もちろん

金銭（貨幣や銀行券）が差し押さえられた場合には，この第 2 段階は不要である。

　強制競売の性質をめぐってはさまざまに議論されているが，少なくともその実体面が一種の売買であることについてはこんにち異論がない。ただ，所有者の意思に反して国家が実施するものであるがゆえに，民間で行われる通常の売買とは異なって，不正が起こらないように売却の要件や効力，手続等のありようはあらかじめ法律で定められている。これは，権利義務関係を調整し，債権者の満足に資するためでもある。それゆえ，債権者の満足をもたらさない無益な執行が行われることがないようにとの配慮もなされている。

　(3)　**満　足**　裁判所の売却許可により買受人と債務者との間に売買が成立すると，買受人は代金を裁判所に支払う義務を負い，この義務の履行と引き換えに目的物の所有権を取得することになる。この売却代金を債権者に引き渡すのが満足の段階である。債権者が 1 人であるか，数人であっても売却代金ですべての債権を完全に満足させられるならば，これを交付・分配して金銭執行の手続は終了する。しかし，それ以外の場合には，各権利の優先順位と金額に応じて債権者に分量的な満足を与えるために配当を実施しなければならない。配当は裁判所が配当表に基づいて実施するが，その手続や配当表記載の債権額等に不服のある者は異議を申し出ることができ，その最終的な決着は訴訟手続でつけることになる。こうして必要であれば変更の加えられた配当表に基づいて配当が実施され，各債権の満足が図られたとき，強制競売の手続は終了する。

第 2 節　平等主義と優先主義

　金銭債権は，債務者の一般財産を執行の対象とするので，同一の財産に対して複数の債権者のための執行が競合する執行競合が起こりうる。執行競合がなぜ問題なのかといえば，それは，対象財産に対して特別な優先権を有しない債権者は平等に取り扱われる必要があるからである。しかし，執行の場面では，対象財産を換価した結果が，競合するすべての債権の満足に足りるとは限らないし，執行手続が長期化すればそれだけ競合債権者が参入する機会も多くなる。このような執行競合にどのように対処するのか，あらかじめ定めた特別な規定が必要とされるゆえんである。

　では，どのような原則に基づいて規定すればよいのか。この点をめぐっては2つの考え方が対立してきた。1つは，（個別的）優先主義と呼ばれる立場である。これは，執行への参加の時期による差別化を図る立場であり，他に先んじて執行に着手した債権者には目的物に対する先順位の優先権を与えつつ，その後になって執行に参加してくる債権者にはその残余からの満足を受けさせるにとどめようとするものである。というのも，優先主義を採ることで，(a)権利行使に勤勉・敏速な者が報いられる，(b)与信制度の安定に資する，(c)手続が簡易化して迅速に進む，(d)破産手続に対して個別的執行手続としての独自の意味をもちうる，といった利点があると考えられるからである。

　これに対して，もう1つの考え方は平等（配分）主義である。この立場は，優先主義のように参加の時期による区別をせずに，目的物に対する執行に参加してきたすべての債権者を平等に取り扱うこととし，それぞれの債権額に応じた割合での分量的な満足を得させるものである。なぜならば，(a)執行への参加の時期は，債権者の勤勉さのあらわれというよりも法律上・事実上の偶然によることが多いうえに，(b)債務者の資産状況を知り得る立場にある銀行等の一部債権者（たとえば銀行）を構造的に利することになるからである。また，(c)債権者が優先権を得ようとすれば早い者勝ちとなり，債務者にとって苛酷な執行となりかねないし，(d)優先権を得た債権者が執行への熱意を失えば，手続はかえって遅延するおそれがある，といった問題点も指摘されている。

　民事執行法は，このような両主義の長短を踏まえ，旧法以来一貫して債権者間の公平が徹底される平等主義を採用している。すなわち，執行の開始を申し立てた債権者以外の債権者も，所定の時期までに配当要求をすればその手続に参加することができ，これに参加したすべての債権者は，（特別な優先権を有しない限り）その債権額の割合に応じて平等な取り扱いを受けることができるものと規定されているのである。

（河崎祐子）

第**9**章

不動産執行

第1節 序 説——対象不動産の範囲，方法

図表 I-3 強制競売手続の流れ

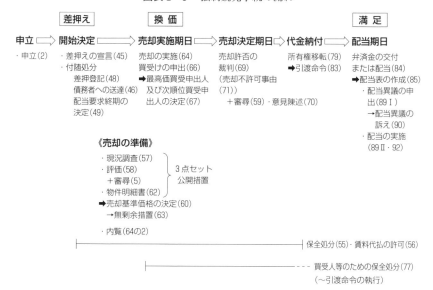

1 総 説

不動産を対象とする金銭執行（不動産執行）については，民事執行法のおよそ3分の1を割いて規定されている。その理由は，主として不動産という目的物がもつ特有の性質ゆえに，裁判所を執行機関とする慎重な手続が特に求められるからである。すなわち，不動産は一般に価額が高いうえに，これを目的物とする権利関係がしばしば複雑であるため，その手続のありようをしっかりと

定めておく必要があるのである。

　(1)　**執行の方法**　　不動産執行の方法として，強制競売と強制管理の2種類が定められている。

　まず強制競売とは，対象となる債務者の不動産を売却し，その代金を債権者の満足にあてる方法である。したがって最終的に債務者は不動産の所有権を失うが，それまではその利用・収益が禁じられることはない。

　これに対して強制管理とは，裁判所が選任した管理人に債務者の不動産を管理させ，その収益（天然果実・法定果実）をもって債権の満足を図る方法である。それゆえ，強制競売とは対照的に，債務者は不動産の所有権を失うことはないが，強制管理中は債務者の利用・収益の権能が奪われることとなる。

　このように2つの方法が定められているのは，不動産執行をめぐる多様な状況に対応できるようにするためである。一方で，強制競売がうまくいけば，高価な不動産の売却により債権の満足にあてる多額の金銭を一時に得ることができるから，債権者の満足にかなうといえる。だが，目的物が高額であるだけに，売却にあたって法律上・事実上の困難を伴いがちで，しかも売却までに時間を要すれば債権者の満足はなかなか実現されない。債務者にとっても，もし債務が少額であればそのために高額な不動産を失うという酷な結果となりうる。

　他方で，強制管理では，強制競売のように一時に多額の金銭を得られるわけではなく，不動産を管理するための追加的な支出（管理人の報酬）が生じるが，不動産価格の上昇を待ちながらこれを活用することができるうえに，不動産から生じる果実に対しての包括的な執行として，個別的な動産執行や債権執行によるよりも確実に債権の満足を図ることができるのである。

　民事執行法では，この2つの方法それぞれの長短を踏まえ，不動産執行を申し立てる債権者は，このうちの1つを選択するか，あるいは2つをすることもできると規定している（民執43条1項）。したがって，まずは強制管理の方法によって売却に適する時期を探りながら強制競売を行うこともできるし，逆に強制競売の手続中に併せて強制管理を行って，その間の収益を満足に加えることも可能である。なお，強制管理が行われている不動産に対して他の債権者が強制競売を申し立てることも妨げられない。ただし，競売により不動産が売却さ

れると，強制管理はその目的を失って取り消されることになる。

　さらに，債権者が対象不動産につき担保権を有しているならば，担保権の実行として，不動産の売却代金あるいは収益から満足を得ることもできる。すなわち，担保不動産競売と担保不動産収益執行（平成15〔2003〕年改正にて創設）である。この場合にもどちらかを選択するかまたは併用することができ（民執180条），その手続には不動産執行の規定がほぼ全面的に準用される（同188条）。実際，金銭債務の履行に窮する債務者の不動産には複数の抵当権が設定されていることが多い。

　(2)　執行機関　　不動産執行の執行機関が裁判所であることは，前述のとおりである。これに対して執行官は，裁判所の命令を受けて不動産の調査（民執57条）や内覧（同64条の2）を実施し，あるいは裁判所書記官の売却実施命令にしたがって期日を実施するなど，執行裁判所の補助的な職務を行う。

　事件の管轄は原則として目的不動産所在地を管轄する地方裁判所に専属するが（民執44条1項・19条），必要の認められるときは他の管轄裁判所に移送することができる（同44条3項）。執行裁判所のする裁判は，口頭弁論を経ないですることができ（同4条），執行処分をするに際して必要があると認めるときは，利害関係人その他の参考人を審尋することができる（同5条）。

2　対象不動産の範囲

　不動産執行は，不動産という目的物の特性ゆえに裁判所が執行機関となって，多種多様な権利関係を調整しつつ慎重に進められる手続である。それゆえ，この手続の目的に即し，対象となる「不動産」も民法上の不動産の範囲とは異なっている。すなわち，①民法上の不動産である土地およびその定着物（民86条1項）のうち，登記することのできない土地の定着物を除いたもの（民執43条1項括弧書），②金銭執行上のみなし不動産である不動産を目的とする物権，すなわち不動産の共有持分，登記された地上権および永小作権ならびにこれら権利の共有持分（同2項），③特別法上独立一個の不動産とみなされるもの，たとえば立木（立木2条）や工場財団（工場抵当14条），そして④法律上不動産物権とみなされ，不動産または土地に関する規定が準用される権利，たとえば鉱業権（鉱業12条）や漁業権（漁業23条1項）がこれにあたる。

　この範囲から除外される土地の定着物のなかには，動産に対する執行手続に服するものもあるが，不動産の差押え後は不動産と一体としてのみ執行の対象となる。また，登記されていない地上権や永小作権に対する執行は，賃借権と同様，その他財産権に対する強制執行として債権執行の手続による（民執167条）。

　なお，総トン数20トン以上の船舶（端舟その他ろかいまたは主としてろかいをもって運転する舟を除く）は，競売手続上不動産に準じて扱われるため（民執112条・121条）準不動産と呼ばれる。登記・登録された航空機や自動車，建設機械・小型船舶についても同様である。

3　手続の経過

　民事執行は，執行を求める債権者が対象とする財産を指定して申し立て（民執2条），これを受けた執行機関が差押えをなすことによって始まる。これを不動産執行についていえば，執行裁判所がする開始決定において債権者のために不動産を差し押さえる旨が宣言され（同45条1項），これをもって債務者から奪った処分権に基づいて目的不動産の売却が行われることになる。

　売却は，公の競売（原則として入札または競り売り）において最高価で買受けを申し出た者を決定し，執行裁判所がこの者に対する売却を許可する決定をなす（民執69条）ことによって行われる。この売却を「適正」なものとするために，執行官による現況調査（同57条）や評価人による不動産の評価（同58条）に基づいて売却基準価額を決定し（同60条），売却の許される最低価額を設定するとともに，債権者の満足という金銭執行の目的に資さない無益な執行を排除し（同63条），また，債務者等の不動産占有者の行為によって不動産の価値が減損するのを阻止するための保全措置（同55条）が講じられている。

　売却許可決定が確定すると買受人に代金納付義務が発生し（民執78条1項），代金納付によって不動産の所有権は買受人に移転する（同79条）。その一方で，納付された売却代金を債権者に分配する満足の手続，すなわち配当を受けるべき債権の優先順位および額に応じた弁済金の交付または配当（併せて配当等という）が実施される（同84条）。これをもって執行手続は終了するが，さらに，不動産の新所有者となった買受人の占有取得を容易にするために，執行裁判所が

債務者や不動産占有者に対して不動産の引渡しを命じる引渡命令の制度（同83条）が設けられている。

第2節　強制競売の開始――差押え

1　強制競売の申立て

　強制競売の申立ては，執行力のある債務名義の正本を有する債権者が書面をもってこれを行う（民執2条・25条，民執規1条。民執規51条1項括弧書参照）。

　(1) 申立ての方法　申立ての方式や添付書類については，最高裁判所規則が定める。具体的には，申立書には，強制執行の申立書に求められる事項（債権者，債務者，各代理人，債務名義，目的とする財産および求める強制執行の方法）を記載し，執行力のある債務名義の正本と所定の添付資料（目的不動産の登記事項や租税その他公課の額を証する文書，不動産の地図等手続の進行に資する書類）を添付しなければならない（民執規21条・23条・23条の2）。

　みずから登記名義人となることのできない権利能力なき社団を債務者とする申立てについては，登記記録の表題部に債務名義上の債務者以外の者が所有者として記録されている場合に準じて，当該不動産が債務者たる社団の構成員全員の総有に属することを確認する旨の確定判決等を添付する（最判平22・6・29民集64巻4号1235頁〈百選7〉）。また，申立人は，申立てにあたり，民事執行の手続全体に必要な費用として裁判所書記官の定める金額を予納しなければならない（民執14条。個別予納を原則とする民事訴訟費用等に関する法律の特則）。

　執行裁判所は，強制執行開始の要件および申立て方式の具備，不動産が法律上譲渡できないものでないかを判断し，適式な申立てであれば開始決定をなし（民執45条1項），不適式な申立ては却下する。

　申立て却下の決定は申立人に告知され（民執規2条2項），これを受けて申立人は執行抗告をすることができる（民執45条3項）。他方，競売開始決定に対しては執行抗告が認められておらず（同10条1項参照），執行異議（同11条）を申し立てるよりほかない。開始決定がされた場合にはその後の手続において救済の機会があるため，必要のない抗告は制限するということである。

　強制執行の開始申立てがあると，時効完成猶予の効果が生じる（改民148条1

項1号)。開始申立ては債権者による権利行使の一態様であるため，申立ての段階で時効の進行を止めるべきだと考えられるからである。その後，強制執行手続が進行して債権者が満足を得れば，時効にかかる権利自体が消滅するが，完全な満足に至らなかった場合には，執行手続終了時点から新たに時効が進行する（時効の更新。改民148条2項)。

(2)　**競売申立ての取下げ**　競売手続の開始を申し立て開始決定を得た債権者（差押債権者）は，強制競売手続開始後でも裁判所に対してその意思を表示することによって，競売申立てを取り下げることができる。破産が債務者の債権債務関係を包括的に清算するものであるのとは異なり，民事執行は差押債権者の債務者に対する個別的執行の手続だからである。適法な申立ての取下げによって競売手続は完結し，開始決定後であれば一旦生じた差押えの効力も消滅する。それゆえ裁判所書記官はその開始決定に係る差押登記の抹消を嘱託しなければならない（民執54条1項)。

これに対して，買受けの申出後の取下げには，売却許可決定の前後を問わず，買受人等の同意を要する（民執76条1項)。この段階での申立ての取下げはそれらの者の利益を著しく害するからである。したがって，二重開始決定がなされている場合には，後行の開始決定に係る手続が当然に続行されるので（同47条2項)，この同意は不要である。

2　競売の開始

(1)　**開始決定**　競売開始決定においては，債権者のために不動産を差し押さえる旨を宣言しなければならない（民執45条1項)。開始決定によって処分禁止の効果が生じることを明らかにするためである。

開始決定は職権をもって債務者に送達し（民執45条2項)，執行申立人たる差押債権者に告知しなければならない（民執規2条2項)。開始決定が債務者に送達されたとき，または開始決定の送達前に差押えの登記がされた場合にはその登記がされたとき（したがって送達か登記のいずれか早いとき）に差押えの効力が生じ（民執46条1項)，債務者は目的不動産についての処分権を奪われる。

なお，目的不動産について別の民事執行手続が先行している場合には，先行手続の配当に影響が及びうるため（民執87条1項1号参照)，裁判所書記官は先

行手続の差押債権者や管理人に対して通知をして，債権者が対処する機会を得られるようにしなければならない（民執規24条・25条）。

(2)　**付随処分**　　開始決定があると，裁判所書記官は直ちにその開始決定に係る差押えの登記を嘱託しなければならず，この嘱託に基づいて登記官が登記簿に記入をする（民執48条1項，不登11条・16条1項参照）。その目的は，差押えを公示して，処分禁止の効力を第三者に対抗するところにある。

具体的には，既に登記されている不動産につき債務者を所有名義人として差押えの登記をする場合であれば，登記簿の甲区において，登記の目的を「差押」，登記の原因を「某年某月某日某地方裁判所強制競売開始決定」と記入する。地上権や永小作権などについての差押えであれば乙区である。これに対して未登記の不動産（民執規23条2号）の場合には，登記官が職権で所有権の保存の登記をしたうえで（不登76条2項・3項），差押えによる処分禁止の登記をすることになる。

登記官が嘱託に基づいて差押えの登記をしたときは，このことを明らかにするために，その登記事項証明書を執行裁判所に送付しなければならない（民執48条2項）。不動産の滅失等により差押登記をすることができないときは，強制競売の手続は取り消さる（同53条参照）。

強制競売開始決定に係る差押えの効力が生じたときは，裁判所書記官は，物件明細書の作成までの手続に要する期間を考慮して配当要求の終期を定めなければならず（民執49条1項。ただし二重開始決定の場合は換価・満足に向けた手続は行わない〔同括弧書〕），さらに，配当要求の終期を定めたときは，開始決定がされた旨および配当要求の終期を公告し，かつ所定の債権者および公課主管官庁に対し債権の存否や額等を配当要求の終期までに執行裁判所に届け出るよう催告しなければならない（同49条2項）。

催告を受けた債権者は，配当要求の終期までにその催告に係る事項について届出をする義務を負い，故意・過失によりその届出をしなかったとき，または不実の届出をしたときは，これによって生じた損害につき賠償責任を負う（民執50条）。

3　競売開始の効力

(1)　差押えの目的　　競売開始決定は，金銭執行の最初の段階をなし，金銭債権の満足にあてるために執行の目的物（その金銭価値）を確保することを目的とする。したがって，差押えの効力の中心は債務者に対する処分禁止の効力（処分禁止効）である。

　このことが意味しているのは，差押えが債権者の執行請求権に基づく国家の執行行為であり，執行債権の満足という目的を超えて行うことは許されないということである。それゆえ，執行債権の満足に必要な財産が確保されるのであれば，債務者の処分の自由を必要以上に否定する根拠はなく，差押え後の債務者の処分行為も絶対的に無効とすべきではない。実際にも，明治以来の日本の登記実務では差押え後の所有権移転登記を認めている。

　このように差押えの効力がその目的によって限定されることを差押えの効力の相対性といい，その禁止に反する処分行為（抵触行為）もあくまで相対的に無効となるに過ぎない。

(2)　処分禁止　　差押えの処分禁止効により，債務者は以後目的物を譲渡したり，新たな物権（担保権・用益権）を設定したりできなくなる。

　この処分禁止効の及ぶ範囲については，特に定めはないが，目的不動産の抵当権の及ぶ範囲（民370条）と同じと考えられている。したがって，建物に対する強制競売における差押えの効力は従たる権利である敷地の賃借権にも及ぶ（民87条2項。東京地判昭33・7・19下民9巻7号1320頁〈百選〔初版〕26〉）。また，登記による差押えの公示によって，処分禁止効は第三者に対抗できることとなる（民177条）。このことは第三者の善意悪意によって左右されない。

　差押えの効力の相対性をめぐっては，差押債権者に対してのみ無効とする個別相対効説と，差押債権者だけでなくその申立てにより開始した執行手続に参加するすべての債権者との関係で無効であって，抵触行為の効力を主張できないとする手続相対効説という2つの考え方があり，旧法下で対立していた。当時の判例・学説上優勢だったのは前者であったが，民事執行法は後者の手続相対効説の立場に立つと解されている（民執87条1項4号・2項・3項・84条2項参照）。その背景には，平等主義のもとで債権者の分量的に平等な満足を法的に保障する必要があることに加えて，差押えを受ける債務者の多くが事実上無資

力状態にあるという日本の執行事件の実情の考慮がある（竹下・前掲書130頁）。

　これに対して，差押えの目的に反さないものは抵触行為にあたらない。したがって，買受人の引受けとなる賃借権に対して債務者がした譲渡の承諾は，特段の事情のない限り「競売開始時における目的不動産の交換価値」を「消滅ないし減少させる処分行為」にはあたらないがゆえに，競売申立債権者ひいて競落人に対する関係において，賃借権の取得をもって対抗しうると解される（最判昭53・6・29民集32巻4号762頁〈百選27〉）。

　(3)　債務者の利用　　差押えは，金銭債権の満足にあてるために債務者から処分権を奪い，その後の処分を禁じるものである。それゆえ，この差押えの目的を損なわない限り，直ちに債務者の占有を奪う必要はないのであり，競売の結果所有権が債務者から移転する（民執79条）までは，債務者が通常の用法にしたがって不動産を使用・収益することを妨げない（同46条2項。強制管理については同93条・96条参照）。

　したがって，債務者みずから建物に居住したり，耕作して天然果実を収取したりするほか，他人から地代等を取り立てることも，他人に占有させることもできる（もっとも，差押え後の占有移転は差押えに対抗できないため，占有者は後に引渡命令に基づいて引渡しを強制されることになる〔民執83条1項但書〕）。

　この目的不動産の利用においては，債務者は善良な管理者の注意義務をもって管理に当たらなければならない。それゆえ，不動産の価格を減少させるような行為が行われる場合には，差押債権者らの申立てに基づく保全処分により，債務者等の不動産占有者に対してそれら行為の禁止や執行官への占有移転等が命じられる（民執55条・77条）。

　(4)　二重開始決定　　既に競売開始決定のあった不動産に対して，他の債権者からさらに強制競売の申立てがあったときは，執行裁判所は二重開始決定をする（民執47条1項）。旧法下では重ねて開始決定をすることをせず，新しい申立て事件を前の執行記録に添付することによって前の手続の配当に関与させることとしていたが（旧民訴645条），記録添付された申立ては公示されないために，申立ての取下げや取消の場合に手続の混乱を招いていた。民事執行法47条はその解決を図ったものである。

　二重開始決定においても差押えの宣言および差押登記の嘱託は行われるが，

━━━━━━━━━━━━━━━━━━━━━━━━━━━━━━━━

　コラムⅠ-8　個別相対効とぐるぐる回り

　個別相対効説によった場合の問題点として，次のような「ぐるぐる回り」を生じることが指摘されている。すなわち，差押え後に抵当権設定登記がなされ，その後に一般先取特権者による配当要求がなされるという典型的な事例において，差押債権者は抵当権者に優先し，抵当権者は配当要求権者である先取特権者に優先し，さらに，先取特権者は実体上差押債権者に優先するので，相互の優先関係に矛盾が生じ，それゆえに配当表の作成が困難となるというのである。平等主義に対する評価の相違を背景に，差押えと仮差押えをどのように区別するかという論点も加わって，問題はよりいっそう複雑になる。

　旧法下の判例および実務は差押えと仮差押えとを区別せずに個別相対効説によっており，民事執行法の立法過程でも当初はその方向を指向していたが，最終的には手続相対効へと転じた。その主たる理由は上記のような技術的な問題にあったようである。

━━━━━━━━━━━━━━━━━━━━━━━━━━━━━━━━

　換価のための手続を二重に進行させる必要はないので，配当要求の終期を定める付随処分以降の手続は原則として行わず（民執49条1項括弧書参照），二重開始決定を受けた債権者は原則として先行手続において配当を受領する立場に立つ（同87条1項1号。ただし配当要求終期後の申立てによる二重開始決定の場合は除く）。そのため配当上影響を受けうる先行手続の差押債権者に対しては，前述のように二重開始決定があった旨の通知をする必要がある。

　この一方で，先行手続につき申立ての取下げや手続の取消しがあったときは，二重開始決定に係る手続をこの申立債権者のために当然に続行することになる（民執47条2項）。その際，先行手続が失われることでその差押え後の処分行為が有効となり，その結果不動産の再評価（したがって売却基準価額の改定）が必要となるなど，一部の手続についてはやり直しが必要となることもある。また，先行手続の停止の場合にも申立てに基づく続行決定がなされうるが，売却条件に影響がないことがその条件となる（同6項）。

　(5)　**手続の取消し**　不動産の滅失その他売却による不動産の移転を妨げる事情が明らかとなったときは，執行裁判所は強制競売の手続を取り消さなければならない（民執53条）。目的物の滅失のほか，差押登記前に目的不動産の所有

権者の変更があった，目的不動産が独立の不動産でなくなった，というような場合には，結局買受人の所有権取得は不可能であり，手続を続行しても無駄だからである。取消決定に対しては執行抗告をすることができ（同12条），取消しが確定するとその開始決定に係る差押登記の抹消が嘱託される（同54条）。

第3節　売却の準備

1　総　説

　強制競売は，前述のように，私法上の義務の実現あるいは権利の実現という目的のもとに，債務者の処分権を奪って国家が行う一種の売買である。したがってその手続では，上記の目的に照らして「適正」な権利義務関係の調整，すなわち「適正」な売却手続による「適正価額」での売却を実現すること，いわゆる「執行手続の適正化」（田中康久『新民事執行法の解説〔増補改訂版〕』金融財政事情研究会，1980年，3頁）が求められる。

　そこで民事執行法は，金銭執行の第2段階である換価を準備するものとして，①執行官に現況調査（民執57条）を命じて対象不動産の現状の把握に努めつつ，②執行裁判所が選任する評価人による評価（同58条）に基づいて目的不動産の売却において基準となる価額（売却基準価額）を決定して（同60条1項）目的不動産の価格を担保するとともに，債権者・債務者双方に利益をもたらさない，剰余を生じる見込みのない無益な執行を排除する無剰余措置を講じ（同63条），また，③買受けの申出に資するように目的不動産をめぐる権利関係・執行関係を明らかにする物件明細書を裁判所書記官に作成させてその内容を一般の閲覧に供している（同62条）。この一方で，④目的不動産の売却価格が下落すれば債権者の満足を損なうおそれがあるため，その価格（金銭価値）を維持するための保全措置が用意されている（同55条）。

2　売却基準価額

(1)　売却基準価額の決定　　強制競売における買受けの申出の額は，評価人による評価に基づいて裁判所が決定した不動産の売却の額の基準となるべき価額（売却基準価額）からその10分の2に相当する額を控除した価額，すなわち

> **コラム I-9　強制競売の法的性質**
>
> 　強制競売の法的性質については，従来，旧法下で 3 つの見解が対立していた。競売不動産を売却する私法上の売買だとする説，執行機関が売買の形式により行う換価行為であって公用徴収に類似する純粋に公法上の処分だとする説，そしてこの両性を併せもつとする説がそれである。
>
> 　戦後，大日本帝国憲法から日本国憲法になると，判例・学説とも第 3 の両性説が主流となったといえるが，私法上の売買と公法上の処分との関係をどう理解するのかについては諸説ある。たとえば，債務者の意思に反して強制的に所有権移転を生じる点では国家の執行権力に基づく執行処分だが，これによって競落人が債務者の不動産を取得する関係では私法上の売買だとする説（兼子一），競売手続を総体としてみると，執行機関が強制執行権を発動して執行当事者らに執行処分を行うことで債務名義に表示された請求権を実現してゆく過程であり，現実の行為としては公法上の処分だが，関係人相互の関係では私法上の売買だとする説（竹下守夫）などがある。
>
> 　民事執行法もこうした両性説の考え方に基礎を置いていると考えられるが，売却条件の一般開示や買受人の地位の強化，特別売却の導入など，執行機関による公法上の処分・監督管理のもとに私法上の売買がより明確に意義付けられるようになったといえるだろう。

売却基準価額の 8 割を下らない価額でなければならない（民執60条 3 項）。これを買受可能価額という。不動産の評価には一定の幅があることを踏まえ，売却基準価額との間に 2 割の減額幅を認めることで柔軟な価格形成が可能となるように平成16（2004）年改正において導入されたものである。

　この前身である，旧法以来採用されてきた最低売却価格の制度は，不動産競売にあたり目的物の価格を基準にあらかじめ一定の限度額を定め，それ以下では売却を許さないとするもので，その目的は次のように説明されていた。すなわち，財産として重要性の大きい不動産がその実価を大幅に下回る価額で売却されることになると債務者および債権者の利益を害するとともに，近隣の不動産価格にも悪影響を及ぼす危険があるので，不動産の公正妥当な価額を維持し不当に安価に競落されるのを防ぐことがその目的である（大阪高決昭36・4・11下民12巻 4 号788）。このことは現行法下でも変わらない。

　そこで民事執行法は，執行裁判所が定める売却基準価額が「客観的に妥当な」もの（田中・前掲書161頁），すなわち一般社会での取引価格と比較しても「適正妥当な」価額となるように，不動産の現況に関する事実関係の調査および専門的な不動産評価の制度を設けている。

　㈠　現況調査　　開始手続を終了し次第，執行裁判所は執行官に対し，不動産の形状，占有関係その他の現況について調査を命じなければならない（民執57条1項）。現況調査命令を受けて，執行官は不動産の計測その他の必要な行為をし，その現状（増改築の有無等の物理的現状）や占有関係を確認する。

　この調査の充実のために，執行官には調査に際してさまざまな強制権限の行使が認められている。すなわち，不動産への立入り，債務者や不動産占有者に対する質問や文書提示の要求（民執57条2項）に加えて，立入りにあたって開扉のために必要な処分をすることができ（同3項），また執行官の一般的権限として，職務執行に際して受けた抵抗を排除するために威力を用いたり，警察上の援助を求めたりすることもできる（民執6条1項）。執行官の質問または文書提出の要求に対して正当な理由なくこれを拒み，または虚偽の陳述や虚偽を記載した文書の提出をした者は，陳述等拒絶の罪により6月以下の懲役または50万円以下の罰金に処される（同213条1項2号。執行妨害対策の一環として罰則強化〔平成16（2004）年改正〕）。

　特に占有関係の調査は，売却条件を明らかにするうえで必要不可欠であるだけでなく，引渡命令（民執83条）発令にあたっての資料としても重要である。この調査に資するために，執行官は，目的不動産に対して課される固定資産税に関する資料の写しを交付するように市町村に対して請求し（同57条4項），電気，ガス，水道水等の継続的給付に係る必要事項の報告を供給者に求めることができる（同5項。ライフライン調査〔平成10（1998）年改正〕）。

　現況調査の結果は，現況調査報告書にまとめて所定の日までに執行裁判所に提出しなければならず（民執規29条），また，その写しは売却実施の日の1週間前までに執行裁判所に備え置くか，あるいは不特定多数の者にその内容を提供するための方法として最高裁判所規則が定める措置を講じるかして，一般の閲覧に供されなければならない（民執62条2項〔平成15（2003）年改正〕）。この裁判所への備え置きに代わりうる措置として民事執行規則が規定するのはインター

ネットの利用であり，その実施期間中には，後述の物件明細書や評価書（現況調査報告書と併せて「３点セット」と呼ばれる）についても同様の措置がとられる（民執規31条１項〜３項）。

現況調査に違法があれば，執行官の執行処分に対する不服として執行異議の対象となる（民執11条１項）。また，その過誤が売却基準価額や一括売却の決定，物件明細書の作成等に重大な誤りをもたらしたと評価される場合には売却不許可事由となるし（同71条７号），さらに，現況調査にあたって通常行うべき調査方法をとらない，調査結果の十分な評価・検討を怠るなど，調査および判断の過程が合理性を欠いていたために現況調査報告書の記載内容と目的不動産の実際の状況との間に看過し難い相違が生じた場合には，執行官の注意義務違反が認められ，誤った現況調査報告書の記載を信じたために損害を被った者に対する国家賠償責任（国賠１条１項）が問われることになる（最判平９・７・15民集51巻６号2645頁〈百選28〉）。

(ロ)　評　価　　不動産の評価について専門的知見を獲得するために，執行裁判所は評価人を選任し，不動産の評価を命じなければならない（民執58条１項）。

評価人は，近傍同種の不動産の取引価格，不動産から生ずべき収益，不動産の原価その他の不動産の価格形成上の事情を適切に勘案し，強制競売の手続において不動産の売却を実施するための評価であることを考慮しながら，遅滞なく評価を行わなければならず（民執58条２項〔平成16（2004）年改正〕），またその際には，不動産の所在場所の環境，その種類，規模，構造等に応じて，取引事例比較法，収益還元法，原価法その他の評価の方法を適切に用いることが求められる（民執規29条の２〔平成10（1998）年改正〕）。したがって，評価人の資格について法令上の制限は特にないが，通常は不動産鑑定士その他の不動産評価の能力を有する専門家が選任される。

評価人には，現況調査を行う執行官と同様に，不動産への立入り，債務者や不動産占有者に対する質問や文書提示の要求のほか，固定資産税関係資料の写しの交付請求やライフライン調査の権限が認められている（民執58条４項）。もっとも，評価人は抵抗を受けた際にみずから威力を用いたりすることはできないので，執行裁判所の許可を得て執行官に援助を求めることになる（同６条

2項・58条3項）。

　評価人が目的不動産を実地に見分し，その現況について充実した調査を行うことは，特段の事情がない限り評価人の職務上の義務だと考えられている（福岡高決平元・2・14高民集42巻1号25頁〈百選29〉。ただし東京高決平8・11・1判時1593号69頁は，現況調査報告書に添付の写真から状況を把握することができた場合につき立入調査義務を否定）。また，執行官と評価人は，現況調査や評価を実施するに際してそれぞれの事務が円滑に処理されるように相互に必要な協力をしなければならない（民執規30条の2）。

　評価の結果について評価人は，評価額算出過程を含む規則指定の事項および図面を記載した評価書を作成し，所定の日までに執行裁判所に提出しなければならない（民執規30条）。評価書における評価は，執行裁判所による売却基準価額の決定に基礎を提供する（民執60条1項）とともに，前述のとおり3点セットの1つとして一般の閲覧に供されて（民執規31条3項）買受けの申出の判断材料とされる。

　(ハ)　売却基準価額の決定・変更　　執行裁判所は，評価人の評価に基づいて売却基準価額を定める（民執60条1項）。決定のために必要があるときは，債務者や占有者のほか，占有関係をめぐって近隣者等を審尋することもでき（同5条），これに対する陳述拒絶や虚偽陳述等は，現況調査におけると同じく陳述等拒絶罪に該当する。

　売却基準価額が一旦定められた以上は安易に変更をされるべきではないが，額の決定にあたり斟酌すべき事情や判断の前提とされた重要な事項に変更が生じることはありうるので，必要が認められるときに限り，変更が許される（民執60条2項）。なかでも売却を実施して適法な買受けの申出がなかった場合には，不動産の現況，利用状況，手続の経過その他諸般の事情を考慮して，その売却基準価額を維持したまま売却をさらに実施しても売却の見込みがないと執行裁判所が認めるならば，評価人の意見を聴くなどしつつ売却基準価額を変更することができる（民執規30条の3〔平成10（1998）年改正〕）。

　(2)　無剰余措置　　売却可能価額が決定すると，差押債権者に優先する債権（優先債権）および競売手続費用を差し引いて，差押債権者への配当にあてうる剰余を生じる見込みがないかどうかの判断が可能となる。剰余の見込みがない

ならば，強制競売の性質上，また差押債権者に優先する担保権の保護の観点か
らも，無益な執行を行うべきではない（剰余主義〔Deckungsprinzip〕）が，その
一方で，差押債権者自身が無益だと考えないのであれば（以後の手続が無駄とは
ならないことにつき担保責任を引き受けるのであれば），挑戦の機会を与える余地が
ある。

　こうした考慮から，買受可能価額が優先債権および手続費用の見込額の合計
額に満たない場合には，その旨を差押債権者に通知し，これを受けた差押債権
者が通知日から１週間以内に続行を求めて一定の措置を取らない限り，競売手
続は取り消すものとされている（無剰余措置。民執63条１項・２項）。

　具体的には，通知を受けた差押債権者は，その立場に応じて，①剰余の見込
みがあることを証明するか（民執63条２項但書），②手続費用と優先債権の見込
額の合計額以上の額（申出額）でみずから買受けを申し出て，申出額相当の保
証を提供するか（同２項１号），③買受申出の額と自身の申出額との差額を負担
する旨の申出をして，この差額相当の保証を提供するか（同２号），④買受可能
価額が手続費用の見込額を超える場合に，売却によって権利を害されうる優先
債権者から同意を得たことを証明するか（同条２項但書〔平成16（2004）年改正〕）
すれば，手続の取消しを免れることができる。

　もっとも，③の場合に続行された手続において買受可能価額以上の額の買受
けの申出がなされなければ，やはり手続は取り消される（民執63条３項）。ただ
し，優先債権者の申立てにより二重開始決定がなされている後行事件において
配当の見込があるならば，先行事件を取り消すことは許されない（名古屋高決
平16・12・７判時1892号37頁〈百選31〉）。

　なお，複数の不動産が競売の目的とされている場合には，不動産ごとに剰余
の有無を判断するのが原則であり，優先債権者が他の競売手続で同一の執行債
権（または担保権）を有していても他手続での満足の可能性は考慮せず，各々
全額が計上される（東京高決昭61・６・４判時1215号53頁）。ただし，土地・建物
を一括して売却すれば剰余を生ずるときは一括売却（民執61条）を実施すべき
であり，無剰余の判断も全体として行う（東京高決平９・３・14判時1604号72頁）。

3　物件明細書

裁判所書記官は，現況調査報告書や評価書，執行裁判所の行う審尋の結果等の資料をもとに，物件明細書を作成し，現況調査報告書や評価書とともに売却の実施日の1週間前までにその写しを執行裁判所に備え置くか，最高裁判所規則が定める公開措置を講じるかしなければならない（民執62条1項・2項，民執規31条1項～3項）。

物件明細書には不動産の表示と買受人の引受となるべき不動産上の負担が記載される。一般の買受希望者に正しい情報に基づいて買受けの申出の判断を行う機会を提供するためである。この裁判所書記官の処分に対しては執行裁判所に異議を申し立てることができ（民執62条3項），また，重大な記載の誤りが認められれば売却不許可事由（同71条7号）にも該当する。もっとも，物件明細書への記載はあくまで書記官による処分であり，裁判の効力をもたないのはもちろん，執行裁判所に対する拘束力もなく，実体法上の効果が認められるものでもない。それゆえ，その記載・不記載をめぐる問題は民法その他法律の規定に即して決せられることになる（たとえば最判平8・1・26民集50巻1号155頁〈百選34〉は，不記載の借地権をめぐり民法の瑕疵担保責任に関する規定を類推適用）。

また，物件明細書の作成を裁判所書記官の職責とした（平成16〔2004〕年改正）結果，執行裁判所が売却基準価額の決定にあたって基礎とした内容との間に相違が生じることもありうる。執行裁判所がこのような相違を認めるときは，売却基準価額の決定においてその旨および異なる事項の内容を明らかにしなければならず，裁判所書記官においても物件明細書に同様の付記をするなどの相当な措置を講じなければならない（民執規30条の4）。

4　財産の価値の保全

差押えにより債務者は目的不動産についての処分を禁じられるが，買受人の代金納付までの間，通常の用法にしたがった使用・収益が許されることは前述した。

もっとも，その過程で執行の目的物（その金銭価値）の確保という差押えの目的が損なわれてしまっては意味がない。そのため民事執行法は，目的不動産の金銭価値を保全するための措置を講じている。

　なお，同様の保全処分は，買受保証をした差押債権者や買受人等のためにも用意されている（第5節2(1)(ロ)・(3)参照）。

(1)　売却のための保全処分　　債務者等の占有者が目的不動産の破壊や現状の変更など，その価格を減少させる（またはそのおそれのある）価格減少行為をするときは，執行裁判所は差押債権者の申立てにより，買受人による代金納付までの間，保全処分を命じることができる（民執55条）。

　旧法下では仮処分で対応されていたところ，その要件等をめぐり不明・不十分な部分が少なくなかったため，民事執行法において立法的に解決されたものである。特に不良債権処理問題が深刻化するなかで執行妨害への対応策として重視され，債務者だけでなく第三者をも（必要があれば審尋のうえ）保全処分の相手方となしうることとされたのに始まり（平成8〔1996〕年改正），発令要件が緩和されたほか，占有者の交代を繰り返して保全処分の申立てを困難にする執行妨害に対処するべく，相手方を特定しない保全処分の発令が可能となる（民執55条の2〔平成15（2003）年改正〕）など，たびたびその拡充が図られてきた。なお，抵当権実行競売における明渡請求をめぐっても同様に第三者を相手方とすることの可否が問われてきたが，最高裁は平成11年11月24日判決（民集53巻8号1899頁）で肯定の立場に転じている。

　具体的な保全処分の内容は，①価格減少行為の禁止または一定の行為の命令（民執55条1項1号），②占有の解除および執行官保管命令（同2号。立担保を要する〔同条4項〕），③占有の解除および執行官保管命令に加え，占有移転を禁じたうえでの不動産の使用許可，ならびに公示保全処分（同条1項3号），以上の3態様であり，①および②の保全処分には必要があれば公示保全処分を含めることができる（同1号・2号各括弧書）。

　執行官が施した封印や差押えの表示の損壊等は封印等破棄罪（刑96条）に，①の保全処分命令に基づく公示書等の損壊は公示書等損壊罪（民執212条1号）に問われる。また，③の保全処分には占有移転禁止の仮処分命令（民保62条）と同様の当事者肯定効が認められており（平成15〔2003〕年改正），同保全処分の相手方に対する引渡命令を債務名義として，悪意の占有者および善意の占有承継人に対しても不動産の引渡執行が可能である（民執83条の2第1項）。

　なお，②および③の保全処分または公示保全処分を命ずる決定は，申立人に

対する告知の日から2週間を経過すると執行できなくなる（民執55条8項）。保全命令の執行（民保43条2項）と同じく，命令の基礎となった事情に変化が生じない間に迅速に執行されるべきだからである。

　これら保全処分の決定に対しては執行抗告をすることができる（民執55条6項）。また，保全命令発令後に事情の変更があったときは，申立てによりその取消しまたは変更をすることができ，この決定に対しても執行抗告が認められる（同5項・6項）。取消しまたは変更はいずれも確定しなければ効力を生じない（同7項）。手続費用は共益費となる（同10項）。

　(2)　地代等の代払の許可　　目的不動産の金銭価値は，不動産に付随する権利が失われることによっても減じうる。建物につき強制競売が行われた場合の地上権や建物に付随する賃借権が，債務者の債務不履行を原因とする契約解除によって消滅する場合がこれにあたる。

　この場合に差押債権者は第三者弁済（民474条。手続費用は一般先取特権〔民306条1号・307条〕）をすることができるが，執行手続と無関係に行われた弁済を執行費用として認めるのは難しい。そこで，建物に対する強制競売が開始されている場合に債務者がその建物に関する地代や賃料を支払わないときは，執行裁判所が差押債権者の申立てにより弁済を許可できるものとし（民執56条1項），支払われた地代等および許可申立に要した費用は手続費用（共益債権）として扱うこととされている（同2項）。

第4節　売却の条件

1　総　説

　強制競売は，私法上の義務の実現あるいは権利の実現のために国家が行う一種の売買であるから，民間で行われる通常の売買のように当事者間で個別に折衝して売却の条件や効力を決めることとするのは適当でない。そこで強制競売においては，売買の要件や効果に関してすべての買受希望者に共通する売主側からの売買の条件をあらかじめ定型的に定めておき，買主の側はその条件のもとで希望額だけを申し出るというかたちがとられている（鈴木忠一・三ヶ月章『注解民事執行法（2）』第一法規出版，1984年，243-244頁〔竹下守夫〕）。これを売却

条件とよび，すべての競売手続に共通する法定売却条件と，特に個別に定められた特別の売却条件とがある。

2　法定の売却条件

法定売却条件には，前述の買受可能価額のほか，買受人の所有権取得の要件や時期，危険負担の移転時期，代金支払の時期・方法などさまざまなものが含まれる。ここでは特に売却の内容に直接関わるものとして，売却による権利の消除・引受（民執59条），一括売却（同61条），および法定地上権（同81条）を取り上げる。

(1) 不動産上の負担の消滅または引受け　　先述した不動産の特性ゆえに，執行目的物上に第三者の担保権や用益権が設定されていることがしばしばある。

そこで強制競売においては，代金を納付した買受人に目的物の所有権を移転するにあたって，これらをどのように処理するかが問題となる。すなわち，差押債権者の債権に優先する物上の負担をすべて洗い落として自由な所有権を取得させるのか（消除主義〔Löschungssystem〕），それともこの種の負担が付着したままの所有権を取得させるのか（引受主義〔Übernahmesystem〕）ということである。

(イ)　基本的考え方　　強制競売における売却は，私法上の権利（または義務）の実現という目的のもと，円滑に実施され，差押債権者にできる限りの満足を与えることができるものでなければならない。

これを消除主義についてみると，買受人が安心して負担のない不動産を取得できるがゆえに買受けの希望を呼び込みやすく，その結果高額での売却が期待できるうえに，1度の競売で目的物上の負担をすべて消滅させることができるので，各負担についての競売の繰り返しを避けることことができるという利点が認められる。

だがその反面，買受人に対して一時に高額な代金の支払を求めることになるから，翻って売却が困難となるおそれがあるし，優先権者にとっては望まない時期に不十分な投資の回収を強要されることにもなる。また，差押債権者の満足には，負担をすべて消滅させて優先権者に弁済がなされた後の売却代金を

もってあてられるのだから，十分な余剰のない無益な売却が行われることにもなりかねない。

　(ロ)　日本法の立場　　日本の民事執行法は，旧法以来，剰余主義の制限のもとに消除主義によるのを原則としつつ，引受主義を併用して上記の弊害に対処している。

　具体的には，①先取特権および抵当権（占有および収益権を伴わない担保権）と，使用・収益をしない旨の定めのある質権および消滅する抵当権等に対抗できない質権（つまり使用収益権を伴う最優先順位での質権ではないもの）は，売却によって消滅し（民執59条1項・2項），民法上の優先順位にしたがって売却代金から配当を受けることとするとともに，消滅するこれら権利に対抗できない物的負担（「中間の用益権」と呼ばれる）および換価によってその目的を終えることになる差押え・仮差押えの執行も，これと運命をともにして消滅する（同2項・3項），②留置権と使用・収益をしない旨の定めのない質権で消滅しないもの（つまり消滅する上記質権以外）は買受人の引受として，被担保債権の弁済を受けない限り消滅しない（同4項），③地上権・地役権等の用益物権および仮処分の執行については，消除される権利に対抗できるか否か（民法の一般原則による）で扱いが分かれ，対抗できないものは消滅する（同2項・3項），というのが民事執行法の規律である。

　①の消除主義の根拠は，先取特権や抵当権がともに目的不動産から金銭的満足を得ることを目的とする権利であること，無剰余措置の採用および最優先順位の質権を消除しないこと（民執59条4項）をもって優先債権の保護は十分図られうること，以上の2点に求められる。他方，②の引受主義をめぐっては，留置権は被担保債権の弁済を受けるまで引渡しを請求されない権利であるから，買受人による弁済がない限り消滅しないはずであり，優先弁済権も固有の売却権も認められていない留置権の保護としてもそれが妥当であること，不動産質権に原則として認められる使用収益権（民356条）の行使は経済上利息の取立てにあたり（民358条），これを換価によって消滅させることはできないことが考慮されている。

　なお，かつての短期賃貸借制度（旧民602条）は，執行妨害の手段とされる例が後を絶たなかったため平成16（2004）年民法改正に際して廃止され，代わっ

て建物明渡猶予制度（民395条）および同意による対抗力付与制度（民387条）が設けられた。この結果，抵当権設定後に設定された賃借権であっても，抵当権者の同意の登記があれば抵当権者に対抗でき，買受人に引き受けられることになる。

(2)　**一括売却**　不動産に対する強制執行は個々の不動産ごとに行われるのが原則である。しかし，隣接地や地上建物など債務者所有の複数の不動産が競売の対象となっており，それらを一括して売却した方が売却価格が高くなるならば，その方が債権者・債務者にとって利益であり，買受人にとっても利用上便利がよい。このような場合に，数個の不動産につき1つの売却基準価額を決定して一括して売却することを執行裁判所が決定できるとするのが，一括売却の制度である（民執61条）。

　もっとも，無限定に一括売却を進めると，権利関係が複雑となってかえって安価でしか売却できなくなるおそれがある。そのため，一括売却できるのは，同一の買受人に買い受けさせることが相当だと認められる場合に限られ，特に複数の対象不動産のうちの一部だけで各債権者の債権および執行費用の全額を弁済することができる見込みがある場合（いわゆる超過売却の場合）には，債務者の同意を要するものとされている。他面，以上の要件を満たせば，所有者の異なる不動産や，別個の競売事件の目的不動産についても一括売却は妨げられない（民執61条本文括弧書）。

　一括売却をするかどうかは裁判所の判断であり，その旨の決定があれば，それが法定の売却条件をなす。一括売却が決定されなければ個別売却が行われる。ただし，一括売却をするのが相当と認められる場合に一括売却をせずに個別売却をしたときは，売却の手続に重大な誤りがあるものとして売却不許可事由および売却許可決定の取消事由（民執71条8号・74条2項）にあたる（東京高決平21・6・30判タ1311号307頁〈百選30〉）。逆に，一括売却を行うとの決定は執行裁判所の執行処分であるから，執行異議（同11条1項）が可能であり，同様に売却不許可事由・売却許可決定の取消事由が問題となる。

　なお，不動産ごとに権利関係が異なる場合には，不動産それぞれについて売却代金の額を定めなければ配当手続に混乱を生じるので，不動産ごとに売却基準価額を決定し，売却代金の総額を各不動産の売却基準価額に応じて案分して

得た額をもって配当を実施する（民執86条2項）。

　(3)　**法定地上権**　　同一の所有者に属する土地と土地上建物が競売に付され，その結果所有者を異にするに至ったときは，その建物について地上権が設定されたものとみなされる（民執81条）。民法上の法定地上権（388条）が認められない場合にもその保護を拡張する意味をもつ規定である。

　民事執行法上法定地上権が認められるためには，差押えの時点で不動産が同一所有者に属していなければならない。地上建物に対する仮差押えが本執行に移行した競売手続において買受人が所有権を取得した場合には，仮差押えの時点で所有者が同一であれば法定地上権は成立する（最判平28・12・1民集70巻8号1973頁〈百選36〉）。

　これに対して，土地・建物がともに共有の場合に競売の結果土地の持分のみが第三者に帰属したときは，他の共有者の使用収益権を一方的に害することになるため，法定地上権は認められない（最判平6・4・7民集48巻3号889頁〈百選35〉）。また，共同抵当権設定後の建物の滅失・再築との関係では，抵当権者の関知しないところで法定地上権が発生すると，担保価値がその価額相当分減少して不測の損害を被ることとなるので，特段の事情のない限り土地・建物の価値を全体として評価すべき（全体価値考慮説）とするのが現在の判例の立場である（最判平9・2・14民集51巻2号375頁）。

3　特別の売却条件

　法定の売却条件を変更することができる場合につき，民事執行法は個別に規定している。なかでも物的負担に関する法定売却条件は，実体法的な優先関係や権利の性質などを考慮して利害関係人の利益を手続上公平に保護するためのものであるから，利害関係ある者が別の条件での売却に合意するならば問題はない。そこで，そのような合意をした旨が売却基準価額の決定時までに届け出られたときは，売却条件を変更することができるとされている（民執59条5項）。

　これに対して，差押え，仮差押えの執行および仮処分の執行については明確に同条項の適用が除外されており，法定売却条件の変更は許されない。

第5節　売却の実施

1　売却手続

(1)　売却方法の決定　　不動産競売における換価の方法として，民事執行法は，入札，競り売り，そして民事執行規則が定める方法の3種類を予定しており（民執64条2項，民執規51条1），このいずれかの方法を裁判所書記官が定めて行う（民執64条1項）。旧法では競り売りを原則とし，例外的に期日入札を認めていたが，競売に慣れた専門家（いわゆる競売ブローカー）が競り売りの期日を事実上牛耳って一般の買受希望者の参加を困難にしており，それが売却価格の低化や手続遅延の一因だとして問題になっていた。そのため民事執行法において，期間入札の導入など売却方法の多様化を図ったものである。

　各手続の詳細は民事執行規則が規定する。売却の方法は環境の変化や時代の要請に即応して柔軟に改善していく必要があるとの政策的考慮に基づく。まず，入札には，入札期日に入札させた後改札を行う期日入札と，入札期間内に入札をさせて後の改札期日に改札を行う期間入札がある（民執規34条）。これに対して競り売りは，期日に買受けの申出の額を競り上げさせる方法で行われる（同50条1項）。

　入札または競り売りを実施しても適法な買受けの申出がなかったときは，執行官がこれ以外の方法で売却を実施することができる。農地など需要が限定される場合に，買受けの申出の見込みがある者との個別の売買交渉によるのが典型的な例だといえる。これを特別売却といい，裁判所書記官が，あらかじめ差押債権者の意見を聴いたうえで，原則として3月以内の期間を定めて実施させる（民執規51条1項・2項）。このような売却の方法が許されるのは，現況調査や評価に基づき「客観的に妥当な」売却基準価額が決定されるとの前提があるためである。条件が付されうるが（同1項後段），それ以外に実施方法についての特別の制約はない。

(2)　売却決定期日の指定・公告等　　売却方法（入札または競り売り）を決定すると，裁判所書記官は売却の日時および場所を定めて，執行官に売却を実施させる旨の処分（売却実施命令）を行う（民執64条3項）とともに売却決定期日

を指定し（同4項），競売手続に一般公衆の参加を得るべく，入札期日または入札期間開始の日の2週間前までに，売却基準価額や売却の日時・場所等を公告する（同5項，民執規36条1項）。これら決定に対しては執行異議（民執11条）を申し立てることができる。売却決定期日は，原則として入札期日または開札期日（1週間以上1月以内の範囲内で定める入札期間の満了後1週間以内の日）から1週間以内の日を指定しなければならない（民執規35条2項・46条・50条4項）。

　（3）　**内　覧**　　内覧とは，買受希望者を不動産に立ち入らせて見学させることをいい，あらかじめ目的不動産の内部を見る機会を提供して買受けの申出の判断に資することを目的とする（民執64条の2〔平成15（2003）年改正〕）。それゆえ，買受けの申出の資格・能力を有しない者や売却が許可されない者は内覧への参加を認められない（同3項括弧書，民執規51の3第4項）。

　具体的には，差押債権者の申立てがあれば，執行裁判所は執行官に内覧の実施を命じなければならず（民執64条の2第1項），執行官はこれを受けて，売却の実施のときまでに，参加の申出をした者（内覧参加者）のために内覧を実施する（同3項）。ただし，差押債権者等に対抗できる占有権原を有する不動産占有者が同意しなければ，内覧実施命令を出すことはできない（同1項但書）。そのような占有者は競売手続によって影響されない立場にあるからである。

　内覧の実施にあたり，執行官はみずから不動産に立ち入り，かつ内覧参加者を立ち入らせる権限を有し（民執64条の2第5項），対抗権原のない占有者が正当な理由なくこれを拒絶または妨害した場合には30万円以下の罰金に処せられる（同213条2項）。これに対して，執行官が威力を用いる等して占有者の抵抗を排除することは，円滑な売却の促進という内覧の目的に沿わないため，予定されていない（同6条1項但書）。しかしこの反面，多くの買受希望者が集合することで住居の平穏が乱されたり，公正な売却を阻害する契機となったりすることは阻止しなければならない。そのため執行官には，内覧の円滑な実施を妨げる行為をする内覧参加者に対して，不動産への立入制限や退去を命じる秩序維持の権限が与えられている（同64条の2第6項）。また，内覧の実施が困難であることが明らかな場合には，執行裁判所は内覧実施命令自体を取り消すことができる（同4項）。

　(4)　**買受けの申出**　　買受けの申出は，強制競売において買受人となること
を欲する申立てであり，売買の申込に対応する効果を生じる。単独で有効な申
出ができない制限行為能力者の代理人，法人による入札の場合の代表者は，代
理権や代表者資格を証する文書を執行官に提出しなければならない。また共同
入札の場合には，あらかじめ執行官の許可が必要である（民執規38条3項〜5
項・49条・50条4項）。

　(イ)　**買受けの申出の制限**　　買受申出人の資格について，一般的な制限はな
い。ただし債務者は，債務の弁済を優先することが求められるがゆえに，買受
申出人となることは許されない（民執68条）。また，法令の規定によって取得が
制限されている不動産（農地3条〜5条等）については，執行裁判所が，買受け
の申出をすることができる者を所定の有資格者に限ることができる（民執規33
条）。

　さらに，暴力団関係者を買受けの申出から排除する措置が講じられている
（令和元〔2019〕年改正）。すなわち，買受希望者は，自身あるいは自己の計算に
おいて買受けの申出をさせようとする者が，暴力団員（暴力団員による不当な行
為の防止等に関する法律2条6号）にも，5年以内にそうであった者（併せて暴力
団員等という）にも該当しない旨を陳述しなければ，買受けの申出をすること
ができない（民執65条の2）。虚偽の陳述には陳述等拒絶の罪（同213条1項3号）
が問われる。なお，売却不許可事由についても同様の規制がある。

　(ロ)　**買受申出人の義務**　　買受申出人は，買受けの申出に際して，最高裁判
所規則の定める額および方法により保証を立てなければならない（民執66条）。
軽率な買受けの申出を抑止し，売却代金の納付を確実にするためである。

　具体的には，原則として売却基準価額の2割の額（民執規39条）につき，金
銭のほか振込証明書や支払保証委託契約締結証明書（期日入札〔同40条1項〕・期
間入札〔同48条1項〕），小切手等の有価証券（期日入札・競り売り〔同40条1項・50
条4項〕，特別売却〔同51条4項〕）のいずれかを，入札書を差し出す際に執行官
に提出する方法による（同40条1項・48条・50条4項）。保証を提供せずになされ
た買受けの申出は不適法であり，無効である。

　提供された保証のうち，買受人が提供した金銭等は，売却許可決定確定後，
代金に算入される（民執78条2項。このほかの保証の返還等については民執規45条・

49条・50条4項参照）。しかし，代金が支払われない場合には売却許可決定は失効し，その保証は没収される（民執80条1項）。

2　売却期日

　売却期日は，公告に掲げられた日時・場所において執行官が開く。その第1の目的は，最高価買受申出人を定めることにある。

　(1)　期日の実施　　入札は，期日入札では所定事項を記載した入札書を執行官に差し出す方法により（民執規38条1項・2項），期間入札では，開札期日を記載した封筒に入札書を入れて封をしたものを所定の期間内に執行官に差し出すか，その封筒を他の封筒に入れて送付する方法で行う（同47条・49条）。その後，執行官が入札者等の立合いのもとに開札して最高価買受申出人を定め，その氏名および入札価額を告げ，かつ，次に高価な買受けの申出をした者の氏名および入札価額を告げて，次順位買受けの申出を催告したうえで，入札期日の終了を宣する（同41条2項・3項・49条）。最高価買受申出をした者が2人以上あるときは，再入札またはくじにより決する（同42条・49条）。

　他方，競り売りは，競り売り期日に買受申出の額を競り上げさせる方法により行われる。買受申出人は，より高額の買受けの申出があるまで，その申出額に拘束される（民執規50条1項・2項）。執行官は，最高額の買受けの申出を3回呼び上げた後，その申出人を最高価買受申出人と定め（同3項），次順位の買受申出人に対しても入札の場合と同様に申出を催告する（同4項）。

　いずれの方法においても，いったんした入札の変更や取消しは許されない（民執規38条7項・49条・50条4項）。手続の混乱や紛争を招くおそれがあるからである。売却期日を実施した執行官は，その経過を記載した調書を作成し，入札書を添付のうえ裁判所に提出する（同44条・49条・50条4項）。

　(イ)　売却の場所の秩序維持　　旧法下で競売ブローカーによる一般の買受希望者の締め出しが問題となっていたことは，前述のとおりである。そこで民事執行法は次のように執行官につき秩序維持の権限を強化している。

　すなわち執行官は，公正な売却を阻害する行為をする者および過去にそのように認定された者等に対して，売却の場所への立ち入りの制限，退場または買受けの申出をさせないことができる（民執65条）。また，そのために必要があれ

ば，執行官はその場所に参集した者に対して身分証明を求めるか，あるいは執行裁判所に援助を求めることができる（民執規43条）。これら措置を実施した場合には，その内容および実施した理由を，調書において明らかにしなければならない（同44条1項8号・49条・50条4項）。

　なお，売却手続の妨害者と認定されてこの措置を受けた者が最高価買受申出人となっても執行裁判所は売却を許可することができず，その不許可決定の確定から2年間についても同様である（民執71条4号イハ）。

　㈦　買受けの申出がない場合の措置　　売却を実施しても適法な買受けの申出がなされなければ，売却手続を繰り返さざるを得ず，かつては実際に，無剰余を理由に手続が取り消されるまで，売却の見通しの立たないまま続行されていた。そこで，買受けの申出がない場合につき，差押債権者に一定の協力を期待する次のような制度が設けられるに至っている（平成10〔1998〕年改正）。

　まず，執行裁判所は，入札・競り売りの方法による売却を実施しても適法な買受けの申出がなかった場合には，差押債権者の意見を聴くとともに，買受希望者の有無や売却を困難にしている事情等につき調査を求めることができる（民執規51条の5）。この調査は，執行裁判所が裁判所書記官に命じて行わせることができる。

　次に，執行裁判所は，売却を3回実施しても買受けの申出がなく，不動産の形状や用途等を考慮するとさらに売却を実施させても売却の見込みがないと認めるときは，いったん強制競売の手続を停止することができ，その旨を差押債権者に通知する（民執68条の3第1項）。これに対して，買受希望者があることを理由として差押債権者から3月以内に売却実施の申出をしなければ，強制競売の手続は取り消されるが，差押債権者から申出があれば，裁判所書記官は売却を実施させなければならない。もっとも，再度実施した売却においてやはり買受けの申出がなければ，手続を取り消すことができる（同2項・3項）。

　また，入札・競り売りを実施しても適法な買受けの申出がなかった場合に，不動産を占有する債務者や第三者が不動産の売却を困難にする行為をする（おそれがある）ときには，差押債権者による一定の買受保証と引き換えに，占有移転および執行官保管の保全処分（必要があれば公示保全処分を含む）の発令を求めることができる（民執68条の2第1項）。すなわち，差押債権者には，次の

売却において自身の申出額（買受可能価額以上であることを要する）に達する買受
けの申出がなければみずから申出額で買い受ける旨を申し出，かつ申出額に相
当する保証を提供することが求められる（同2項）。このように買受けが保証さ
れているがゆえに，ここでの保全処分は民事執行法55条の保全処分よりも発令
の要件が緩やかで（「価格減少行為」不要），しかも（執行官だけでなく）差押債権
者自身に対しても占有移転や保管が命じられうるため，差押債権者が直接占有
者や買受希望者に対応することが可能となっている。

(2)　次順位買受申出制度　　最高価の買受けの申出に次いで高額な申出をし
た買受申出人は，買受可能価額以上，かつ最高価買受申出人の申出額から買受
けの申出の保証額を控除した額以上（つまり代金不納付時に没収のうえ代金に組み
込まれる保証額と次順位の買受申出額とを合計して最高価買受申出額を超えることが条
件）での買受けを申し出ている場合には，売却の実施の終了までに，最高価買
受申出人に係る売却許可決定がその代金不納付ゆえに失効したときは，自己の
買受けの申出について売却を許可すべき旨を申し出ること（次順位買受けの申
出）ができる（民執67条）。

この申出がなされていれば，買受人の代金不納付時に執行裁判所は次順位買
受けの申出について売却の許否を決定しなければならない（民執80条2項）。売
却基準価額が「適切・妥当な額」で定まることを前提とすれば，このように簡
略な手続で判断を下しても問題はなく，再度の売却を実施するよりも迅速に換
価を進めることができるからである。

(3)　買受人等のための保全処分　　目的不動産を占有する債務者や第三者に
よる価格減少行為を阻止するために，差押債権者の申立てによる保全処分の制
度（民執55条）があることは前述したが，この保全処分は買受人の代金納付ま
での間しか認められない。それゆえ最高価買受申出人や買受人のためにも，目
的物の引渡しまで視野に入れた保全措置が別に必要となる。具体的には，執行
裁判所は買受人等の申立てにより，引渡命令の執行までの間，一定の保全処分
または公示保全処分を命じることができる（同77条）。保全処分の内容や対象は
民事執行法55条と同様だが，濫用の危険があるため，申立てに際してはその買
受申出額（保証金を提供しているときはその差額）に相当する金銭または代金をあ
らかじめ納付しなければならない。

3　売却決定手続

　最高価買受申出人が決定すると，執行裁判所は売却決定期日を開き，この者
への売却を許すべきかどうかを決定する。不動産という目的物の特性に鑑み，
執行裁判所が開始決定から売却までの手続全体を見直し，適正なものであった
かどうかを職権で調査して，不適正なものについては売却を許さず，再度売却
の手続を続行するものとして，手続の是正を図るためである。

　職権発動を促す機会を設けるために売却決定期日は必ず開かなければならず
（民執69条），利害関係のある者には期日における意見陳述が認められている
（同70条）。

　他方，買受申出人の登場後は，手続の帰趨に関して債権者・債務者だけでな
く買受申出人の利益も考慮しなければならない。そのため，特に一時的な執行
停止効しか有さない執行停止・取消文書の扱いにつき，本則の39条に対する特
則がある。

　(1)　売却決定期日　　売却決定期日は，裁判所書記官が，原則として入札期
日（開札期日・競り売り期日）から1週間以内の日を指定し（民執64条4項，民執
規35条2項・46条2項・50条4項），入札期日等の2週間前までに公告および通知
をする（民執規36条1項・37条・49条・50条4項）。売却の許否に利害関係を有す
る者に対し，期日に出頭して意見を陳述する機会を確保する必要があるからで
ある。

　売却決定期日は執行裁判所が主宰する。利害関係人の陳述や記録から察知し
て事実確認が必要となるときは，利害関係人その他の参考人を審尋することが
でき（民執5条），さらに口頭弁論を開いて正式な証拠調べをすることもでき
る。この結果，売却不許可事由があると認めるときは，売却不許可決定をしな
ければならず（同71条），さもなければ売却許可決定をする。売却の許否は決定
で裁判し，売却決定期日において言い渡されなければならない（同69条）。言渡
しがあると，裁判所書記官はその内容を公告する（民執規55条）。売却の許否に
ついての決定に対しては執行抗告が認められるので（民執74条1項），期日に出
頭しなかった利害関係人にも抗告の機会を与えるためである。

　(イ)　売却不許可事由　　執行裁判所が売却を不許可としなければならない事
由（売却不許可事由）は，民事執行法71条1号ないし8号に列挙されている。こ

れは限定列挙だと解されている。なぜならば，①不動産の売却には慎重な手続が求められるものの，最高価買受申出人が登場した段階で手続上の軽微な過誤を理由に売却を不許可とするのは債権者・買受申出人の意に反するうえに，②いわゆる訴訟経済の観点からも妥当でなく，また，③裁判所の裁量により売却の許否を決することは制度の安定を害するからである。したがって裁判所は，ここに列挙された事項以外の事柄を理由として売却を不許可とすることはできない。

　なお，5号事由は，買受けの申出から暴力団員等を排除する措置の一環として設けられたものである。これと関連して，執行裁判所には，最高価買受申出人が暴力団員等に該当するか否かについての必要な調査を都道府県警察に対して嘱託することが原則として義務づけられている（同68条の4）（以上，令和元〔2019〕年改正）。

　㈠　売却許否の決定　　売却決定期日における審理事項は，売却不許可事由の有無に限られ，その結果売却不許可事由が認められる場合には，執行裁判所は売却不許可決定を言い渡さなければならない（民執71条）。

　複数の不動産を売却した場合に，そのうちの1つの買受申出額をもって各債権者の債権および執行費用の全額を弁済できる見込みがあるときには，他の不動産についての売却許可決定を留保しなければならない（民執73条1項）。そうした見込みが複数の不動産についてある場合には，あらかじめ債務者の意見を聴いて売却を許可する不動産を選択する必要がある（同2項）。不動産について超過売却の有無を差押えの段階で判断するのは困難なので，売却の実施後に行うこととしたものである。このために売却許可決定を留保された不動産の最高価または次順位の買受申出人は買受けの申出を取り消すことができる（同3項）。他方，売却許可決定のあった不動産について買受人が代金を納付すれば，留保されていた手続は取り消される（同4項）。

　売却の許否についての決定に対しては，自己の権利がそれにより害されることを主張するときに限り執行抗告が認められ，確定しなければその効力を生じない（民執74条1項・5項）。抗告理由は，売却不許可事由の存在および売却許可決定手続に重大な誤りがあることであり（同2項），これに加えて再審事由をも理由とすることができる（同3項）。このように限定されているのは，不動産

売買の実体を形成して換価の手続を締めくくる売却許否の決定の重要性と，濫用的不服申立てによって手続遅延を招いた旧法下での反省を踏まえてのことである。

(2)　執行停止・取消しの特則　　売却の実施の終了後に，一時的執行停止決定正本（民執39条1項7号）および弁済受領文書や弁済猶予文書（同8号）が提出された場合について，次のような特別規定が設けられている。

まず，売却の実施終了後売却決定期日の終了までの間に7号文書が提出されたときは，原則として執行停止効が認められるが（売却決定期日は開けない），他の事由により売却不許可決定をすべきときには期日を開いて言渡しをすることができる。また，この停止によって地位が不安定となる最高価および次順位の買受申出人には買受けの申出の取消しが許される（民執72条1項）。

これに対して，売却決定期日終了後に7号文書が提出されたときは，もはや執行停止効は認められない（ただし売却許可決定が取消・失効あるいは確定した場合は例外）（民執72条2項）。また，8号文書が売却の実施の終了後に提出されたときも同様である（ただし売却許可決定が取消・失効あるいは確定した場合は例外）（同3項）。8号文書は私文書に過ぎないからである。さらに，代金の納付後は，両文書ともに執行停止効は認められず，執行裁判所は配当等を実施しなければならない（民執84条4項）。

なお，7号・8号文書以外の執行停止・取消文書（民執39条1項1号〜6号・40条）については，代金納付に伴う買受人への所有権移転のときまでに提出されたのであれば，原則通り執行は停止しまたは取り消される。債務者保護を優先すべきと考えられるからである。ただし4号・5号文書が買受申出後に提出された場合には，申立ての取下げにおけると同様，買受人の引受となる権利や最高価・次順位の買受申出人の同意を要する（同76条2項）。また，代金納付後に執行取消文書（同39条1項1号ないし6号・40条）が提出された場合には，他に配当等を受けるべき債権者があればこの者のために配当等を実施しなければならない（同84条3項）。

4　売却許可後の手続

売却許可は最高価での買受けの申出に対する承諾であり，この確定によって

買受人と債務者との間に売買が成立する。かくして最高価買受申出人は買受人となり，裁判所書記官の定める期限（売却許可決定の確定日から1月以内が原則〔民執規56条1項〕）までに代金を支払う義務を負う（民執78条1項）。

　代金の納付により，目的不動産およびその従物についての債務者の所有権は買受人に移転し（民執79条），併せて不動産の滅失，毀損についての危険負担も買受人に移転する。

(1)　代金納付　　代金は一括して全額を納付しなければならない。

　したがって分割納付は認められないが，代金納付により取得する不動産を担保に金融機関からローンを得ることを可能とする措置が講じられている（平成10〔1998〕年改正）。すなわち，買受人と不動産上に抵当権の設定を受けようとする者とが代金納付時までに共同で申出をすれば，代金納付に伴う登記の嘱託は，申出人指定の者に嘱託情報を提供して登記所に提供させる方法によって行うものとされているので（民執82条2項），この指定人に抵当権設定登記を併せて委任しておけば，所有権移転登記等と抵当権設定登記とを事実上同時にかつ連続して経由することができる。このようにして所有権移転登記等の後に別の者による処分登記がなされる危険がなくなれば，銀行が貸付を躊躇する理由もなくなるわけである。

　買受人が買受けの申出の保証として提供した金銭および保全処分の申立てにあたり納付した代金は，代金に充当されるので（民執78条2項），差額を納付すれば，売却許可決定確定時に全額納付したことになる。無剰余の通知を受けてあるいは買受けの申出のない場合にみずから買受けを申し出た差押債権者が買受人となった場合の保証についても同様で，金銭以外のもので納付されている場合には換価して代金にあてられる（同3項）。買受人が配当等を受けるべき債権者であるときも，差額納付の方法をとることができるが，債務者や他の債権者にこの配当額を争う機会を得させる必要があるため，売却許可決定が確定するときまでにその旨をあらかじめ執行裁判所に申し出なければならず，配当期日において配当額につき異議が出たときは，その異議部分に相当する金銭を配当期日から1週間以内に納付しなければならない（同4項）。

　これに対して買受人が所定の期間内に代金を納付しないときは，その期限の到来により売却許可決定は確定的に効力を失う。この場合には提供していた保

証は没収され（民執80条 1 項），次順位買受申出人があればその申出につき売却許否の決定をしなければならないため（同 2 項），再度の売却決定手続（民執69条以下）が行われることになる。

(2)　所有権・危険負担の移転　　所定の期日までに代金が納付されると，納付のときに所有権が移転し（民執79条），所有権移転の登記および消滅・失効する権利に係る抹消登記が，買受人の負担において嘱託される（同82条 1 項・ 4 項）。旧法では，所有権は民法の原則に則して競落許可決定時に移転し，危険負担はその確定時に移転すると理解されていたが，法律関係を簡明にするために代金納付時に併せて移転するものと改められた。

　一方，代金納付時まで危険負担が買受人に移転しないならば，代金納付前の目的不動産の損傷等の危険から買受人を保護する必要がある。そのため買受人には，買受申出後売却許可決定までに買受人の責めに帰することができない事由により不動産の損傷（軽微なものを除く）が生じた場合には売却不許可の申出が，売却決定後代金納付までに生じた場合には売却許可決定の取消しの申立てが，認められている（民執75条 1 項）。なお，売却の実施までに損傷が生じた場合には評価をやり直し，売却基準価額を変更したうえで売却を実施すべきである。これに対して，代金納付までに不動産が滅失した場合には，事由の如何を問わず競売手続は取り消されなければならない（同53条）。

(3)　引渡命令　　代金を支払った買受人は，新所有者として債務者に対し不動産の引渡しを請求することができる。しかしそこで債務者が引渡しに応じないならば，本来引渡訴訟を提起して勝訴判決を得たうえで改めて引渡執行を申し立てなければならず，多大な負担を強いられることになる。そこで，代金を納付した買受人の申立てにより，執行裁判所が債務者または不動産を占有する第三者に対し不動産の買受人への引渡しを命じる引渡命令の制度（民執83条）を設けて，簡易な方法で引渡執行の債務名義が得られるようにしている。買受人の地位の安定強化を図ることによって一般からの買受けの申出を促進することがねらいであり，買受人のための保全処分に通じるものがある。

　競売不動産の占有関係については，現況調査や売却基準価額の決定，物件明細書の作成に際して明らかになっていることが前提であるので，引渡命令を発令すべき占有者かどうかの判断はそれら事件の記録に基づいて下される（民執

83条1項但書）。関係者に及ぼす影響の大きさに鑑みて，引渡命令の申立てについての裁判に対しては執行抗告が認められており，確定しなければその効力を生じない（同4項・5項）。

引渡命令が確定すると，買受人はこれを債務名義（民執22条3号）とし，適宜執行文の付与（同27条2項）を受けて引渡命令の相手方に対し不動産の引渡執行（同168条）を申し立てることができる。

なお，民事執行法制定当初には，引渡命令の相手方となる第三者を，《差押え以前からの権原に基づく占有者》と《差押後の占有者で買受人に対抗することのできる権原に基づく者》を除いた不動産占有者と規定していたため，債務者との合意により適法な占有権原を創出するかたちでの執行妨害が頻発する事態を招いた。そこで《買受人に対抗することができる権原に基づく占有者》以外の占有者を広く対象に含める現在の規定に改められた（平成8〔1996〕年改正）という経緯がある。さらに，その後の改正により占有移転禁止の保全処分等に当事者恒定効が認められた結果，この対象がより拡大した（民執83条の2）ことについては，前述した（第3節4(1)）。

第6節　配当等の手続

1　債権者の競合

(1)　**共同執行**　数人の債権者が同時に競売を申し立て，これに対して1つの競売開始決定がなされると，数人が共同の差押債権者となる。

(2)　**二重開始決定**　強制競売（または担保権の実行としての競売）の開始決定がされた不動産について重ねて強制競売の申立てがあったときは，執行裁判所は二重に開始決定をする（民執47条1項）。二重開始決定を受けた差押債権者は，基本的には先行手続で配当を受領する地位を得るに過ぎないが（同87条1項1号），先行手続が申立ての取下げや手続の取消し等によって消滅した場合には，後行手続が当然に続行されることになる（同47条2項）。

(3)　**配当要求**　既に別の債権者の申立てにより強制競売手続が開始されている場合に，それ以外の債権者としては，自身も執行を申し立てて二重開始決定を得るほか，先行手続において配当要求をすることができる（民執51条）。い

ずれの方法によっても先行手続で配当等を受けることができるが（同87条1項
1号・2号），二重開始決定を得ていれば，先行手続の取下げ等があっても差押
債権者としての地位を失うことなくみずからの後行手続が続行されるという利
点がある。もっとも，費用の面では，差押登記に伴う登録免許税よりも低額な
手数料（民事訴訟費用等に関する法律別表第1第17項ロ参照）で配当を受けること
ができる配当要求の方が有利といえ，債権者の選択次第である。

　配当要求をすることができるのは，①執行力ある債務名義を有する債権者，
②差押登記後に仮差押登記をした仮差押債権者，および③一般の先取特権を有
することを証明した債権者，である。旧法においては徹底した平等主義のもと
に，執行力のある債務名義正本を有さない債権者（無名義債権者）にまで広
く，しかも競落日終了までの長期にわたって配当要求を認めていたため，深刻
な手続遅延を生じて問題とされていた。そこで民事執行法では，平等主義を維
持しつつその是正策として，配当要求が許される債権者の範囲を制限するとと
もに，競売開始決定の付随処分としてあらかじめ配当要求の終期を決定・公告
し（民執49条1項・2項），同終期後になされた配当要求に対しては配当等を行
わないこととしている（同87条1項2号）。

　したがって，手続開始時に無名義の債権者が配当要求をするためには，配当
要求の終期までに債務名義を獲得するか，仮差押命令を得て仮差押えの登記を
するかしなければならない。ただし一般先取特権者（上記③）については，債
務者の特定財産との結びつきが弱いというもともとの権利の性格に加え，労働
債権など社会政策的に重要なものが含まれることから，民事執行法181条1項
所定の法定文書によってその存在を証明すれば配当要求できることとして，特
別に保護が図られている。

2　配当手続

　買受人が売却代金を納付すると，次は不動産競売の最終段階である満足の手
続，すなわち換価によって得た売却代金（不動産の代金のほか一定の保証を含む
〔民執86条1項〕）を債権者に分配して満足を得させる手続である。

（1）**弁済金の交付・配当**　　執行裁判所は，買受人の代金納付があると，弁
済金の交付の日または配当期日を定め（民執規59条1項），これを実施する。

　㈠　弁済金交付の手続　　債権者が1人の場合または2人以上であっても各債権者の債権および執行費用の全部を売却代金で弁済することができる場合には，配当期日を開いて分配手続を行う必要はなく，弁済金を交付するのみである。

　具体的には，弁済金交付の日が定められると，まず裁判所書記官がその日時・場所を通知するとともに，各債権者に元本・利息等の額および執行費用の額を記載した計算書の提出を催告する。次いで，執行裁判所が提出された計算書を資料として売却代金の交付計算書を作成し，各債権への充当の内容を明らかにしたうえで債権者に弁済金を交付し，剰余金があれば債務者に交付する。この交付手続は裁判所書記官が行う（民執84条2項，民執規59条1項・3項・60条・61条）。こうして各債権者が全額の弁済を受けると，債務者は執行力のある債務名義の正本の交付を求めることができるようになる（民執規62条1項）。

　㈡　配当手続　　弁済金の交付で足りる場合を除き，執行裁判所は配当表に基づいて配当を行わなければならない（民執84条1項）。配当額をめぐる債権者相互の利害の対立を調整する必要があるからである。

　配当表は，具体的な分配の基本となるもので，各債権者にあらかじめ提出を催告しておいた計算書（民執規60条）を資料として，配当期日に，配当を受領する各債権者の債権の元本・利息等の額，執行費用の額ならびに配当の順位・額を執行裁判所が定め，これを裁判所書記官が記載して作成する（民執85条1項・2項・5項・6項）。したがって，配当表の作成のために期日は必ず開かなければならず，この期日には配当を受けるべき全債権者および債務者が呼び出される（同3項）。

　債権や執行費用の額等をめぐって争いがあれば，執行裁判所は，出頭している債権者・債務者の審尋や即時に取り調べることができる書証の取調べをすることができる（民執85条4項）。なお，全債権者が配当期日に出頭し，その全員の間で配当の順位および額について合意が成立する場合には，配当表にはその合意の内容が記載される（同1項但書，6項括弧書）。

　配当表に記載された各債権者の債権や配当の額について不服のある債権者および債務者は，配当期日において異議を申し出ることができ（配当異議の申出。民執89条1項），その決着は，その後みずから提起する配当異議の訴え（同90

条。ただし債務者の場合は限定的〔後述〕）に場を移して図られることになる。

　執行裁判所は，配当異議の申出の（当否ではなく）適否を審査し，不適当と認めるときはこれを却下する。申出の却下に対しては執行異議（民執11条）が可能である。配当を受けるべき債権者であるにもかかわらず配当表に記載されなかった者も，配当表の作成手続の違法を理由として執行異議によりその是正を求めるべきである（最判平6・7・14民集48巻5号1109頁〈百選41〉）。

　これに対して，配当異議の申出のない部分については，執行裁判所は配当を実施しなければならない（民執89条2項）。配当が実施されるとその範囲で配当手続は終了し，配当異議の申出をしないまま配当を受領した債権者は，追加配当（同92条2項）が行われる場合を除き，その後の配当手続から排除される。

　(ﾊ)　配当等の供託と分配　　弁済金または配当金を直ちに債権者に交付できない一定の事由があるときは，その事由の解消を待つ間，裁判所書記官がその配当等の額に相当する金銭を供託しなければならない（配当等留保供託〔民執91条1項〕・不出頭供託〔同2項〕）。この供託金については，供託事由がすべて消滅したときに改めて配当等が行われるが（同92条1項），逆に配当等を留保された債権者がこれを受領できないことが確定したときは，供託金の分配のために，配当異議の申出をしなかった債権者をも含めて配当表が変更され，追加配当が実施される（同2項），

　(2)　**配当等を受けるべき債権者**　　配当等を受けることのできる債権者は，①差押債権者（二重開始決定を受けた債権者や担保権実行として競売を申し立てた一般先取特権者を含む）（民執87条1項1号），②配当要求債権者（同2号），③差押登記前に登記をした仮差押債権者（同3号）（ただし実際の配当受領は本案訴訟での勝訴後〔民執91条1項2号・92条1項〕），④差押登記前に登記された担保権で，売却により消除されるもの（同87条1項4号），である。

　このように，消除される優先権者は配当要求をするまでもなく当然に配当の受領を認められるのであり，一般債権者とは立場が異なる。また，差押登記後の仮差押債権者は，配当要求をしなければ配当を受けることができない（民執51条1項）。申出のない限り執行裁判所はその執行を知りえないからである。

　(3)　**配当異議の訴え**　　配当期日に配当異議の申出のあった部分については，配当を実施できず，異議について結論が出るまで供託がなされることは前

述した。この異議は配当表の記載の実体的当否に関わるため，必要的口頭弁論を経て判決によって完結されなければならないからである。この実体的当否を決する訴訟を配当異議の訴えといい（民執90条1項。ただし債務者の有名義債権者に対する異議の場合には請求異議の訴えによる〔同5項〕），被告が配当表の記載通りの配当を受ける資格がないことについての一切の主張をすることができる。

　具体的には，配当異議の申出をした債権者および債務者（無名義債権者に対する異議の場合）は配当異議の訴えを提起しなければならず，配当期日から1週間以内に訴えを提起したことの証明がなければ異議の申出を取り下げたものとみなされて（民執90条6項），配当表の記載の通りに配当が実施される。また，配当異議の訴えにおいて原告が最初の口頭弁論期日に出頭しない場合には，原則として訴えは却下される（同3項。民訴158条の特則）。配当の実施を妨げておきながら口頭弁論を最初から懈怠することに対する制裁であるとともに，配当異議を放棄するという不出頭原告の意思を推認して手続の明確化を図るためである。

　認容判決においては，配当表を変更するか，または新たな配当表のために配当表を取り消さなければならない（民執90条4項）。というのも，債務者が提起した配当異議の訴えの実質は債務不存在確認の訴えに等しいため，その勝訴の場合には敗訴した債権者を除いて配当手続をやり直さなければならないが（同92条2項），債権者が提起した場合は債権者間の配当額をめぐる争いに過ぎないので，勝訴原告に債権全額の弁済を認める限度で配当表を変更すれば足りるからである。したがって，残余があっても訴訟当事者以外の債権者に交付する必要はなく，むしろ債務者に返還すべきものであって（最判昭40・4・30民集19巻3号782頁〈百選42〉），異議不申出の一般債権者からの不当利得返還請求は認められない（最判平10・3・26民集52巻2号513頁〈百選40〉。対照的に抵当権者からの返還請求を認めたものとして最判平3・3・22民集45巻3号322頁）。

第7節　強制管理

1　総　説

（1）**性　質**　強制管理は，強制競売とは異なり，不動産の収益をもって金

銭債権の満足にあてる執行方法である。すなわち，債務者が所有する目的不動産の処分権ではなくその収益権能を国家が債務者から奪い，これを裁判所が選任する管理人に収益を生ずる用法で行使させ，得られた利益を（必要であれば換価のうえ）債権者に引き渡すことによる。

　不動産に対する金銭執行の方法として強制管理と強制競売は併用でき，同様に不動産の収益を対象とする執行の方法として担保不動産収益執行の制度がある（第 1 節 1(1)）から，強制競売・強制管理または担保不動産収益執行の開始決定が先行している場合には，重ねて強制管理の開始決定がされることになる（民執43条 1 項・93条・93条の 2 ）。

　(2)　**対　象**　強制管理は，通常の用法にしたがって収益できるものであれば，債務者の不動産（民執43条 1 項）のほか，共有持分，登記された地上権や永小作権といった不動産を目的とする権利（同 2 項）に対してもすることができる。現に収益の目的で利用されているかどうかは問わない。譲渡禁止の不動産など強制競売に適さない不動産であっても，その収益を差し押さえられる限り，強制執行の対象となる。これに対して，質権が設定されている場合のように債務者が収益権を有していない不動産や，収益を生じる見込みのない不動産を対象とすることはできない。

　ここで収益とは，後に収穫すべき天然果実および既に弁済期が到来したかまたは後に到来すべき法定果実のことをいう（民執93条 2 項）。収穫済みの天然果実は対象とならない（平成15〔2003〕年改正）。また，直接不動産の使用によって生ずる天然果実，およびその他人に使用させて得られる対価である法定果実に限る。したがって，温泉旅館業のように不動産を主たる物的設備として債務者が行う営業活動から生ずる利益などはここでの収益に属さず，これを目的とする強制管理は認められない。

　なお旧法下では，強制管理の実施によって収益を失う以上の事実上・経済上の不利益を生じることになる場合（居住家屋や営業用店舗の明渡しを要する場合等）には，不動産上の収益を対象とする強制管理の目的を超えるので許されないと解されていたが，民事執行法はそのような強制管理も可能であることを前提としている（民執97条・98条）。

　(3)　**不動産競売手続の準用**　　不動産に対する強制執行の 1 つとして，強制

競売に関する規定が広く準用される（民執111条）。もっとも強制管理には換価手続がないので，差押えと配当の手続に関するものに限られる。

2　強制管理の手続

（1）手続の開始　　強制管理の開始決定においては，債権者のために不動産を差し押さえる旨が宣言されるほか，債務者に対する不動産収益の処分の禁止，また，不動産の収益を債務者に給付すべき第三者があるときは，その者に対してその後の給付を管理人にすべき旨が命じられる（民執93条1項。申立人は給付義務者の特定や給付請求権の内容について情報収集を行う努力義務を負う〔民執規63条2項〕）。そして，開始決定と同時に，執行裁判所は管理人を選任する（民執94条）。

　強制管理の申立てについての裁判，すなわち却下決定だけ（民執45条3項〔強制競売の場合〕）でなく開始決定に対しても，執行抗告をすることができる（同93条5項）。これは，債務者から収益権能や必要であれば占有までをも奪うことになる強制管理においては，開始段階での不服申立てを認める必要があると考えられたためである。

（イ）付随処分　　開始決定があると，裁判所書記官は直ちに差押えの登記を嘱託し（民執111条による48条1項の準用），当事者および給付義務者に対して開始決定を送達しなければならず（同93条3項），さらに，管理人の氏名を差押債権者，債務者および給付義務者に対して通知する（民執規65条1項）。

　なお，給付義務者への送達にあたり，裁判所書記官はこの者に対して，所定の事項につき開始決定送達の日から2週間以内に陳述すべき旨を催告しなければならない（民執93条の3〔平成15（2003）年改正〕）。不動産収益に対する債権差押命令が先行する場合には手続間の調整が必要となるので（同93条の4参照），それぞれの執行裁判所が相互に手続の係属を認識できるようにするための措置である。

（ロ）差押えの効力　　開始決定に基づく差押えの効力は，債務者との関係では開始決定の送達または差押登記のいずれか早いときに（民執111条による46条1項の準用），給付義務者との関係ではこの者への送達のときに（同93条4項）生じる。その後，債務者は不動産を管理し収益する権能を失い，さらに，管理

事務の遂行上必要があれば，管理人に対して不動産を引き渡さなければならない（同96条）。

したがって，管理人の管理事務への干渉，収益についての譲渡や権利設定あるいは放棄のほか，その第三者からの取立てができなくなるが，強制競売におけるとは異なり，収益執行の妨げとならない処分行為，たとえば不動産の譲渡や抵当権の設定のような不動産自体の処分は妨げられない（ただし譲受人や担保権者による強制管理中の収益はもちろん不可）。また，管理の対象物が債務者の居住や営業に用いられている場合には，執行裁判所は，債務者からの居住場所の喪失や生活の困窮の申立てを受けて，期間を定めて建物の利用を許可し，または必要な金銭や収益を債務者に分与するよう命じることができる（民執97条・98条）。

(2)　**管理の実施**　管理人は，強制管理の開始決定と同時に裁判所によって選任され（民執94条1項），その監督のもとに（同99条），自己の名において，善良な管理者の注意をもって（同100条）対象となる不動産を管理し，収益の収取および換価の権限（同95条1項）を行使する。

(イ)　管理人の法的地位　管理人に認められるこの管理収益権能は，国家が債務者から奪ったものをみずから行使する代わりに，管理人を任命して授権委託したものである。したがって，管理人は国家の執行権能を行使する執行機関ではなく，執行裁判所の補助機関であって，その法的地位はいわば取立権を得た執行債権者に類する。

(ロ)　方　法　管理人には，金銭債権の満足にあてるために，不動産の用法に従って十分に収益を上げられる方法をとる責任がある。具体的には，直接あるいは他人を雇って耕作・収取したり，目的物の賃貸により賃料を取り立てたりする方法による。この職務を果たすためには目的不動産と収益を現実に支配できなければならない。そこで，閉鎖した戸を開く必要があるときは執行官に援助を求めることができ，執行官はこれを受けて開扉のための必要な処分をすることができる（民執96条2項・3項）。

債務者に属していた管理・収益の権能を奪って行使するものであるゆえに，管理人によって収取された収益はあくまで債務者に属し，管理人が締結した賃貸借契約等の効果も債務者に及ぶ。ただし，民法602条に定める期間を超えて

不動産を賃貸するには，債務者の同意を得なければならない（民執95条2項）。

　管理人の任務は，解任（民執102条）や辞任（民執規66条）のほか，弁済の完了によって終了し，その場合には裁判所が取消決定を行う（民執110条）。任務終了に伴い，管理人は遅滞なく裁判所に対して計算報告をしなければならない（同103条）。

　(3) 配当等　執行裁判所が定める期間ごとに配当等が実施される（民執107条1項）。

　(イ) 受領権者　配当受領資格は，執行裁判所が定める期間内に，①強制管理の申立てをした差押債権者および仮差押債権者，②配当要求をした債権者，③担保不動産収益執行の申立てをした担保権者（一般先取特権者以外の担保権については，最初の強制管理による差押登記以前に登記されていたものに限る），に認められる（民執107条4項）。③は，積極的に執行手続に参加した者にだけ配当するとの考えに基づく（平成15〔2003〕年改正）。また，先行する債権執行手続があった場合には，強制管理手続の開始によってその差押効を停止し，先行手続の債権者も強制管理手続で配当等を受領することとされる（同93条の4第3項）。

　配当要求は，強制管理が取り消されるまですることができる。強制競売のように配当要求の時期についての定めがないからである。配当要求できるのは，執行力ある債務名義の正本を有する債権者のほか，一般先取特権の保持を所定の文書をもって証明した債権者（平成15〔2003〕年改正）に限られる（民執105条1項）。

　(ロ) 手続　配当には，収益から必要な費用（租税や管理人の報酬等）を控除した金銭があてられる（民執106条1項）。管理人は，執行裁判所の定める期間ごとにこの金額を計算して，①各債権者の債権および執行費用の全部を弁済することができるときは弁済金を交付し（同107条2項），それ以外の場合には，②債権者間で分配についての協議が整えばそれに従って管理人が（同3項），③協議が調わない場合には，管理人からの事情の届出（同5項）を受けた執行裁判所が，配当を実施する（民執109条）。なお，配当等にあてるべき金銭を生じる見込みがない場合には，手続は取り消されなければならない（同106条2項）。強制管理手続の意味を失うからである。

　(4) 停止および取消し　一般の執行停止・取消の事由があれば，強制管理

も停止し，取り消される。

　執行停止文書（民執39条1項7号・8号）の提出があれば，管理人は，原則としてその時点での態様を継続しつつ，配当等にあてるべき金銭を供託し，その事情を裁判所に届け出なければならない（同104条1項）。この供託金については，供託事由が消滅したときに執行裁判所において配当等の手続を行う（同109条）。

　全部弁済があった場合の取消決定（民執110条）については，前述した。収益執行である強制管理の手続の終了時期は明確でなく，第三者の利害にも大きく関わるため，終結時期を画一的に明らかにすることがねらいである。取消決定に対しては執行抗告をすることができ（同12条1項），その確定を待って強制管理が終了すると（同2項），裁判所書記官は強制管理開始決定に係る差押えの登記の抹消を嘱託しなければならない（民執111条による54条1項の準用）。これによって管理人の権限も消滅し，債務者はふたたび不動産の使用収益権を回復する。

（河崎祐子）

第10章

準不動産執行

第1節 船舶執行

1 総 説

　船舶は，民法上は動産だが（民86条2項），高額で，登記制度を有し，抵当権を設定することができる（商686条・687条・848条等）など不動産に共通する部分が多く，またそれゆえに権利関係が複雑なため，執行官を執行機関とする動産の執行手続によることは適当ではない。そこで船舶に対する強制執行（船舶執行）については裁判所が執行機関となり，不動産競売の規定が包括的に準用されている（民執121条）。このため船舶執行を準不動産執行ともいう。ただし強制管理は，船舶執行の方法として認められていない（同112条）。船舶の運航には危険が伴い，多額の費用を要するからである。

　船舶執行の対象は，総トン数20トン以上の船舶（端舟その他ろかいのみまたは主としてろかいをもって運転する舟を除く）（民執112条），すなわち差押えが可能な船舶である。未登記でもよい（民執規74条2号）が，いまだ船舶とはいえない製造中の船舶（商851条）や発航準備を終えた船舶（商689条）は対象とならない。また，債務者の占有下になければ船舶執行はできない。賃貸中の船舶など第三者が占有するものについては，引渡請求権の差押え（民執162条）の方法によることになる。

2 各 論

　管轄裁判所は，開始決定時の船舶所在地を管轄する地方裁判所である（民執113条）。目的船舶が開始決定後管轄区域外に所在することとなった場合は，船舶所在地を管轄する地方裁判所に事件を移送することができる（同119条1項）。

（1）差押え　　船舶執行は，執行裁判所が強制競売の開始決定をし，執行官に対して船舶国籍証書等の取上げ（取上執行）を命じて開始する（民執114条1項）。開始決定において差押えの宣言とともに債務者に対し船舶の出航禁止が命じられるので（同2項），船舶の航行に必要な文書を取り上げてその運航を阻止し，船舶執行の安定を図るためである。それゆえ，あらかじめ船舶国籍証書等の取上をしておかなければ執行が著しく困難となるおそれがあるときは，船籍所在地の裁判所が債務者に対し船舶国籍証書等の執行官への引渡しを命じることができる（民執115条1項）。ただし，この申立てには執行力のある債務名義の正本が必要であり（同3項），さらに，船舶国籍証書等の引渡し後5日以内に船舶執行の申立てをしたことの証明書が提出されないときは，舶国籍証書等を債務者に返還しなければならない（同4項）。

　差押えの効力は，開始決定の送達か登記のいずれか早い時に生じるが（民執121条による46条1項の準用），取上執行が先行していれば取上時に発生する（同114条3項）。取り上げた船舶国籍証書等は，手続中は執行裁判所が保管し，代金納付があれば買受人に，手続の取消しや後述の航行許可決定の確定があれば債務者に，交付される。他方，開始決定後2週間以内に取上執行を行うことができなければ，手続は取り消される（同120条）。

　また，執行裁判所は，船舶の金銭価値を保全するために，差押債権者の申立てにより債務者に作為・不作為を命じることができ（民執121条による55条1項の準用），さらに保管人を選任することもできる（同116条1項）。保管人は，裁判所の監督のもとに善管注意義務をもって職務にあたらなければならず，船舶の占有取得に関して強制管理の管理人に類した権限を認められている（同4項による96条・99条・100条の準用）。

（2）換価・満足　　売却および満足の手続については，不動産の強制競売の規定が広く準用されている（民執121条）。ただし，内覧や法定地上権の成立，暴力団員等による買受けの排除など，船舶執行に適合しない一部規定は除かれる。

　この一方で，差押船舶からの債権回収を目指す債権者と滞船により損害を受ける債務者との間の利益調整を図る独自の制度が設けられている。

　（イ）航行許可　　差押えから売却までの間に，営業上の必要から一時的な航

行を許し，運行による収益を債務者に得させるなどしたうえで換価手続を続行するのが相当な場合がある（積荷を運送しないと多額の損害賠償責任が生じる，差押漁船に漁期の出漁を認める必要がある等）。このような場合には執行裁判所は債務者の申立てを受けて航行を許可することができ（民執118条1項。執行抗告が可能〔同2項〕），この確定により出航禁止命令は許可の限度で失効する（同3項）。ただし，一旦出航を認めるとその後の執行が困難となりうるため，各債権者や買受人等の同意を得なければならない。

　(ロ)　手続取消しの特則　　執行停止文書（民執39条7号・8号）が提出されている場合に，債務者が買受けの申出前に各債権者の債権および執行費用の総額に相当する保証を提供したときは，執行裁判所は，配当等の手続を除き強制競売の手続を取り消さなければならない（同117条1項）。港湾施設利用料等の滞船に伴う損害が莫大になり得ることへの配慮から，執行の対象を船舶そのものから提供された保証（金銭等）に転換することによって，早期に執行が解除されるようにしたものである。

　取消決定に対して執行抗告は認められず（民執117条3項参照），その効力は即時に生じる（同4項）。その後は執行停止の本案である請求異議の訴え等で決着が図られ，上記保証については，債務者勝訴の場合には返還請求ができ，逆に敗訴の場合には配当等の手続が行われる（同2項）。

第2節　航空機・自動車・建設機械および小型船舶に対する執行

　航空機，自動車，建設機械および小型船舶も，船舶と同様，一般には動産に分類されるが，登記・登録制度があり，観念的な差押えが可能であるため，その強制執行および仮差押えの執行については裁判所が執行機関となり，そのために必要な事項は民事執行規則が定めるものとされている（航空8条の4，道路運送車両法97条，建設機械抵当法26条，小型船舶登録法27条）。これを受けて民事執行規則（84条ないし98条の2）は，それぞれほぼ船舶執行にならった規定を置いている（この対象から外れるものは動産執行による）。

　まず航空機執行は，新規登録を受けた飛行機または回転翼航空機を対象とし，原則として船舶執行の方法による（民執規84条）。したがって，航空機所在

地を管轄する地方裁判所が執行裁判所となり，執行官による航空機登録証明書の取上執行を経て，不動産競売とほぼ同様の売却・配当の手続が進む。ただし，法制度上航空機には買受人に対抗できる権利が存在しないのが通例であるため，現況調査書や物件明細書の作成は省略され，評価人による評価のみが行われる。

次に自動車執行は，登録を受けた自動車（道路運送車両法2条参照。大型特殊自動車は除く）に対して強制競売の方法で行う（民執規86条）。不動産競売に関する規定が広く準用されるが（同97条），自動車は移動性が極めて高いため，使用の本拠地を管轄する地方裁判所が執行機関となり（同87条），開始決定において差押えの宣言とともに執行官への自動車の引渡しが命じられる（同89条1項。引渡し済みの場合は不要）。引渡命令は自動車引渡執行の債務名義をなし，執行の結果執行官が自動車の占有を取得した後，売却手続が進められる。

登記・登録された建設機械（建設機械抵当法2条1項）および小型船舶（小型船舶登録法2条）については，その大きさや資産価値，権利関係，高度の移動性の点で自動車に類似する部分が多いため，ほぼ全面的に自動車執行としての競売の規定が準用されている（民執規98条・98条の2）。

（河崎祐子）

第11章

動産執行

第1節　動産執行の意義

1　動産執行の機能

　金銭債権を実現するために，債務者の有する動産を目的物として行われる強制執行を，動産執行という。動産執行の手続も金銭執行の1つであるため，不動産執行等と同様に，「差押え→換価→満足」という流れで進められる。美術品・骨董品・貴金属・有価証券といった，高価での換価が期待できる動産を対象とした強制執行であれば，債権者は，制度が本来予定している形で執行手続を通じて債権を回収することができる。その一方で，家具・家電製品などの家財道具は，高価での換価が期待できず，強制執行が申し立てられたとしても，そのほとんどが債権者の満足に至ることなく手続が終了することになる。それにもかかわらず，このような交換価値の低い動産しか有していない債務者に対する動産執行の申立ても少なくはない。これは，信販会社等が，税務処理のために執行不能調書を得ること目的として，動産執行を申し立てる場合があるからである。

　さらに，交換価値の低い動産に対して強制執行を行う局面としては，債務者が利便や愛着といった，主観的価値を有している動産を差し押えることによって，債務者へ心理的圧力を加え，任意の弁済を促すことを目的とすることもある。これは動産執行の間接強制的機能と呼ばれるが，その評価は定まっていない。債務者に不必要な苦痛を与えることから，間接強制的機能に否定的な立場がある一方で，動産の差押えを梃子として，執行官による柔軟な運用（任意弁済の受領権〔民執122条2項〕の柔軟な解釈など）のもと，和解を促進する側面があること（和解的執行）を肯定的に評価する立場もある。

コラムⅠ-10　動産執行の過去・現在・未来

　債務者の主な資産が動産であった時代においては，動産執行は，典型的な金銭執行の方法として本来的な機能を果たしてきた。しかし，その後，大量生産・大量消費の時代が到来すると，動産の交換価値が著しく低下したため，動産執行が本来的な機能を果たす場面は減少していった。その中で，本文で触れた，動産執行の間接強制的機能が着目されるようになった。執行官が債務者の家財道具等を差し押えた場合，裁判所において売却を実施すると，裁判所へ差押物を運搬する費用と売却代金との釣り合いが取れない（さらに，売却できなかったときには債務者宅に戻す費用もかかる）ことから，債務者宅において売却を実施する，いわゆる「軒下競売」（明治時代は文字通りに「軒下」で実施されたため，このように呼ばれる）が実施されてきた。しかし，軒下競売においては，一般人が買い受けることは事実上不可能であるため，道具屋と呼ばれる専門業者が買い受ける（その後，債務者が買値の倍の価格などで買い戻す）か，債務者の親族・友人等が買い受けることが多いとされていた。このように，動産執行が本来予定している形とは乖離がある中で，動産執行が間接強制的に機能していた。これに対し，現在の動産執行の実務では，差押禁止動産（民執131条）が厳格に運用され，家財道具等の差押えはほとんど行われておらず，都市部では軒下競売は実施されていないとされる（座談会「動産を対象とする強制執行事件における実務の流れと事前準備」新民事執行実務9号17頁）。そうであるとすれば，動産執行が間接強制的に機能する場面すらも減少しているのが，現状と言えよう。

　さらに，現在は，大量生産・大量消費の時代から，そもそも動産を所有しない時代へとシフトしている。たとえば，これまでは，音楽や映画はCDやDVDといった動産で所有していたが，現在は，商品ごとに購入金額を支払うのではなく一定期間の利用権として料金を支払う方式（サブスクリプション方式）で，音楽や映画を楽しむことも多くなっている。また，動産執行の対象となる金銭についても，従来から既にその多くが預金債権として保有されるようになっているところ，現在はさらに，仮想通貨として所持することさえも増えてきている。仮に，このような財産に対して強制執行を行おうとすれば，権利執行（→第12章参照）の手続によることになり，動産執行の対象外となる。

　動産執行の件数は減少傾向にある。動産執行の利便性を高めるために，インターネットによるオークションの導入といった方策なども検討されるべき課題であるが，上に述べた流れからすれば，今後も，強制執行における動産執行の占める割合が，相対的に低下していくことは避けられないであろう。

2　動産執行の対象

　動産執行の対象となる「動産」とは，民法上の動産（民86条）の範囲とは若干ずれがある。すなわち，総トン数20トン以上の船舶，登録航空機，登録自動車，登記された建設機械，登録小型船舶は，民法上は動産であるものの，不動産に準じる特別な執行手続が規定されており（民執112条以下，民執規84条〜98条の2），動産執行の対象にはならない（→第10章参照）。

　その一方で，民法上は動産でないにもかかわらず，動産執行の対象となるものもある（民執122条1項括弧書）。登記できない土地の定着物（庭石，建築中の建物など）は，差押登記を必要とする不動産執行の対象とすることができないため，動産執行の対象とされている。また，土地から分離する前の天然果実（野菜，果物など）で1月以内に収穫することが確実であるものは，分離後でなければ差押えができないとすれば，熟しすぎて価値が低下するため，分離前であっても動産執行の対象とされている。さらに，裏書の禁止されていない有価証券（株券，手形，小切手など）は，債権執行の方法によらなければ執行できないとすると不便であるため，動産執行の対象とされている（裏書の禁止されている有価証券の場合は，債権譲渡の方法によらなければ権利を移転できないので，債権執行の方法によることになる）。

3　動産執行の執行機関

　不動産執行や債権執行の場合は，執行裁判所が執行機関となるのに対し，動産執行の場合は，執行官が執行機関となる（民執122条1項）。動産執行においては，執行機関が裁判所外の随所に実際に行って，そこで時に実力を行使する必要があること，また，動産は，不動産や債権と比べれば複雑な権利関係が絡むことが少ないため，裁判所の判断を経由する慎重な手続をとる必要性がそれほど大きくないことがその理由である。もちろん，動産執行においても執行裁判所が関与する場面もあるが，それは，補充的・監督的なものに限られている（民執127条・132条・142条など）。

第2節　差押えの手続

1　申立て

　債権者は，動産の所在地を管轄する地方裁判所に所属している執行官に，動産執行の申立てをする（執行官法 4 条）。その申立てに際しては，動産を個別的に特定するのではなく，動産の所在場所を特定すれば足りる（民執規99条。場所単位主義という）。債権者は，通常，債務者が具体的にどのような動産を有しているのかを把握していないからである（なお，特定された場所における差押物の選択は，執行官の判断に委ねられる〔民執規100条〕）。

2　差押えの方法

　動産の差押えは，執行官による占有によってなされる（民執123条 1 項・124条）。執行官の占有の法的性質をめぐっては，公法上の占有であるか，私法上の占有であるかについて議論があるが，いずれの立場でも，執行官によって差し押さえられた動産（差押物）の占有がなされても，債務者の私法上の占有は失われないと解されている（最判昭34・8・28民集13巻10号1336頁〈百選45〉は，執行官による占有の法的性質を明らかにせず，債務者は占有権を喪失しないとして，譲渡および占有改定の方法による引渡しを認めている）。

　執行官は，債務者の占有する動産を強制的に差し押えることができる。すなわち，執行官は，差押えに際し，債務者の住居その他の債務者の占有する場所に立ち入り，その場所において，または債務者の占有する金庫その他の容器について，目的物を捜索することができ，必要があれば，閉鎖した戸および金庫その他の容器を開くための必要な処分をすることができる（民執123条 2 項）。

　これに対し，債務者以外の者が，債務者の動産を占有している場合には，執行力の及ばない第三者に対しては，上記のような強制的な差押えをすることはできないため，占有者が動産を任意に提出するか，差押えを承諾する場合にのみ，執行官による差押えが可能である（民執124条）。動産の占有者が提出を拒む場合には，債務者が占有者に対して有する動産の引渡請求権を差し押え，執行官が動産の引渡しを受ける手続（民執163条）によることになる（→第 I 編第

12章第4節参照）。

　動産の差押えに際し，執行官が差押物を占有するといっても，執行官が常にそれを持ち帰って保管する（あるいは運送業者に保管させる）ことになるとは限らない。現金や貴金属であれば執行官が保管することに支障はないが，運搬や保管をすることに費用がかかる動産も多い。そこで，執行官が相当であると認めるときは，債務者に差押物を保管させるという方法が認められている（民執123条3項）。具体的には，執行官が，差押物に封印票や標目票を貼付するなどの方法によって（民執規104条2項），差押えの表示がなされ，差押えの効力が生じる。さらに，債務者保管がなされている場合には，執行官は，相当であると認めるときは，債務者に使用許可を与えることもできる（民執123条4項）。もっとも，前述（コラムⅠ-10）の通り，現在は，家財道具等の売却可能性のない動産は差し押さえないという運用がなされていることから，債務者保管は以前ほど行われていないとされる。

3　差押えの効力

　執行官による動産の差押えの効力については，不動産執行の場合と同じく，主な効力は処分禁止効（所有権の移転や担保権の設定ができなくなる）であり，その効力の及び方は，手続相対効（差押えの効力発生後の処分行為は，その手続に参加するすべての債権者に対して対抗できない）である。また，差押えの効力は，差押物から生じる天然の産出物（たとえば，鶏を差し押さえた後に生まれた卵）に及ぶ（民執126条）。

　動産執行においては，さらに，処分禁止効を強化する手段として，差押物の引渡命令（民執127条1項）の制度が用意されている。差押債権者が，差押物を第三者が占有していることを知った日から1週間以内に，執行裁判所に申し立てることによって，差押物を執行官に引き渡すことを命じる引渡命令が発令される。この引渡命令は，民執22条3号の債務名義となる（これは保全的な債務名義であるため，執行期間が限られ〔民執127条4項による民執55条8項の準用〕，相手方に送達される前に執行可能である〔民執127条4項による民執55条9項の準用〕。また執行文の付与を受けることも不要である）。なお，引渡命令の申立てについての裁判に対しては，執行抗告をすることができるが，そこで主張できる理由は手続上

の違法に限られ，差押物を占有する第三者は即時取得を主張することができない（東京高決昭58・4・26下民集34巻1＝4号178頁〈百選46〉。即時取得の主張は，第三者異議の訴え〔民執38条〕によってすべきこととなる）。

4　差押えの制限

　まず，債務者に不必要な苦痛を与えてはならないという趣旨から，一般的な差押禁止のルールとして，超過差押えの禁止（民執128条1項）と無剰余差押えの禁止（民執129条1項）が規定されている。

　超過差押えの禁止とは，差押えが，差押債権者の債権および執行費用の弁済に必要な限度を越えてはならないというものである。このルールは，差押えの目的物の価値が大きい不動産執行においては貫徹されていないが，動産は個々の価値が小さく，債権者の満足等に必要な範囲に合わせて差押物を取捨選択して調整することが可能であるため，動産執行においては貫徹されている（民執128条1項。なお，同条2項により，必要な限度を超えて差押えがなされた場合は，超えた部分の差押えが取り消される）。

　無剰余差押えの禁止とは，換価を実施したとしても，その売得金を執行費用の弁済に充てるとなくってしまい，差押債権者が弁済を得られない見込みである場合（「売得金≦執行費用」が見込まれる場合）は，差押えが禁止されるというルールである。不動産執行の場合は，事後的な無剰余措置が規定されている（民執63条）のに対し，差押え時に執行官が動産の評価をする（民執規102条2項）動産執行においては，事前の差押禁止が規定されている（民執129条1項。なお，同条2項により，差押え後に，「売得金＜手続費用＋優先債権額」が見込まれる場合は，差押えが取り消される。なお，「売得金＝手続費用＋優先債権額」の場合は，差押債権者が弁済を得られないが，差押えは取り消されない）。また，事前の差押禁止ではないが，売却見込みのない差押物の差押えは取り消される（民執130条）ことにもなっている。この規定の趣旨から，売却の見込みのないことが最初から明らかな動産は，そもそも差押えてはならないとされている。

　次に，具体的な動産の種類に応じ，個別的に差押が禁止されている。差押禁止動産は，様々な趣旨から，民執法131条に列挙されている（その他，特別法により差押えが禁止される場合もある。生活保護法58条，恩給法11条3項など参照）。た

とえば，債務者等の生活の保障を目的として差押えが禁止されている動産として，生活に欠くことができない衣服・寝具・家具等（民執131条1号），食料・燃料（民執131条2号。なお，2003〔平成15年〕改正によって範囲が2月間から1月間に縮小されている。現在，食料・燃料を2月分も現物で所持している例は，ほとんどないからである），金銭（民執131条3号。標準的な世帯の2月間の必要生計費を勘案して政令で定める額とは，66万円である。なお，2003〔平成15〕年改正によって，その範囲が1月間だったものが，生活保障に不十分であるという理由で2月間に拡大されている）などがあげられている。また，職業活動の保障を目的として差押禁止動産とされているものとして，農機具等（民執131条4号），漁網（民執131条5号）のほか，業務に欠くことのできない器具等（民執131条6号。もっとも，何をもって業務に不可欠といえるのかの判断は難しい。たとえば，開業医の治療機器の民執131条6号該当性につき，東京地八王子支決昭55・12・5判時999号86頁〈百選47①〉は，内科・小児科医が有するレントゲン撮影機は，民執131条6号の差押禁止動産に該当すると判断した一方で，東京地決平10・4・13判時1640号147頁〈百選47②〉は，眼科医が有するエキシマーレーザー治療台〔レーシック手術に必要な機器〕は，民執131条6号の差押禁止動産に該当しないとする）があげられている。

　以上のように，差押禁止動産は，民執法131条に列挙されているのであるが，個別の事案においては過不足が生じるおそれもある。そこで，執行裁判所は，債務者または差押債権者の申立てにより，債務者および債権者の生活の状況その他の事情を考慮して，差押禁止動産の範囲の変更をすることが可能となっている（民執132条1項）。

第3節　債権者の競合

1　二重差押えの禁止

　不動産執行においては，既に差し押えられた不動産に対して他の執行力のある債務名義を有する債権者（有名義債権者）が，二重開始決定（民執47条1項）を得ることが可能であり，債権執行においても，既に差し押えられた債権を他の有名義債権者が二重に差し押さえることが認められている（→第Ⅰ編第9章第2節3(4)，第12章第2節3参照）。これに対し，動産執行においては，二重差押

えが明文で禁止されている（民執125条1項）。動産執行の差押えは，執行官による占有という事実上の処分であり，また，差押えを行う執行官が同一である保障もないため，二重の差押えを認めるのは，手続の複雑化を招いて相当ではないからである。

2　事件の併合

　それでは，競合する有名義債権者は，どのような方法で，既に開始した動産執行手続に関与することができるのであろうか。動産執行においては，不動産執行における二重開始決定と類似の効果を持つものとして，事件の併合という仕組みが用意されている。

　動産が差し押えられた場所について，さらに動産執行の申立てがなされた場合（前述の通り，動産執行は場所を単位とする），執行官は，まだ差し押さえられていない動産（未差押物）の有無を調査する。未差押物があればこれを差し押えて事件を併合し，未差押物がなければ，その旨を明らかにして事件を併合する（民執125条2項）。

　事件が併合されることによって，次の3つの効力が生じる（民執125条3項。先行事件が仮差押事件の場合については同条4項参照）。①後行事件における差押物も先行事件で差押えられたものとみなされる（差押効拡張），②後行事件の申立ては配当要求の効力を生じる（配当要求効），③先行事件の取下げ等がなされた場合，先行事件の差押物も併合のときに後行事件のために差押えられたものとみなされる（潜在的差押効）。

第4節　換価の手続

1　売却の要否

　まず，差押物が金銭の場合は，既に換価が完了しているので，特別な手続は不要であり，手続はそのまま債権者の満足の段階に進む。

　次に，差押物が手形等（手形，小切手その他の金銭の支払を目的とする有価証券でその権利の行使のために定められた期間内に引受けもしくは支払のための提示または支払の請求を要するもの）の場合は，債権者が手形金を取り立てることによって換

価がなされる（民執136条参照）。

　上記以外の差押物の場合は，これを売却することによって換価がなされる。以下では，売却が実施される場合の手続を説明する。

2　売却の準備等

　動産執行においては，不動産執行のように，売却の準備として3点セット（現況調査報告書，評価書，物件明細書）を作成する必要はない。売却基準価額を定める必要もないが，適正な価格での売却を実施するために，執行官は動産の評価を行う（民執規102条2項。評価がなされることを前提とする規定として，民執規116条1項但書・118条3項・124条参照）。また，高価な動産を差し押えたときは，評価人を選任して差押物を評価しなければならない（民執規111条1項）。

3　売却の方法

　売却の方法は，入札または競り売りのほか，最高裁判所規則で定める方法によるとされ（民執134条），期日入札（民執規120条），競り売り（民執規114条以下），特別売却（民執規121条。刀剣や劇薬など法令で取得が制限されている動産を売却する場合などに用いられる）に加え，執行官以外の者（生鮮食品や美術品の専門業者）に売却を委託する，委託売却（民執規122条）の方法が定められている（なお，不動産執行における一般的な売却方法である期間入札は規定されていない）。また，一式で利用される動産や，大量・同種の動産などを，一括して売却をすることもできる（民執規113条）。

　動産の売却が行われる場合，実際は，競り売りが中心であり，以下の手順で執行官によって実施される。まず，競り売り期日を定める（差押えの日から1週間以上1月以内の日を原則とする〔民執規114条〕）。次に，売却すべき動産，期日の日時・場所などの所定事項を公告し，債権者・債務者に通知する（民執規115条）。競り売り期日またはその期日前に売却すべき動産を一般の見分に供する（民執規117条）。そして，競り売り期日を開き，そこで買受けの申出を受け付けて申出額を競り上げさせ，最も高い額を3回呼び上げた後，その者に売却する旨の告知をする（民執規116条1項）。買受人から代金を受領し（民執規118条），買受人に動産を引き渡して（民執規126条），手続は終了する。

第5節　配当等の手続

1　配当等に充てられる金銭

配当等に充てられる金銭は，売得金，差押金銭，手形等の支払金である（民執139条1項）。

2　配当等を受けるべき債権者

動産執行における配当等を受けるべき債権者は，①差押債権者，②配当要求をした債権者である（民執140条）。配当要求をすることができる債権者は，先取特権者と質権者である（民執133条）。動産執行においては，有名義債権者による配当要求が認められておらず，不動産執行の場合（民執51条）に比べ配当を受けるべき債権者が制限されている。なぜなら，動産執行の場合は，超過差押の禁止（民執128条1項）が貫徹されており，必要な範囲を超えて差押えがなされないことになっているため，配当要求を安易に認めてしまうと，差押債権者が十分な満足を受けることができなくなってしまうことが必然となるからである。したがって，動産執行においては，有名義債権者は，動産が差し押えられた場所について，さらに動産執行の申立てをし，事件の併合（民執125条2項）がなされることによって，できるだけ差押物を拡張してから（民執125条3項による差押効拡張），配当を受けることができる（民執125条3項による配当要求効）という仕組みになっている。

配当要求の終期は，売得金の場合は，執行官がその交付を受けるまで，差押金銭の場合は，その差押えをするまで，手形等の支払金の場合は，その支払を受けるまでである（民執140条）。

3　配当等の手続

債権者が1人である場合，または債権者が2人以上であって，配当に充てられる金銭で各債権者の債権および執行費用の全部を弁済できる場合（要するに，分配をめぐって債権者間で争いが生じる余地がない場合）は，弁済金の交付という簡易な手続による（民執139条1項）。

　上記に該当しない場合（要するに，分配をめぐって債権者間で争いが生じる余地がある場合）は，配当協議によることになる。配当協議を行う場合の手続は，以下のようになる。債権者間に協議が調ったときは，配当を実施する（民執139条2項）。債権者間に協議が調わなかったときは，執行裁判所へ事情届出をし（民執139条3項），執行裁判所による配当を実施する（民執142条1項）。この配当の手続は不動産の強制競売に準じる（同条2項）。

（園田賢治）

第12章
債権およびその他の財産権執行（権利執行）

第1節　権利執行とは

1　権利執行の意義および種類

　本章では，債務者の有する債権およびその他の財産権を対象とする強制執行の手続（これを「権利執行」と呼ぶ）を扱う。日々の暮らしや経済活動から生じる様々な債権は個人や企業の重要な財産の一部を構成するものであり，知的財産権に代表される無形の財産権（近時では電子マネーや暗号資産なども含まれうる）もまた，社会の発展に伴ってその財産的重要性を増している。民事執行事件全体に占める権利執行の割合は際立って大きい（裁判所データブックによれば，2019（平成31／令和元）年度の全地方裁判所における新受事件数は，不動産執行の5524件に対して，権利執行は13万563件であった（第Ⅰ編第1章第3節1図表Ⅰ-2参照））。

　権利執行は，大別して，債権（ここでは金銭債権および船舶・動産の引渡請求権を指す。民執143条参照）を対象とする手続と，その他の財産権（不動産・船舶・動産および上記債権以外の財産権をいう。民執167条1項参照）を対象とする手続とに分類され，前者を特に「債権執行」と呼ぶ。債権執行に関する規定（民執143条以下）が主として想定しているのは，金銭債権に対する強制執行の手続であり，船舶・動産の引渡請求権に対する執行手続に関しては若干の特則が置かれるにとどまる。その他の財産権に対する執行手続については，特別の定めがある場合を除き，債権執行の例によるとされる（民執167条1項）。また，少額訴訟に係る債務名義に基づく債権執行の手続に関しては，手続の簡易・迅速の観点から，特別の手続が設けられている（民執167条の2以下）（図表Ⅰ-4）。

2　権利執行の手続の特徴

権利執行も金銭執行の一種であり，債務者の特定の財産を拘束し（差押え），当該財産を配当等の原資として（換価），金銭債権の実現を図る（満足）というプロセスを経る点では不動産

図表 I-4　権利執行の種類

> ・債権執行（民執143条〜166条）[1]
> 　・金銭債権[2]に対する強制執行
> 　・船舶・動産引渡請求権に対する強制執行
> ・その他の財産権に対する強制執行（民執167条）
> ・少額訴訟債権執行（民執167条の2〜167条の14）
>
> 注：1）　少額訴訟債権執行を除く。
> 　　2）　動産執行の目的となる有価証券が発行されている債権を除く。

執行や動産執行と共通する。他方で，不動産や動産とは異なり，債権その他の財産権は観念的な存在であるために，差押えの手続においても物理的な作用を伴わない観念的な手続が中心となること，不動産・動産執行では差押財産を金銭化するための換価手続が必要となるのに対して，権利執行においては，多くの場合，差押財産それ自体が金銭の支払を目的とするものであるために，不動産・動産執行と同じ意味での換価手続を必要としないこと，また，執行手続においては，執行当事者である執行債権者と執行債務者に加えて，これに巻き込まれることになる第三債務者の利益に対する配慮や調整が必要となること，などの諸点において不動産・動産執行とは異なる特徴を有する。

本章では，以下，金銭債権に対する強制執行の手続を中心に解説し，他の権利執行の手続については，これとの比較において簡潔に言及する。なお，用語の問題として，執行債権者の執行債務者に対する債権を「執行債権」または「請求債権」，執行債務者の第三債務者に対する債権（条文上は，「差し押さえるべき債権」，「差押えに係る債権」，「差し押さえた債権」など様々に表記される）を「被差押債権」または「差押債権」と呼ぶが，本章では，前者を請求債権，後者を差押債権と呼んで統一する。また，差押命令の申立てに基づき，差押命令を得た執行債権者を「差押債権者」と表記する。

第2節　差押え

1　手続の開始

(1)　**総　説**　　金銭の支払を目的とする債権，すなわち金銭債権に対する強制執行は，執行裁判所の差押命令により開始する（民執143条）。差押命令の申

立てに際しては，強制執行開始要件の充足や執行障害事由の不存在などの強制執行に共通する一般的な要件（第Ⅰ編第5章第1節参照）に加え，債権執行に固有の適式性や適法性を備えることが求められる。

　(2)　**被差押適格**　　債権執行も金銭執行の一種であり，債務者の財産を引き当てとした債権者の金銭債権の満足が予定されているものであるから，差押えの対象とすることができる債権の資格（被差押適格）もこれに適した性質を有するものに限られる。差押債権が被差押適格を有することは債権差押命令の申立ての適法要件の1つであり，これを欠く申立ては却下される。

　債権が被差押適格を有するためには，第1に，当該債権が独立して処分の対象となるものでなければならない（独立性）。たとえば，未発生の利息債権は元本債権と離れて処分し得ない性質を有するから，これのみを独立して差押えの対象とすることはできない（元本債権に対する差押えが差押命令発効後の利息や遅延損害金に及ぶことについては，本節2(2)参照）。また，保証人に対する債権（保証債務）は，主債務者に対する債権（主債務）と離れて独立に他に譲渡し得ない性質を有するから，これを独立して差押えの目的とするのに適さないとした裁判例がある（福岡高判昭31・2・27高民集9巻2号71頁参照）。

　第2に，当該債権が金銭的価値を有するものでなければならない（財産的価値）。公法上の債権であるか私法上の債権であるかを問わず，また，条件付・期限付債権であっても被差押適格を有する。将来債権（差押命令時点で未だ存在しないが，権利発生の基礎となる法律関係は既に存在しているもの）については，近い将来の発生が相当の蓋然性を持って見込まれるものについては，その債権を特定できる限り，被差押適格を有すると解される。基本取引契約に基づく反復・継続的な取引から生ずる債権も，差し押さえるべき債権が特定されている限り，差し押さえることができるとされる。

　第3に，当該債権が，その性質上，債権者による債権の取立てまたは債権の譲渡を許すものでなければならない（執行換価可能性）。したがって，いわゆる帰属上または行使上の一身専属権（公租・公課に係る請求権，本人が行使する前の扶養請求権，財産分与請求権，遺留分侵害額請求権など）や，債務者に代わって他人が給付を受けるのでは債権の目的を達し得ない債権（たとえば，国や地方公共団体からの補助金で特定の事業等に充てられるものの交付請求権）は被差押適格に欠

ける。他方，債務者・第三債務者間の譲渡禁止特約に基づいて被差押適格（および被転付適格）を否定することは，私人の意思による強制執行の潜脱を認めることになるため，当該特約についての差押債権者の善意・悪意を問わず，許されないと解されており（最判昭45・4・10民集24巻4号240頁〈百選〔初版〕73〉参照），改正民法により明文化された（民法466条の4第1項）。

　このほか，差押時点において当該債権が債務者の責任財産に帰属していることも債権執行に不可欠の前提をなすものであり，債務者に帰属しない債権の差押えは効力を生じない。もっとも，強制執行では，執行事件の迅速な処理の必要に鑑み，一定の外形的事実に依拠して執行手続を開始することが許されており（外観主義・外形主義），債権執行においては執行債権者の陳述（当該債権が債務者に属する旨の執行申立書の記載）が存在すれば，原則として執行手続を開始する扱いとされている。

　(3)　申立て　(イ)　**総　説**　債権差押命令の申立ては，書面でしなければならない（民執規1条）。申立書には，強制執行の申立書に共通の記載事項（民執規21条各号）に加え，第三債務者の氏名・名称および住所（同133条1項）とともに，差押債権の種類および額その他の債権を特定するに足りる事項，債権の一部を差し押さえる場合にあってはその範囲，を明記しなければならない（同2項）。請求債権については，実務上，元金およびこれに対する利息や遅延損害金等の附帯請求が記載されるが，遅延損害金については第三債務者において具体的な額を算出する負担への配慮から，（債務名義上は元金の支払済みまでの支払が命じられているものでも）申立日までの額に限定して確定金額を記載させる扱いが一般的であるとされる（このような扱いの下での取立金や配当金の充当対象については，後掲最判平21・7・14，最決平29・10・10参照）。

　(ロ)　**差押債権の特定**　差押債権の特定は，執行機関である執行裁判所にとっては，当該債権が差押命令の対象となるか否か（前述した被差押適格の有無のほか，超過差押えや無剰余差押え，差押禁止債権の該当性など）を審理・判断する上で，また，債務者や第三債務者にとっては，差押命令の効力が及ぶ範囲を認識する上で，不可欠の前提をなす。差押債権の特定は，当該債権が他の債権と識別できる程度に表示されることを必要とし，一般的には，①差押債権の種類，②発生原因，③発生年月日，④弁済期，⑤給付内容，⑥債権の金額等の全

部または一部，等を表示する扱いであるが，特定の程度は，具体的な事案に応じて個別的に判断される。申立てに際して差押債権の特定に欠ける場合は不適法な申立てとして却下され，これを看過して発せられた差押命令等は無効とされる（最判昭46・11・30判時653号90頁参照）。

　債権の特定に関して特に問題となるのは，預金債権の特定である。一般に，預金債権に対する差押えは，第三債務者たる金融機関の具体的な取扱店舗（本支店）を表示して行う必要がある（「支店名個別特定方式」と呼ばれる）ところ，執行債権者において債務者が預金口座を有する店舗を特定できない場合は少なくないことから，実務では，このような場合でもなお，特定の取扱店舗にある特定の預金債権の差押えを可能とするための工夫として，「全店一括順位付け方式」（特定の金融機関の全店舗を対象として（たとえば，支店番号の若い順に）順位付けを行い，最先順位の店舗から順次，後順位の店舗にある預金債権を請求債権額に満つるまで差し押さえようとする方式），「預金額最大店舗指定方式」（店舗不特定のままで，預金債権の合計額による順位付けを行い，最先順位の店舗から順次，後順位の店舗にある預金債権を請求債権額に満つるまで差し押さえようとする方式）などの種々の方法が考案されてきた。

　最決平23・9・20民集65巻6号2710頁〈百選48〉は，大規模な金融機関を第三債務者とする「全店一括順位付け方式」の適否が争われた事案において，「民事執行規則133条2項の求める差押債権の特定とは，債権差押命令の送達を受けた第三債務者において，直ちにとはいえないまでも，差押えの効力が上記送達の時点で生ずることにそぐわない事態とならない程度に速やかに，かつ，確実に，差し押さえられた債権を識別することができるものでなければならない」との一般的な判断基準を明らかにした上で，「全店一括順位付け方式」による申立ては，先順位の店舗の預貯金債権のすべてについて差押えの効力が生ずべき預貯金債権の総額を把握する作業が完了しない限り，後順位の店舗の預貯金債権に差押えの効力が生ずるか否かが判明しないために，「送達を受けた第三債務者において上記の程度に速やかに確実に差し押さえられた債権を識別することができるものであるということはできない」として差押債権の特定を否定した。また，最決平25・1・17判時2176号29頁〈重判平25民訴7〉は，「預金額最大店舗指定方式」の適否について，上記平成23年決定の判断基準に基づ

き差押債権の特定に欠けるとした原決定の判断を維持している（このほか，前記平成23年決定が示した判断基準に照らして債権の特定を判断した最高裁判例として，特定の取扱店舗の預金債権のうち将来の一定期間にわたる入金によって生じた部分を包括的に差し押さえる旨の表示（「将来普通預金包含方式」と呼ばれる）による特定を消極に解した，最決平24・7・24判時2170号30頁〈重判平24民訴6〉がある）。

　2019（令和元）年改正は，債務者財産の特定困難を解消するための方策として，第三者からの情報取得手続を創設し（民執204条以下。詳しくは，第I編第6章第2節3参照），執行裁判所は，債権者の申立てに基づき，銀行等の金融機関に対して債務者の有する預金債権等についての情報提供を求めることができるようになった（同207条1項1号参照）。銀行等は，「預貯金債権の存否並びにその預貯金債権が存在するときは，その預貯金債権を取り扱う店舗並びにその預貯金債権の種別，口座番号及び額」（民執規191条1項）を執行裁判所に提供するものとされており，今後は，このような新たな制度の下で，預金債権等の特定がより容易になることが期待される。

　(4)　執行裁判所　　債務者の普通裁判籍（民訴4条参照）の所在地を管轄する地方裁判所が執行裁判所となるのが原則であるが，普通裁判籍がない場合の補充的な管轄裁判所として，差押債権の所在地を管轄する地方裁判所が執行裁判所となる（民執144条1項）。差押債権の所在地は，原則として第三債務者の普通裁判籍の所在地であるが，船舶・動産の引渡請求権および物上担保権の被担保債権についてはその物の所在地とされる（民執144条2項）。

　既に差押命令により差押えを受けた債権について，異なる執行裁判所においてさらに差押命令が発せられたときは，配当等の手続の集中を図るため，執行裁判所は事件を他の執行裁判所に移送することができる（民執144条3項）。通常の移送決定の場合と異なり（民訴21条参照），執行手続の迅速性の観点から，当該移送決定に対しては不服を申し立てることができない（民執144条4項）。

　(5)　差押えの禁止・制限　　（イ）超過差押え　　差押債権の価額が請求債権および執行費用の額を超えるときは，執行裁判所は他の債権を差し押さえてはならない（民執146条2項）。1つまたは複数の債権から債権者が完全な満足を得られる場合に，これを超えて他の財産を差し押さえる実益に欠けることは，不動産・動産執行の場合と異ならない。

(ロ)　無剰余差押え　　差押債権の価額が執行費用の額を超える見込みがない場合の差押えは許されず，既に差押えがされた場合であっても差押債権の価額が執行費用および優先債権の額を超える見込みがない場合には，差押えを取り消さなければならない。このことを直接に定めた規定はないが，およそ請求債権の減少をもたらさない強制執行が許されるべきでないことは，他の金銭執行の場合と異ならないと解される（民執129条１項・２項参照。無剰余差押えの禁止を直接の理由とするものではないが，後掲最決平13・２・23も参照）。

(ハ)　差押禁止債権　　債務者とその家族の生計維持，最低限度の生活の保障などの社会政策的配慮から，民事執行法その他の法令（国民年金法24条，厚生年金保険法41条１項，健康保険法61条，雇用保険法11条，生活保護法58条，労働基準法83条２項など）は差押えが禁止される債権について定めている。

民執法152条は，原則として，給料債権等，同条１項各号に定める債権については，その支払期に受けるべき給付の４分の３に相当する部分の差押えを禁止する（民執152条１項。ただし，その額が標準的な世帯の必要生計費を勘案して政令で定める額を超えるときは，政令で定める額に相当する部分が上限額となる〔同括弧書き〕。その額につき，民事執行法施行令２条は，給料債権等の毎月払いの債権につき33万円〔同条１項１号〕，賞与についても33万円〔同条２項〕と定める）。また，退職手当については，４分の３に相当する部分の差押えを禁止するとともに（民執152条２項。上限額の定めはない），その特則として，請求債権が養育費その他の扶養義務等に係る定期金債権である場合には，上述の差押禁止の範囲を２分の１に減縮することとしている（同３項）。

このように，差押禁止債権の種類および範囲は，法令の定めに基づき画一的に定められているが，執行裁判所は，当事者の申立てにより，債務者および債権者の生活の状況その他の事情を考慮して，既にした差押命令の全部ないし一部を取り消し，または，民執法152条の規定により差押えが禁止される債権の部分について差押命令を発することができる（民執153条１項）。しばしば問題となるのは，預金債権の原資が差押禁止債権である場合の当該預金債権に対する差押命令の適否であり，裁判例・実務は，差押禁止債権が預金債権に転化した後の当該預金債権自体の差押えは違法ではないとの理解を前提として，個別具体的な事情の下で差押禁止債権の範囲変更の申立てについて判断している

（東京高決平4・2・5判タ788号270頁〈百選〔初版〕66，東京高決平22・6・29判タ1340号276頁①，東京高決平22・6・22判タ1340号276頁②〈百選55〉参照）。これに対して学説では，差押禁止範囲に相当する部分を除外しない差押命令は違法であるとの見解も有力である。

2　差押命令

(1)　総　説　　差押命令は，債権を差し押さえる旨の宣言に加え，債務者に対する差押債権の取立てその他の処分の禁止，および，第三債務者に対する債務者への弁済の禁止をその内容とする（民執145条1項参照）。差押命令は決定の形式でなされる。

差押命令は「執行裁判所のする裁判」（民執4条参照）の1つであるが，差押命令の審理においては，対象財産の処分等による執行の潜脱を防止するとともに，債権者の迅速な差押命令の獲得を可能にするため，債務者および第三債務者を審尋しないで発するものとされる（民執145条2項。民訴87条2項の特則に当たる）。差押命令は債務者および第三債務者の双方に送達され（民執145条3項。以降，差押債権者による申立ての取下げや執行裁判所による執行手続の取消しがあった場合には，その旨が第三債務者に対しても通知される。民執規136条1項・3項参照），これらの者に送達がされたときは，差押債権者に対してその旨および送達の年月日が通知される（民執規134条）。

債務者の処分禁止や第三債務者の弁済禁止等の差押えの効力は，執行手続に巻き込まれることになる第三債務者の利益保護の観点から，差押命令が第三債務者に送達された時点で生じるとされる（民執145条5項）。これにより，たとえば，同一の債権を対象とする差押えと債権譲渡の優劣は，差押命令が第三債務者に対して送達された時点と，債権譲渡の第三者対抗要件（民467条1項・2項参照）たる確定日付のある証書による通知が第三債務者に到達した時点との先後によって決せられる（最判昭49・3・7民集28巻2号174頁〈民法判例百選Ⅱ〔第8版〕29〉参照）。

差押命令の申立てについての裁判（差押命令または申立却下決定）に対して不服のある債権者，債務者または第三債務者は，執行抗告をすることができる（民執145条6項）。ただし，最決平14・6・13民集56巻5号1014頁〈重判平14民

訴 6 〉によれば，担保権の実行（抵当権に基づく物上代位権の行使）としてされた債権差押命令に対して第三債務者が差押債権の不存在または消滅を執行抗告の理由とすることは，執行裁判所は差押債権の存否について考慮することなく差押命令を発すべきものとされていること，また，第三債務者は差押債権者が提起する当該債権の取立訴訟等において差押債権の不存在又は消滅を主張することができること，を理由に否定されており，このことは強制執行の場合にも妥当すると解される。

2019（令和元）年改正は，差押禁止債権の範囲変更の制度をより利用しやすくするための見直しとして，債務者に対する差押命令の送達に際して，差押禁止債権の範囲変更の申立てができる旨を教示することとした（民執145条 4 項。教示の方式等につき，民執規133条の 2 参照）。また，債務者に対する差押命令の送達ができず，債権者が差押債権の取り立てをすることができない状況が長期間放置されることを防ぐために，執行裁判所は，相当の期間を定めて差押債権者に対して差押命令を送達すべき場所の申出を命じることができるとした上で（民執145条 7 項），差押債権者がその申出をしないときは，差押命令を取り消すことができるものとした（民執145条 8 項）。

(2)　客観的範囲　　前述のように，差押命令は，債務者に対する差押債権の取立てその他の処分の禁止（処分禁止効），および，第三債務者に対する債務者への弁済の禁止（弁済禁止効）を主な内容とするが，これらの効力は，差押命令において債権の一部を差し押さえる旨の限定がある場合を除き，差押命令発効時の差押債権の全部に及ぶ（民執146条 1 項参照）。また，差押えの効力は差押債権の従たる権利にも及ぶと解される（民87条 2 項類推）ことの帰結として，差押命令が効力を生じた後（以下「差押え後」と表記する）に差押債権につき生じる利息や遅延損害金については差押えの効力が及ぶ一方，差押え前に既に発生していた利息・遅延損害金等の債権は，差押債権とは独立した債権として差押えの効力は及ばない。差押債権が担保権付債権である場合には，差押えの効力は当該担保権にも及ぶ（民執150条参照）。

給料その他の継続的給付に係る債権（賃貸借契約に基づく賃料債権，継続的な商品供給契約等に基づく売掛債権など。病院または診療所の診療報酬債権に関して，後掲最決平17・12・ 6 参照）に対する差押えの効力は，請求債権および執行費用の額

を限度として，差押え後に受けるべき給付にも及ぶ（民執法151条）。これは，同一の基本的な関係を基礎として反復・継続的に現実化する多数の債権について包括的な差押えを認めることで，個別的な差押えの負担を軽減するとともに，債務者による個々の支分債権の処分等の危険を回避する趣旨であり，差押債権の発生原因が同一であれば，その給付内容に変更があっても差押えの効力は及ぶとされる。

　給料債権を差し押さえられた債務者が勤務先を退職した後，同じ勤務先に再雇用されている場合に再雇用後の給料債権について差押えの効力が及ぶか否かについては議論がある。多数説は，退職前の法律関係と再雇用後の法律関係が別異であることを理由に，退職前の給料債権に対する差押えの効力は原則として再雇用後の給料債権に及ばないと解するのに対して，有力説は，社会通念上同じ雇用関係が継続すると認められるときは基本関係の同一性を肯定して，差押えの効力が及ぶと解する。判例は前者の考え方に立っていると見られる（退職から再雇用までに6か月余りを経過しているなどの事実関係の下で，再雇用後の給料債権に差押えの効力が及ばないと解した事例として，最判昭55・1・18判時956号59頁〈百選50〉参照）。

　(3)　執行債務者の地位　　債務者は，差押え後，差押債権の取立てのほか，譲渡，放棄，免除，相殺，担保権の設定や期限の猶予など，債権者の満足を妨げる一切の処分が禁止される（処分禁止効。民執145条1項前段）。もっとも，ここでいう処分禁止は絶対的な禁止を意味するものではなく，差押命令に反してされた処分も相手方との関係では有効であり，執行手続との関係において，差押債権者をはじめ当該手続に参加するすべての債権者に対して，当該処分の効力を対抗することができないことを意味すると解される（手続相対効の考え方につき，第Ⅰ編第9章第2節3(2)参照）。また，債務者は，差押債権について証書（借用証書，契約書，預金証書，債務名義や供託書など）があるときは，差押債権者による差押債権の取立てのために，差押債権者に対して当該証書を引き渡す義務を負い（民執148条1項），これに応じない場合には，債権差押命令に基づく当該証書の引渡執行が予定されている（民執148条2項参照）。

　差押え後，差押債権それ自体ではなく，差押債権を発生させる基本的な法律関係を処分することは当然には禁止されないと解されている。たとえば，給料

債権の差押え後に退職して雇用関係を解消することや，賃料債権の差押え後に解除・解約等により賃貸借契約関係を解消することは妨げられない（賃料債権の差押え後に賃貸人が賃借人に賃貸不動産の所有権を譲渡した事案に関して，最判平24・9・4判時2171号42頁〈重判平24民8〉参照）。このことに関連して，賃料債権の差押え後に賃貸人である執行債務者が賃貸不動産の所有権を第三者に譲渡した場合，所有権移転に伴って生じる賃貸人たる地位の移転（最判昭39・8・28民集18巻7号1354頁参照）により，新賃貸人が賃料債権の取得を差押債権者に対抗することができるか否かについては議論がある。最判平10・3・24民集52巻2号399頁〈百選51〉は，賃料債権に対する差押えの効力は請求債権および執行費用の額を限度として将来における賃料債権にも及ぶ（民執151条参照）ことを前提として，賃貸不動産を譲渡する行為は，「賃料債権の帰属の変更を伴う限りにおいて」将来賃料債権の処分を禁止する差押えの効力に抵触するとの見解に立つが，これに対しては，将来賃料債権に対する差押えの効力は，譲受人が賃貸不動産の所有権取得を差押債権者に対抗できるようになった時点で失効し，以後の賃料債権については差押えの処分禁止効を受けないとする反対説も主張される。

　差押え後の債務者の行為であっても，債権者を害さないものは禁止されない。強制執行の開始は，差押債権について消滅時効の完成猶予の効力を有するものではないから（請求債権についての時効の完成猶予については，民148条1項参照），債務者は差押債権の時効完成を回避するために適切な措置を講じることができる。差押え後，債務者が差押債権について給付訴訟を提起することの可否について，かつての判例には，差押命令により債務者は給付判決を求める当事者適格を失い，訴えは却下されると解するものがあったが（大判昭4・7・24民集8巻728頁），このような考え方は，自己の債権保全や債務名義の獲得という差押債務者の利益（ひいては差押債権者の利益）を損なうものであり，また，差押命令に反する権利行使も当事者間では有効であるとする手続相対効の考え方にもそぐわない。最判昭48・3・13民集27巻2号344頁〈百選53〉は，債務者が第三債務者に対して給付訴訟を提起した後，訴訟物たる給付請求権について仮差押えを受けた場合において，当該債務者は給付訴訟の原告適格を失わず，無条件の勝訴判決を得ることができる（第三債務者は執行手続が満足的段階に

進むことを阻止しうるにとどまる）と解しており，同判決の論旨は差押えの場合にも同様に妥当しうる（最判昭55・1・11民集34巻1号42頁は，このことを前提としていると解される）。

(4)　第三債務者の地位　　第三債務者は，差押え後，差押債権に係る給付義務につき債務者への弁済が禁止される（弁済禁止効。民執145条1項後段）。

第三債務者の弁済が口座振込みの方法による場合は，振込の依頼から入金までに一定の時間的間隔が生じるところ，その間に当該債権が差押えを受けた場合に，第三債務者がした弁済の効力を差押債権者に対抗することができるか否かが問題となりうる。仮差押えに関する事案であるが，判例には，振込日を指定した振込依頼後に当該債権につき仮差押命令の送達を受けた第三債務者について，仮差押命令の送達を受けた時点において振込依頼を撤回することが著しく困難であるなどの特段の事情がある場合を除き，原則として当該振込による債務者への弁済の効力を仮差押債権者に対抗することはできない旨を判示したものがある（最判平18・7・20民集60巻6号2475頁〈百選52〉参照）。

差押命令に反してされた弁済の効力は差押債権者に対して対抗することができず，差押債権者からの履行の請求に応じなければならない（民481条参照）。他方，第三債務者は自己の債務につき二重払いや債務不履行のリスクを回避するために，差押債権の全額に相当する金銭を債務の履行地の供託所に供託することができる（民執156条1項。「権利供託」と呼ばれる。供託に係る届出書（事情届）の提出につき，同3項および民執規138条）。また，第三債務者は，債権者が差押え後の手続を適切に選択できるよう，差押債権者の申立てがあるときは，差押債権の存否，弁済の意思の有無，優先債権者の有無等，民事執行規則所定の各事項について書面で陳述する義務を負う（民執147条1項，民執規135条）。この陳述は，事実の報告たる性質を有し，承認による時効の更新（民152条1項参照）や相殺権の放棄などの実体法上の効果を伴うものではないと解される（最判昭55・5・12判時968号105頁〈百選54〉参照）。故意または過失による陳述の懈怠や不実の陳述については，これによって生じた損害につき賠償責任を負う（民執147条2項）。

第三債務者は，差押命令が効力を生じた時点で債権者（すなわち執行債務者）に対して主張することができたすべての抗弁（差押債権の障害・消滅・阻止事由）

をもって，差押債権者に対抗することができる。相殺の抗弁について，改正前民法は，第三債務者が差押え後に取得した債権を自働債権とする相殺をもって差押債権者に対抗することができないとする規定を置く一方，差押え前に取得した債権を自働債権とする相殺をもって対抗することの可否については明文規定がなく解釈に委ねられていたところ，最大判昭45・6・24民集24巻6号587頁〈百選〔初版〕65〉は，受働債権の弁済期より先に自働債権の弁済期が到来する場合に限って対抗しうる旨の従前の判例の立場（制限説）を変更し，当該債権が差押え後に取得されたものでない限り，「自働債権および受働債権の弁済期の前後を問わず」差押債権者に対抗しうるとする立場（無制限説）を採用した。改正民法511条1項はこれを明文化するとともに，差押え後に取得した債権が差押え前の原因に基づいて生じたものであるときも，原則として当該債権を自働債権とする相殺をもって差押債権者に対抗することができる（同2項）として，相殺期待に対する保護の範囲を拡大している。

　(5)　**差押債権者の地位**　　差押債権者は，差押え後，差押命令による処分禁止効や弁済禁止効を主張して，これに反する行為の効力を否定することができる。差押債権が登記・登録のされた担保権付債権であるときは，差押えの効力を公示するため，差押債権者は執行裁判所の裁判所書記官に対して当該債権が差し押えられた旨の登記・登録の嘱託の申立てをすることができ，裁判所書記官はこれを受けて差押えの登記等の嘱託を行うこととされる（民執150条）。また，差押債権者は，差押債権について第三債務者に対して自己に支払を求める（取立て），裁判所の命令を得て差押債権を自己に移転させる（転付命令）などの方法により請求債権の満足を受けることができるが，これらについては後述する（本章第3節参照）。

　このほか，差押えに伴う実体法上の効果として，差押命令が債務者に送達されることを条件として，請求債権について時効の完成猶予の効力が生じ（民148条1項1号・154条），手続終了時から新たに時効期間が進行する（時効の更新。民148条2項本文）。差押債権者による申立ての取下げまたは執行裁判所による執行手続の取消しにより手続が終了した場合には，その終了時から6月間，時効の完成が猶予されるにとどまり（同1項柱書），時効の更新の効果は生じない（同2項但書）。なお，時効の完成猶予の効力が生じる時点については，強制

執行の申立時と解するのが伝統的な立場である（大判昭13・6・27民集17巻1324頁，最判昭59・4・24民集38巻6号687頁参照）。

3　差押えの競合

(1)　差押えの競合の要件　　現行法は，既に差し押さえられ，または仮差押えの執行（民保50条参照）を受けた債権についてさらに差押えの申立てがあった場合において，当該債権について差押命令を発することを禁止していない（民執144条3項・156条2項・165条参照）。このとき，差押命令の客観的範囲が重複する限度で，差押えの競合という状態が生じる。具体的には，①債権の一部が差し押さえられ，または仮差押えの執行がされた場合において，その残余の部分を超えて差押命令が発せられたとき（民執149条前段），または，②債権の全部が差し押さえられ，または仮差押えの執行がされた場合において，同一債権について差押命令が発せられたとき（同後段）がこれに当たる（複数の差押命令等がそれぞれ効力を有していることが前提である）。

(2)　差押えの競合の効果　　差押えの競合が生じる場合には，競合する差押債権者間において配当等の実施が予定されている（民執166条1項1号参照）。差押債権者間の平等な配当等を可能にするため，法は，差押えが競合する場合の効果として，各差押えまたは仮差押えの執行の効力が差押債権の全部に及ぶとするとともに（民執149条），第三債務者に対しては，差押債権者に対する直接の弁済を禁止して，差押債権の全額に相当する金銭を債務の履行地の供託所に供託しなければならないこととしている（民執156条2項。「義務供託」と呼ばれる。供託に係る事情届の提出につき，同3項および民執規138条参照）。前述した権利供託（本節2(4)参照）と異なり，義務供託では，第三債務者が供託のために要した各種費用について，執行裁判所に対する請求を通じて，供託金から支払を受けることができる（民訴費28条の2参照）。

具体的事案によっては，第三債務者において差押えの競合の有無（すなわち供託義務の有無）を的確に判断し得ない場合がありうる。最判昭60・7・19民集39巻5号1326頁〈百選56〉は，先取特権の物上代位の目的となっている債権について，一般債権者の申立てに係る仮差押命令の送達と先取特権者の申立てに係る差押・転付命令の送達を相次いで受けた第三債務者が民執法156条2項

に基づいてした供託に関して，「転付命令が効力を生じているため法律上差押の競合があるとはいえない」との理解に立ちつつ（民執159条3項の規定にもかかわらず，当該事案において転付命令が効力を生じることについては，本章第3節3(2)(ヘ)参照），「第三債務者に転付命令の効力の有無についての的確な判断を期待しえない事情があるときは，同項［民執156条2項］の類推適用により有効であると解するのが相当である」として，結論において義務供託としての有効性を肯定した。

第3節　換価・満足

1　総　説

金銭債権に対する強制執行は，差押財産それ自体が金銭の支払を目的とするものであるために，不動産・動産執行と同じ意味での換価（差押財産の売却）を必ずしも必要としない。現行法上は，差押債権者が第三債務者に対して，裁判外または裁判上，差押債権に係る金銭の支払を求める方法（取立て・取立訴訟）や，転付命令と呼ばれる裁判所の命令により差押債権の帰属を債務者から差押債権者に移転させることで，請求債権が代物弁済的な満足を受ける方法が設けられているほか，譲渡命令，売却命令，換価命令と呼ばれる特別な換価方法も設けられている。また，前述のように，第三債務者は，差押え後，法律の定めるところに従い，差押債権の全額または一部について，供託所に供託することができ（権利供託），または義務として供託しなければならない（義務供託）とされるが，これらの供託金は，執行裁判所による配当等を通じて差押債権者等の債権の満足に充てられることが予定されている。

2　取立て

(1)　意　義　　　差押債権者は第三債務者に対して，差押債権に係る金銭の支払を自己に対して直接に求めることができる。これを一般に「取立て」と呼び，差押債権者が第三債務者に対して差押債権の支払を請求し，弁済を受領することのできる権能を「取立権」と呼ぶ。取立権は裁判外で行使することができ，これによって請求債権は支払を受けた限度で満足を受けることになるが，

第三債務者が任意の支払に応じない場合には，「取立訴訟」と呼ばれる訴訟手続（およびこれに続く執行手続）を通じた権利の実現が予定されている。

(2)　取立権の発生・行使　　差押債権者は，債務者に対して差押命令が送達された日（民執規134条参照）から 1 週間を経過したときは，差押債権を取り立てることができる（民執155条 1 項）。

差押債権者の取立権は，かつては差押命令とは別に，取立命令と呼ばれる裁判所の裁判を得ることによって授権される建て前であったが（旧民訴600条・602条参照），現行法では，差押えの効力として別段の申立てや裁判を経ることなく生じるものとして改められた。取立権の発生時期については，債務者に対する差押命令の送達日から 1 週間を経過した時点で初めて生じると解するのが多数説であるが，これに対しては，取立権は差押命令の発効とともに発生し，その行使に時的制限が設けられていると解する見解も主張される。

取立権の発生ないし行使までに一定の期間が設けられているのは，債務者に不服を述べる機会を保障する趣旨であり，債務者が差押債権者による取立てを阻止するためには，この期間内に，差押命令に対する執行抗告（民執145条 6 項）をして執行停止の仮の処分（民執10条 6 項）を得たり，差押禁止債権の範囲変更の申立て（民執153条 1 項）に伴う支払禁止の仮の処分（同 3 項）を得たりするなどの対応が必要となる。2019（令和元）年改正は，差押債権が民執法152条所定の差押禁止債権である場合において，債務者による差押禁止債権の範囲変更の申立て（民執153条 1 項）の機会を実質的に保障するため，これらの債権については取立てが可能となるまでの経過期間を 4 週間に伸長している（民執155条 2 項。ただし，請求債権に扶養義務等に係る定期金債権が含まれる場合を除く。同項括弧書参照）。

取立権を取得した差押債権者がその権能を行使するためには，①差押債権の履行期が到来していること，②他に競合する差押債権者または配当要求債権者がいないこと，③執行停止文書（民執39条 1 項 7 号・ 8 号）が提出されていないことが必要とされる。第 1 に，前述のように，条件付・期限付債権であっても被差押適格を有するが（本章第 2 節 1(2)参照），取立権を行使するためには条件の成就や期限の到来を必要とする（条件付・期限付のままでの換価方法として，後述する譲渡命令等がある）。第 2 に，他に競合する差押債権者または配当要求債

権者がいる場合には，第三債務者は差押債権の全額（差押えの競合の場合）または差し押さえられた部分に相当する金額（配当要求があった場合）を供託しなければならず（民執156条2項），これに反して差押債権者が受けた弁済の効力は，他の債権者に対抗することができない。第3に，執行停止文書が提出された場合には，執行裁判所は執行手続を停止しなければならず（民執39条1項柱書），これに伴って差押債権の取立て・弁済も禁止される（裁判所書記官は，差押債権者および第三債務者に対してその旨を通知しなければならない。民執規136条2項参照）。

　取立権それ自体は権利であって，差押債権者はこれを行使すべき義務を当然に負うものではない。そのため，法は，特に規定を置いて，差押債権者が債務者に代わって差押債権を行使する義務を有し，義務違反によって債務者に生じた損害について賠償責任を負う旨を定めている（民執158条）。

　(3)　取立権の内容　　取立権を行使しうる範囲は差押命令の効力の客観的範囲（本章第2節2(2)参照）に対応するが，差押債権者が現実に第三債務者から支払を受けることができるのは，差押債権者の請求債権および執行費用の額が限度となる（民執155条1項。これを超えて第三債務者から受領した額は，執行債務者に対して償還しなければならない）。

　差押債権者は，取立権の内容として，差押債権の取立てに必要な限度で，債務者の一身専属的権利を除く一切の権利を，自己の名で行使することができる。したがって，差押債権者は，差押債権について，支払の催告，支払督促の申立てや取立訴訟の提起（およびこれらの手続等により取得した債務名義に基づく強制執行の申立て），倒産手続への参加等により，その支払を受けることができることはもちろん，差押債権の取立てに必要な限度において，債務者の有する取消権や解除権等の権利を行使することも原則として許されると解される。そのような例として，差押債権が定期預金である場合に，差押債権者が満期前払戻請求（民666条3項・591条2項参照）をして支払を受けることがあげられるほか，生命保険契約の解約返戻金請求権を差し押さえた場合に，差押債権者が当該生命保険契約について解約権を行使することも，それが権利の濫用と評価されるような場合を除き，差押債権たる解約返戻金請求権を現実化させるために必要不可欠な行為として許されると解される（最判平11・9・9民集53巻7号

1173頁〈百選57〉参照。2008（平成20）年に制定された保険法は，このことを前提として，保険契約につき解約権を行使した差押債権者等に対して保険金受取人が解約返戻金相当額を支払うことで保険契約を継続させることができる「介入権」の制度（保険60条〜62条・89条〜91条参照）を導入している）。

(4)　取立ての効果　　差押債権者が第三債務者から支払を受けたときは，請求債権および執行費用は，支払を受けた額の限度で弁済されたものとみなされる（民執155条3項）。支払を受けた額が請求債権の全額に満たない場合は，支払受領額が充当計算され（民489条参照），不足額については差押債権者の取立権が存続する。なお，前述のように，債権差押命令の申立書においては，実務上，請求債権に係る遅延損害金を申立日までに限定して確定金額を記載させる扱いとされるところ（本章第2節**1**(3)(イ)参照），最決平29・10・10民集71巻8号1482頁〈重判平30民訴4〉は，このような実務上の扱いにしたがって申立てをした差押債権者が第三債務者から支払を受けたときは，申立日の翌日以降の遅延損害金（申立書に記載されなかった部分）も充当の対象となるとする解釈を明らかにしている。

　差押債権者が第三債務者から支払を受けたときは，差押債権者において直ちに，所定の事項（事件の表示，債務者および第三債務者の氏名または名称，第三債務者から支払を受けた額および年月日）を記載した届出書（取立届）を執行裁判所に提出しなければならないものとされており（民執155条4項，民執規137条参照），請求債権全額について弁済がされた場合，または差押債権の全額が弁済されたことが判明した場合には，執行裁判所は事件を終結する扱いとされている。

　2019（令和元）年改正は，債権者による取立権の行使がされないまま，債権執行事件が漫然と放置される状況を解消するため，債権執行事件の終了に関する規定の見直しを行った。すなわち，差押債権者は，差押債権の取立てが可能となった日から支払を受けることなく2年を経過したときは，その旨を執行裁判所に届け出なければならず（民執155条5項。届出書の方式につき，民執規137条の2），上記の2年の期間経過後4週間内に，差押債権につき支払を受けた旨の届出（民執155条4項）または支払を受けていない旨の届出（民執155条5項。上記の期間経過前の届出も含まれることにつき，民執155条8項）のいずれもされないときは，執行裁判所は差押命令を取り消すことができることとされた（民執155

条 6 項。債権者に対する取消予告通知につき，民執規137条の 3 ）。また，これに伴う簡易な救済措置として，上記取消決定の告知を受けてから 1 週間の不変期間内に差押債権者が所定の届出をすることにより，取消決定は失効することとされた（民執155条 7 項）。

(5)　**取立訴訟**　　差押債権者は，取立権に基づき，自己を原告，第三債務者を被告として，差押債権に係る給付を求める訴えを提起することができる。取立訴訟の法的性質について，伝統的な通説は，差押債権者を担当者，債務者を被担当者とする法定訴訟担当（法の規定に基づき，訴訟物たる権利の帰属主体以外の第三者に当事者適格が与えられる場合）の一種と解し，その判決の効力は取立訴訟の当事者たる差押債権者・第三債務者（民訴115条 1 項 1 号）のほか，被担当者たる債務者に対しても及ぶ（民訴115条 1 項 2 号）とする。これに対しては，取立訴訟が法定訴訟担当の一種であることを前提としつつ，債権者代位訴訟（民423条以下参照）や取立訴訟などのように，本人と訴訟担当者の利害が対立する訴訟担当類型については，本人の利益保護の観点から，訴訟担当者が敗訴した場合の判決の効力に本人は拘束されないとする反対説が主張される。また，取立訴訟は差押債権者が自己に固有の実体的地位（取立権とそれに基づく給付請求権とが合同したもの）に基づいて訴訟追行権を有する場合であるとする見解（固有適格説）も有力に主張されており，これによれば，取立訴訟は訴訟担当ではなく，したがってその判決の効力は債務者には及ばないと解される（ただし，固有適格説を前提として，差押債権者勝訴の場合には判決の効力が債務者に及ぶとする見解もある）。

　現行法は，差押債権者が取立訴訟を提起・追行できることを当然の前提として，取立訴訟の手続について特別の定めを置いている。その 1 つは，参加命令の制度である。同一の債権を差し押さえた差押債権者が複数いる場合，各差押債権者が個別に取立訴訟を提起することになれば，各訴訟に応じなければならない第三債務者にとっての負担が大きい。そこで，第三債務者は，受訴裁判所への申立てにより，他の債権者で訴状送達時までに当該債権を差し押さえた者に対し，共同訴訟人として訴訟に参加すべきことを命ずる参加命令の裁判を求めることができるものとし（民執157条 1 項。参加命令の裁判は口頭弁論を経ないですることができることにつき，民執157条 2 項），参加命令が発せられた場合には，

取立訴訟の判決の効力が参加命令を受けた差押債権者で参加しなかった者にも及ぶとすることで（民執157条3項），第三債務者の繰り返しの応訴負担を軽減している。参加命令を受けず，取立訴訟に当事者として参加しなかった差押債権者に取立訴訟の判決の効力が及ぶか否かについては規定がなく，民執法157条3項の反対解釈からは判決の効力は及ばないと解されるが，これに対しては，判決の効力が債務者に及ぶ（民訴115条1項2号）ことの反射的効果として，他の差押債権者への判決効を肯定しうるとの考え方もある。

　取立訴訟に関するもう1つの特別の定めは，供託判決である。第三債務者が供託義務を負う場合（民執156条2項参照）には，供託義務に反して差押債権者に弁済をしてもその効力を他の債権者に対抗することができない。そのため，上記の場合には，受訴裁判所は，原告の請求を認容するにあたり，請求に係る金銭の支払は供託の方法によりすべき旨の判決（供託判決）をしなければならないとされる（民執157条4項）。また，取立訴訟の原告は，上記供託判決に基づき，第三債務者の財産について自ら強制執行の開始を申し立て，または既に開始された強制執行で配当要求をすることができるが（第三債務者が執行債務者となるこれらの手続を「第2次執行」と呼び，債務者が執行債務者となる「第1次執行」と区別される），第2次執行の執行機関は，第2次執行の換価金のうち取立訴訟の原告に交付すべき配当金等を供託しなければならないとされており（民執157条5項），これらの定めを通じて，第1次執行の手続参加者間における公平な配当等の実施を可能にしている。

　取立訴訟において，第三債務者が訴訟物たる差押債権の存否とは別に，請求債権の存否を争うことはできないと解される（最判昭45・6・11民集24巻6号509頁〈百選59〉参照）。判決手続と執行手続の分離原則を採用し，執行手続においては請求債権すなわち債務名義上の請求権の存否について調査することなく手続を進行させる一方，債務名義上の請求権の存否を争う手続として，執行手続とは別に，請求異議の訴え（民執35条1項）を通じて裁判所の実質的審査を受けることが予定されている現行制度の下では，取立訴訟（債権執行における換価手続の一種という点では広義の執行手続の一部を構成する）において第三債務者が請求債権の存否を争うことは，現行制度の予定するところではないと考えられるからである。

(6)　取立訴訟と他の訴訟との競合　第1に，取立訴訟の係属中に他の差押債権者が別途取立訴訟を提起することは当然には禁止されておらず（同一の債権が審理・判断の対象となることを理由に重複訴訟の禁止原則の趣旨に反すると解する余地はありうる），これによる第三債務者の負担を回避するための制度として，参加命令の制度が設けられていることについては前述した。第2に，差押債権者が提起する取立訴訟と債務者が提起する給付訴訟とが競合する場合については，前述のように（本章第2節2(3)参照），（仮）差押え後においても債務者は給付訴訟の原告適格を失わず，無条件の勝訴判決を得ることができるとするのが判例の立場（前掲最判昭48・3・13参照）であるが，同一債権についての審理の重複や判決の矛盾のおそれを回避するためには，重複訴訟の禁止原則（民訴142条参照）に照らして事件を併合審理することが相当であるとの指摘がある。第3に，差押債権者の提起する取立訴訟と他の債権者が提起する債権者代位訴訟とが競合する場合については，取立訴訟の提起によっても，これに先立って提起されていた債権者代位訴訟が不適法となるものではなく，裁判所は，請求を併合して審理し，これをともに認容することは妨げられないとするのが判例の立場であり（最判昭45・6・2民集24巻6号447頁〈百選58〉参照），取立訴訟と債権者代位訴訟との間に優劣はないとの前提に立てば，取立訴訟が先行する場合においても同様の理解が妥当しうる。

3　転付命令

(1)　意　義　転付命令は，差押債権に係る金銭の支払に代えて，差押債権を当該債権の券面額で債務者から差押債権者に転付する旨を命じる裁判所の裁判である。転付命令は金銭の支払に代えて債権それ自体を移転させる点で，差押債権を代替給付とする代物弁済的決済としての実質を有する。転付命令は，一定の要件の下，執行裁判所が発令して確定することにより，差押債権者が差押債権を独占的に取得することができる（他の債権者が配当等に与る余地はない）という特徴を有する。反面，第三債務者の無資力リスクは，転付命令により差押債権の転付を受けた債権者が負担することになるが，そのようなリスクが一般に低い事案（第三債務者が国や銀行である場合など）では，転付命令は有力な債権回収手段として機能する。

(2)　要　件　　(イ)　総　説　　転付命令は，差押債権者の申立てにより，執行裁判所の審理を通じて決定の形式でなされる（民執159条1項参照）。転付命令の申立てを受けた執行裁判所は，申立ての適式性や適法性を審査して，要件を充足するものについて転付命令を発する。転付命令の要件には，①有効な差押命令が存在すること，②差押債権が譲渡可能であること，③差押債権が券面額を有すること，④転付命令が第三債務者に送達される時点までに，同一債権について他の債権者が差押え，仮差押えの執行，または配当要求をしていないこと等が含まれる（①ないし③は転付命令を発令するための要件であるのに対して，④は転付命令が効力を生ずるための要件である）。

　(ロ)　差押命令　　転付命令は，差し押さえられた債権の換価・満足方法の1つであるから，転付命令の前提として，有効な差押命令の存在が必要となる。差押命令は，転付命令に先立って，または転付命令と同時に発せられれば足り，差押命令の申立てと同時に転付命令の申立てをすることも妨げられない。

　(ハ)　譲渡可能性　　その性質上，譲渡可能性を欠く債権は，被差押適格（本章第2節1(2)参照）に欠け，転付命令の対象とならない。債務者・第三債務者間の譲渡禁止特約によって当該債権につき被差押適格・被転付適格を排除することが許されないことについては前述した（前掲最判昭45・4・10参照）。

　譲渡可能性のある債権であっても，法律上相殺が禁止されている債権について転付命令を得ることの可否については議論がある。問題となるのは，債務者が債権者に対して不法行為に基づく損害賠償債権を有する場合に，当該損害賠償債権について差押命令および転付命令を取得することの是非である。民法509条は，不法行為により生じた債権（改正民法では，悪意による不法行為に基づく損害賠償債権〔民法509条1号〕のほか，不法行為に限らず，人の生命・身体の侵害により生じた損害賠償債権〔民法509条2号〕が含まれる）については，被害者に対する損害の現実的填補の必要等を理由として，これを受働債権とする相殺を禁止しているところ，上記事案において差押債権者が債務者の損害賠償債権につき差押・転付命令を得ることができるとすると，当該債権は債権および債務が同一人に帰属したことで混同（民520条）により消滅する結果，損害賠償義務者が損害の現実的填補を免れる状況を生じうる。判例（最判昭54・3・8民集33巻2号187頁〈百選〔初版〕76〉参照）は，このような事案での転付命令取得は民法

509条を潜脱する行為として許されないと解するが，これに対しては，私人の意思表示による相殺と執行処分としての転付命令は，法的性質やその効果を異にするものであるとして，不法行為等債務者が自己に対する損害賠償債権について転付命令を取得することも，それが当該不法行為等の一環としてなされる場合を除き，一般的に許容されると解する見解が対立する。

　㈡　券面額　　券面額とは一定の金額で表示される債権の名目額を指し，実際に現存する額や客観的な取引価額とは異なる概念である。前述のように，転付命令は差押債権を代替給付とする代物弁済的決済としての実質を有し，券面額をもって執行当事者間の債権債務関係を簡明かつ即時に決済するものであることから，転付命令の発令要件の１つとして当該債権が一定の券面額を有することが必要とされる。券面額の有無は転付命令の対象となる差押債権（被転付債権）の記載自体から形式的に判断されるが，以下に見るように，券面額の有無ないし額の一定性が問題となる例は少なくない（なお，被転付債権の実体的な存在は転付命令の効力発生要件であることにつき，本節⑷参照）。

　まず，債権の存在や範囲が客観的に定まっていると認められるものについては，その存否や金額をめぐって当事者間に争いがあっても，券面額は否定されない（損害賠償請求訴訟の第１審判決言渡後，その確定前にされた転付命令の申立てを認めた事例として，札幌高決昭55・6・2判タ421号112頁参照）。

　次に，将来債権や停止条件付債権は，当該債権の発生および金額を具体的に確定することができないために，一般に，被転付適格が否定される（被差押適格を有することについては，本章第２節１⑵参照）。具体例としては，将来の賃料債権（大判大14・7・10民集４巻629頁）や将来の給料債権（大判昭9・4・26民集13巻622頁），賃貸借不動産の明渡し前の敷金返還請求権（最判昭48・2・2民集27巻１号80頁）などがあげられる。また，最決平18・4・14民集60巻４号1535頁〈百選60〉は，委任者が受任者に交付した前払費用（民649条）の返還請求権の券面額の有無が争われた事案において，当該債権が委任事務の終了時に初めてその債権額が確定するものであることを理由として，委任事務終了前においては券面額を欠くとした。

　一方，停止条件付債権であっても転付命令の発効と同時に停止条件が成就するものについては，例外的に被転付適格が認められる場合がある。最判昭56・

3・24民集35巻2号271頁〔百選〔初版〕74〕は，保険事故の発生後，被保険者が保険会社に対して有する自賠責保険金請求権につき被害者が差押・転付命令を申し立てた事案において，上記保険金請求権が被保険者の被害者に対する賠償金の弁済を条件とする停止条件付債権であることを前提としつつ，当該条件は転付命令の発効により成就することを理由に，券面額ある債権として扱うべき旨を判示している。

　また，他人の優先権の目的となっている債権については，優先権の行使の有無および範囲が不確定であるために，券面額の一定性に欠けるとの理解が学説の多数であり，また，かつての執行実務であったとされるが，最決平12・4・7民集54巻4号1355頁〔百選61〕は，質権の目的たる金銭債権の券面額の有無が問題となった事案において，「債権として現に存在していることはいうまでもなく，また，債権者の弁済に充てられる金額を確定することもできる」として券面額を肯定するとともに，質権が実行された結果として差押債権者が当該債権の支払を受けられない事態を生じたときは，その限度で差押債権者が執行債務者に対して不当利得返還請求権を有するとの解釈を示し，利害関係人間の法律関係の明確化を図った。その後，現在の執行実務は，質権の目的債権のほか，訴訟上の担保のための供託金取戻請求権，執行上の担保のための供託金取戻請求権等についても転付命令を認める扱いであるとされる。

　当該債権の履行が反対債権の履行にかかっているもの（同時履行の抗弁権の付着した売買代金債権など）については，学説上は異論もあるが，判例は転付適格を肯定する（大判大6・11・10民録23輯1960頁，東京地判昭51・7・13判時847号70頁など参照）。

　㈱　このほか，執行停止文書（民執39条1項7号・8号）または執行取消文書（民執39条1号ないし6号，同40条1項参照）が執行裁判所に提出されていないことも，転付命令の発令要件の1つである。

　㈬　独占可能性　　法は，転付命令が第三債務者に送達される時点までに，差押債権について他の債権者が差押え，仮差押えの執行，または配当要求をしたときは，転付命令はその効力を生じないものとし（民執159条3項），上記の時点までに差押債権につき他に競合する債権者の手続加入がないこと，換言すれば差押債権者が差押債権について独占的満足の可能性を有することを，転付

命令の効力発生要件の1つとしている。これは，競合する他の債権者がいる場合に，転付命令により特定の債権者に差押財産からの独占的満足を与えることは，法が他の債権者についても差押財産からの平等弁済または優先弁済に与ることのできる地位を与えていることと相容れないためである。

　したがって，上記趣旨に反しない場合，具体的には，①実体法上，転付命令取得者が他の債権者に優先する権利者である場合（転付命令取得者が動産売買先取特権者である場合に関して，前掲最判昭60・7・19参照），②他の債権者による差押え等が，取立訴訟の訴状が第三債務者に送達された時点に後れる場合（これらの競合債権者に配当受領資格が与えられないことにつき，民執165条2号参照），③各債権者が差押債権の一部を差し押さえ，差押部分の額の合計が目的債権の額を超えない場合（この場合は各債権者が差押部分の全額について満足を受けることができる）においては，転付命令の効力は否定されない。

　(3)　発令手続　　執行裁判所は，転付命令の申立てが要件を充足する場合には転付命令を発し，債務者および第三債務者の双方に送達する（民執159条2項）。転付命令の申立てについての裁判（転付命令または申立却下決定）に対しては不服のある債権者，債務者および第三債務者，また，これを不服とする他の競合する債権者は，執行抗告をすることができる（民執159条4項）。差押命令と異なり，転付命令は確定しなければその効力を生じない（民執159条5項。2019〔令和元〕年改正は，差押禁止債権の範囲変更の申立ての機会を実質的に保障するため，差押債権が民執法152条所定の差押禁止債権である場合の特則として，転付命令が効力を生じるためには転付命令の確定とともに，債務者に対する差押命令の送達日から4週間を経過することを必要としている。同6項参照）。転付命令が確定するに至ったときは，転付命令が第三債務者に送達された時点に遡って転付命令の効力が生じる（民執160条参照）。このような遡及効が認められる趣旨は，転付命令に対する執行抗告の機会を確保しつつ，抗告審の審理中に債権者の競合が生じた場合でも転付命令申立債権者の独占的地位を失わせないことにある。

　転付命令に対しては，転付命令の発令要件の欠缺等を理由に執行抗告をすることができる。民執法159条7項は，転付命令発令後に執行停止文書を提出したことを理由とする執行抗告の申立てを許容するとともに，その場合の抗告手続の特則として，抗告裁判所は，他の理由により転付命令を取り消すことがで

きる場合を除き，執行抗告の裁判を留保しなければならない旨を定める。これは，既に執行停止を生じている以上，執行抗告を棄却して転付命令を確定させることはできない一方で，執行停止を理由に転付命令を取り消した上で手続が続行されるに至った段階で改めて転付命令の申立てをさせることにするのでは，転付命令申立債権者が有していた独占的地位が失われる（再度の転付命令申立ての前に債権者の競合が生じると転付命令の効力発生要件が欠けるに至る）ことから，執行停止の帰趨（執行手続の取消または続行）が決せられるまでの間，執行抗告に係る裁判をしない扱いを定めたものである。

　転付命令発令後に執行停止文書を提出したことを理由とする執行抗告について，抗告理由書の提出期限（抗告状の提出日から1週間以内。民執10条3項）の例外を認めることの是非については議論がある。転付命令による強制執行は，転付命令の発効により執行手続が終了するという性質を有するため，債務者において執行手続の阻止を求めるためには，その間に執行停止文書を取得し，執行機関に提出した上でこれを執行抗告の理由とする必要があるところ，執行停止文書の取得には一定の時間を要する（債務者において適時に請求異議訴訟等を提起したとしても，担保とする保証金の調達に時間を要する場合など，速やかに執行停止の決定を取得することができない事態が想定される）ことに鑑みれば，執行停止文書の提出を理由とする執行抗告については他の抗告理由と異なる扱いを認める余地がある（期限経過後の抗告理由提出を肯定した例として，東京高決昭56・12・11判時1032号67頁〈百選62①〉，否定した例として，東京高決昭57・3・15下民集33巻1＝4号110頁〈百選62②〉参照）。

　(4)　効　果　　(イ)　総　説　　差押命令および転付命令が確定したときは，転付命令に係る債権（被転付債権）が存在する限り，実体的効果として権利移転効と弁済効を生じる（民執160条参照）。被転付債権の存在は，転付命令の発令要件ではないが，被転付債権が当初から存在しないか，または弁済や相殺等により事後的に消滅したために存在しない場合には，転付命令の効果は生じない。したがって，転付命令が発せられ，これが確定した場合でも，第三債務者は被転付債権の不存在を理由に債権者からの請求を拒むことができ，差押債権者も弁済効を否定して請求債権に基づき執行債務者の他の財産を対象としてさらに強制執行をすることができる。

　㈡　権利移転効　　転付命令の実体的効果の１つとして，被転付債権は同一性を維持しつつ執行債務者から差押債権者に移転する。債権譲渡と異なり，債権の移転は転付命令の効果として当然に生じ，債権譲渡の対抗要件具備（民467条）も不要であるが，同一債権についての債権譲渡の譲受人と転付命令を取得した差押債権者（転付債権者）との優劣は，債権譲渡の第三者対抗要件具備の時点と差押・転付命令の第三債務者への送達の時点との先後によって決せられる（最判昭58・10・４判時1095号95頁〈民事執行法判例百選86〉）。

　　第三債務者は，差押え前に債権者（すなわち執行債務者）に対して主張することができたすべての抗弁（差押債権の障害・消滅・阻止事由）をもって，転付債権者に対抗することができる。第三債務者は，差押え前に取得した債権（民法改正後は差押え前の原因に基づいて生じた債権も含まれる）を自働債権とする相殺をもって差押債権者に対抗することができるが（本章第２節２⑷参照），このような相殺の意思表示がされるまでの間は，転付債権者において被転付債権を自働債権とし，第三債務者に対して負担する債務を受働債権とする相殺をすることも妨げられるものではなく，両者がした相殺の優劣はそれぞれの相殺の意思表示の先後によると解するのが判例の立場である（最判昭54・７・10民集33巻５号533頁〈百選〔初版〕78〉）。

　㈢　弁済効　　転付命令の実体的効果のもう１つとして，転付債権者の請求債権および執行費用（以下「請求債権等」という）が券面額で弁済したものとみなされる。したがって，たとえば，転付債権者の請求債権等が1000万円，被転付債権の券面額が1000万円である場合，被転付債権が存在する限り，転付命令の効果として転付債権者の債務者に対する債権は全額弁済されたものとみなされる（代物弁済としての実質を持つ即時決済である）ため，第三債務者が無資力であるために転付債権者が被転付債権を回収することができない場合でも，債権者は債務者の他の財産を対象として強制執行を申し立てることはできない。この点で，取立ての場合には請求債権等が第三債務者から支払を受けた額の限度で弁済されたものとみなされ，第三債務者から支払を受けられない場合にはなお債務者の他の財産を対象とする執行が可能であるのと異なる。

　㈣　その他　　転付命令の手続的効果として，転付命令の確定により執行手続は終了する（ただし，差押債権の一部のみが転付された場合など，差押債権の全体

について換価・満足が完了していない場合には，なお差押事件が存続する）。また，転付命令が第三債務者に送達された後にされた差押えや配当要求は転付命令の確定により失効する（民執159条3項の反対解釈）。転付命令が確定するまでの間に第三債務者がした供託（民執156条1項参照）は有効であり，被供託者の供託金還付請求権は，転付命令の確定により転付債権者に帰属する。

4　譲渡命令等

（1）　総　説　　差押債権が条件付・期限付債権である場合やその履行が反対給付に係る場合など，取立ての方法によることが困難である場合，執行裁判所は，差押債権者の申立てにより，譲渡命令，売却命令，管理命令，その他の換価命令（これらを総称して「特別換価命令」と呼ぶ）を発することができる（民執161条1項）。特別換価命令の裁判にあたっては，債務者も重大な利害関係を有すること，また，発令要件である取立ての困難性等は債務者がよく知りうることに鑑み，債務者の審尋が原則として必要的とされる（民執161条2項）。特別換価命令の適否や妥当性を争うため，申立てについての決定（特別換価命令または申立却下決定）に対しては執行抗告をすることができ（民執161条3項），特別換価命令は確定しなければその効力を生じない（民執161条4項。なお，2019〔令和元〕年改正は，差押債権が民執法152条所定の差押禁止債権である場合の特則として，特別換価命令の効力発生時期に関して，民執法159条6項と同趣旨の規定を設けている。民執161条5項参照）。

（2）　譲渡命令　　差押債権を執行裁判所が定めた価額で支払に代えて差押債権者に譲渡する命令を譲渡命令という。譲渡命令は，金銭の支払に代えて差押財産それ自体を移転させ，代物弁済的決済を図る点で転付命令に類似する（転付命令の規定の準用につき，民執161条7項参照）が，転付命令では支払に代えて券面額で決済されるのに対し，譲渡命令では執行裁判所が定めた価額で決済される点で異なる。実務上は，知的財産権，株券未発行株式，ゴルフ会員権等，その他の財産権に対する強制執行（本章第**5**節参照。民執167条1項により，債権執行の規定が準用される）で利用されることが多いとされる。

　執行裁判所は，譲渡命令を発するに際し，評価人（弁理士，公認会計士，執行官等）を選任して債権の評価を命ずることができ（民執規139条1項），評価人が

債権の評価をしたときは，評価書を執行裁判所に提出しなければならない（民執規139条2項）。執行裁判所は，差押債権者の申立てを認めるときは，譲渡価額を定めて譲渡命令を発する（譲渡命令の発令要件として，差押債権者の請求債権ないし執行費用の全部または一部が消滅することが必要であるとの解釈を示し，譲渡価額を0円とする譲渡命令を否定した判例として，最決平13・2・23判時1744号74頁〈百選63〉参照）。譲渡価額が差押債権者の請求債権と執行費用の額を超過する場合，執行裁判所は譲渡命令発令前に差押債権者に超過額相当の金銭を納付させ（民執規140条1項），譲渡命令の発効後，納付された金銭を債務者に交付する（民執規140条2項）。

(3)　**売却命令**　差押債権の取立てに代えて，執行裁判所の定める方法によりその債権の売却を執行官に命ずる命令を売却命令という。執行裁判所が執行官を通じて差押財産を売却させる点で不動産の強制競売に類似する（強制競売の規定の準用につき，民執161条7項参照）。売却命令では発令時点において正確な無剰余判断ができない場合があることに鑑み，売却命令の発令段階と売却の実施段階において，剰余の有無の判断がされる（民執規141条1項・2項）。差押債権等を売却して売却代金の支払を受けたときは，執行官は，債務者に代わり，第三債務者に対して確定日付のある証書により当該財産権譲渡の通知をし（民執161条6項），債権証書等があればこれを買受人に引き渡す（民執規141条3項）。売却の手続を終了したときは，執行官は，売得金および売却調書を速やかに執行裁判所に提出しなければならない（民執規141条4項）。

(4)　**管理命令**　執行裁判所が管理人を選任してその債権の管理を命ずる命令を管理命令という。執行裁判所が管理人を選任して差押財産を管理させ，その収益が配当等に充てられる点で不動産の強制管理に類似した換価方法である（強制管理の規定の準用につき，民執161条7項参照）。特許権その他の財産権に対する強制執行での利用を想定しうるが，実例は少ないとされる。

5　配当等

(1)　**配当等の実施**　債権執行において配当等（金銭の配当または交付）が実施されるのは，①差押債権について民執法156条の規定に基づく権利供託または義務供託がされ，または，同157条5項の供託判決に基づいて供託がされた

場合（民執166条1項1号），②売却命令により差押債権が売却された場合（民執166条1項2号），③動産引渡請求権の差押えがされた事案において売得金が執行裁判所に提出された場合（民執166条1項3号）のほか，④管理命令により差押債権の管理がされている場合（民執166条1項柱書）がある。

(2)　配当等受領資格　債権執行において配当等を受けることのできる債権者は，配当要求の終期（民執法156条の規定に基づく権利供託または義務供託がされた時点，取立訴訟の訴状が第三債務者に送達された時点，または売却命令により執行官が売得金の交付を受けた時点。また，動産引渡請求権の差押えがされた事案にあっては執行官がその動産の引渡しを受けた時点）までに，①差押え，②仮差押えの執行，③配当要求をした債権者に限られる（民執165条。第三債務者が差押債権者に弁済をした場合など，既に執行手続が完了している場合に配当要求ができないのは当然のこととされる）。不動産執行と異なり，当然に配当等を受けることのできる債権者（民執87条1項4号参照）は定められていない。債権執行において配当要求をすることのできる債権者は，㋐執行力のある債務名義の正本を有する債権者と，㋑文書により先取特権を有することを証明した債権者である（民執154条1項。配当要求の手続については，同2項・3項，および民執規145条が準用する民執規26条・27条参照）。交付要求をした租税債権者も配当要求債権者と同様に扱われる。なお，差押債権について権利質を有する債権者は，執行手続によらずに目的債権を直接に取り立てることができる（民366条参照）ため，配当要求債権者とされていない。

(3)　配当手続　債権執行の配当手続には，強制競売の配当手続の規定が多く準用される（民執166条2項，民執規145条）。2019（令和元）年改正は，差押債権が民執法152条所定の差押禁止債権である場合において，差押禁止債権の範囲変更の申立ての機会を実質的に保障するため，配当実施時期の見直しを行った（民執166条3項。民訴規145条後段が定める同59条2項の準用に係る読替えも同趣旨）。

　前述のように，債権差押命令の申立書においては，実務上，請求債権に係る遅延損害金を申立日までに限定して確定金額を記載させる扱いとされるところ（本章第2節1(3)(イ)参照），最判平21・7・14民集63巻6号1227頁〈百選65〉は，上記の扱いにしたがって申立てをした差押債権者は，申立日の翌日以降の遅延

＊＊＊＊

　　コラムⅠ-11　少額訴訟債権執行

　少額訴訟債権執行は，少額訴訟に係る債務名義のために特別に設けられた簡易・迅速な債権執行手続である。少額訴訟手続（民訴368条以下）は，少額の金銭債権（現行規定は訴額60万円以下）について，簡易裁判所における一期日審理，即日判決，一審限りを原則とする特別の訴訟手続として平成8年民事訴訟法改正により創設された。その後，2004（平成16）年民事執行法改正は，少額訴訟の利便性の向上を目的として少額訴訟債権執行の手続を創設し，これにより訴訟手続と執行手続の双方において，簡易裁判所へのアクセスを通じた権利実現のための簡易な手続が整備されることとなった（民執167条の2ないし14）。なお，現行法の下で，債権者が通常の債権執行の手続を選択することは妨げられない。

　少額訴訟債権執行の手続は，基本的には債権執行の手続に準じる（民執167条の14）が，手続の仕組みとして，裁判所書記官が執行裁判所（当該裁判所書記官の所属する簡易裁判所。民執167条の3）と並んで執行機関となる点に特徴がある。すなわち，少額訴訟債権執行の手続は，債権者の申立てに基づき，少額訴訟に係る債務名義を作成した簡易裁判所の裁判所書記官の差押処分（債権執行における差押命令に対応する。民執167条の5参照）により開始される（民執167条の2第2項）。また，差押債権について供託がされた場合において，供託金について配当を実施すべき場合に当たらないときは，裁判所書記官が供託金の交付計算書を作成して，弁済金を債権者に交付し，剰余金があれば債務者に交付する（民執167条の11第3項）。

　一方，少額訴訟債権執行において執行裁判所となる簡易裁判所は，裁判所書記官が行う執行処分に対する執行異議についての裁判（民執167条の4第2項参照）や差押禁止債権の範囲変更の申立てについての裁判（民執167条の8第1項・第2項），地方裁判所への移行についての裁判（民執167の10ないし12）等を行う。当該債権執行事件において転付命令または譲渡命令その他の特別換価命令の発令が求められる場合や供託金について配当の実施が必要となる場合には，複雑な法的判断や利害調整が必要となることに鑑み，執行裁判所が事件を所定の地方裁判所に必要的に移行させることとされている（民執167条の10第2項・167条の11第1項・第5項）ほか，上記の場合以外でも，執行裁判所が事件を地方裁判所に移行させることができる場合が定められている（民執167条の11第2項・第4項，167条の12）。

損害金（申立書に記載されなかった部分）についても，特段の事情のない限り，配当額の計算の基礎となる債権額に加えて計算された金額の配当を受けることができるとする解釈を明らかにしている。これは，申立時に上記扱いをする趣旨は，第三債務者の負担への配慮（第三債務者が自ら請求債権中の遅延損害金の金額を計算しなければ，差押債権者の取立てに応ずべき金額が分からないという事態が生じないようにするためのもの）にあるところ，第三債務者が差押債権の全額を供託した場合には，もはやそのような配慮が不要であるとの理解に基づく。

6　登記等のされた担保権付債権に関する移転登記等の嘱託

差押債権が登記・登録のされた先取特権，質権または抵当権によって担保された債権であるときは，差押債権者の申立てにより，裁判所書記官から差押えの登記等の嘱託がされるが（民執150条参照），その後，差押債権について転付命令や譲渡命令の発効により，または売却命令による売却の終了により差押債権者または買受人が当該債権を取得したときは，これらの債権取得者の申立てにより，裁判所書記官から担保権の移転の登記等の嘱託と差押えの登記等の抹消の嘱託がされる（民執164条１項。嘱託手続につき，同２項・３項参照。登録免許税その他の費用は債権取得者の負担となることにつき，同４項）。

また，登記等のされた担保権付債権に関する差押えの登記等の嘱託がされた後，当該債権について支払または供託があったことを証する文書が提出されたときは，申立てにより，裁判所書記官から差押えの登記等の抹消の嘱託がされる（同５項前段。費用は債務者の負担となることにつき，同６項）。債権執行の申立てが取り下げられた場合や差押命令の取消決定が確定した場合も同様である（同５項後段。費用は差押債権者の負担となることにつき，同６項）。

第4節　船舶・動産の引渡請求権の差押え

1　総　説

債務者が船舶・動産を所有する場合の金銭執行の方法としては，船舶執行（民執112条以下）や動産執行（民執122条以下）の方法によることが考えられるが，これらを第三者が占有するときは，第三者が当該目的物を任意に提出する

場合を除き，執行手続を進めることができない（動産執行につき，同124条参照。
船舶執行についても第三者から船舶国籍証書等の任意提出を受ける場合を除き，同様で
あると解される）。法は，このような場合の執行方法として，債務者が占有者に
対して有する船舶・動産等の引渡請求権について執行裁判所（船舶・動産等の所
在地を管轄する地方裁判所。民執144条 2 項但書）の差押命令を得て，その占有を保
管人または執行官に移転させる方法を通じて，当該船舶・動産等の換価を可能
とする仕組みを設けている。

2　船舶の引渡請求権の差押命令の執行

　船舶の引渡請求権について差押命令を得た債権者は，債務者に対する差押命
令の送達日から 1 週間を経過したときは，第三債務者に対し，船舶の所在地を
管轄する地方裁判所（船舶執行の執行裁判所と一致する）の選任する保管人にそ
の船舶を引き渡すべきことを請求することができる（民執162条 1 項。任意の引渡
しがないときは取立訴訟の方法による）。保管人が船舶の引渡しを受けたときは，
保管人は債務者の代理人として船舶を占有し，債権者は当該船舶について船舶
執行の申立てをすることができる（民執162条 2 項）。当該船舶について強制競
売開始決定がされたときは，従前の保管人は船舶執行において選任された保管
人とみなされる（民執162条 3 項）。以上の手続は，航空機の引渡請求権を差し
押さえた場合に準用される（民執規142条）。

3　動産の引渡請求権の差押命令の執行

　動産の引渡請求権について差押命令を得た債権者は，債務者に対する差押命
令の送達日から 1 週間を経過したときは，第三債務者に対し，差押債権者の申
立てを受けた執行官にその動産を引き渡すべきことを請求することができる
（民執163条 1 項。任意の引渡しがないときは取立訴訟の方法による）。執行官が動産
の引渡しを受けたときは，執行官は所定の事項を記載した受領調書を作成して
速やかに執行裁判所に提出する（民執規142条の 2 ）とともに，動産執行の売却
手続により（自動車，建設機械または小型船舶の場合は，民執規86条以下，98条，98
条の 2 所定の手続によることにつき，民執規143条参照）当該動産を売却して，売得
金および売却調書を執行裁判所に速やかに提出しなければならない（民執163条

２項。また，民執規145条・141条４項参照）。

　債務者が銀行等の貸金庫内に保管する金品に対する強制執行の可否および方法については議論があるが，最判平11・11・29民集53巻８号1926頁〈百選64〉は，貸金庫の利用者が銀行に対して内容物を取り出すことのできる状態にするよう請求する権利は，内容物全体を対象とした一括的な引渡請求権としての性質を有するとの理解を前提として，貸金庫の内容物に対する強制執行は当該引渡請求権を差し押さえる方法によりすることができること，また，差押命令の申立てに際しては貸金庫を特定することによって差押債権を特定することができ，貸金庫内の個々の動産を特定してその存在を立証する必要はないことを明らかにしている。

第5節　その他の財産権に対する強制執行

1　意　義

　民事執行法は，不動産，船舶，動産および債権以外の財産権を「その他の財産権」と呼び，これらの財産権を対象とした強制執行については，特別の定めがある場合を除き，債権執行の例によるとしている（民執167条１項）。その他の財産権の例として，民事執行規則上，明文規定があるものとして，電話加入権（民執規146条以下），振替社債・振替株式等（民執規150条の２以下），電子記録債権（民執規150条の９以下）があるほか，賃借権等の不動産利用権，特許権等の知的財産権，持分会社の社員持分権や各種組合の組合員持分権，信託受益権，ゴルフ会員権等のクラブ会員権，株券未発行株式などについての利用例が知られている。また，近時では，電子マネーや暗号資産などのデジタル財に対する強制執行の方法としての利用可能性が議論されている。

2　手　続

　その他の財産権に対する強制執行は，特別の定めがある場合（同２項ないし５項参照）を除き，債権執行の例による。換価の方法としては，実務上，譲渡命令や売却命令によることが少なくないとされるが，当該財産権の種類や性質によっては，差押命令や譲渡・売却命令等の対象となりうる資格（執行対象適

格）の有無が問題となることがある。たとえば，ゴルフ会員権については，会員規則等により会員権の譲渡につきゴルフ場経営会社等の承諾が必要とされることが一般的であるため，譲渡可能性の点で執行対象適格が問題となりうるが，このような規則等の有無にかかわらず，差押命令や譲渡・売却命令の対象となると解するのが執行実務とされる（譲渡命令の例として，東京高決昭60・8・15判タ578号95頁〈百選66〉，売却命令の例として，東京高決昭62・11・27東高民38巻10＝12号106頁参照）。また，最決平31・1・23民集73巻1号65頁〈重判令元民訴7〉は，被相続人名義の口座に記録等がされている振替株式等が共同相続された後，共同相続人の1人の共有持分に対する差押・譲渡命令の申立てがされた事案において，①被相続人名義の口座に記録等がされている振替株式等は相続人の口座に記録等がされているものとみることができる，また，②共同相続された振替株式等につき共同相続人の1人の名義の口座に共有持分の記録等をすることができないからといって譲渡命令の確定による譲渡の効力が生じ得ないとはいえない，との見解を示し，当該共有持分に対する差押・譲渡命令を否定した原決定の判断を破棄した。

第6節　扶養義務等に係る金銭債権についての強制執行の特例

1　総　説

　養育費その他の扶養義務等（民752条・760条・766条・877条ないし880条等参照）に係る定期金債権については，その実現が債権者の生計維持に不可欠なものであること等に鑑み，2003（平成15）年および2004（平成16）年の改正により，これらの債権に基づく強制執行に関する特則が設けられた。また，2019（令和元）年改正は，上記定期金債権の債権者を含む民執法206条1項所定の債権者について，市町村等から債務者の給与債権に関する情報を取得することのできる手続を新たに設けた（第三者からの情報取得手続については，第 I 編第6章第2節3参照）。

2　予備差押え

2003（平成15）年改正は，扶養義務等に係る定期金債権に基づく強制執行の

特則として，定期金債権の一部に不履行があるときは，期限未到来部分についても債権執行を開始できるものとした（民執151条の2第1項。「予備差押え」とも呼ばれる）。これは，期限の到来は執行開始要件の1つであるから（民執30条1項参照），定期金債権に基づく強制執行は定期金の支払期限が到来した部分に限って開始することができるのが本則であるところ，養育費その他の扶養義務等に係る定期金債権については，その実現が債権者の生計維持に不可欠なものであり，債権者の手続的負担を軽減すべき必要性が特に高いことに鑑み，強制執行を開始することができる請求債権の範囲を期限未到来部分についても拡大したものである。

　この方法により差し押さえることができる債務者の債権は，給料その他継続的給付に係る債権（民執151条のそれと同義とされる。保険医療機関，指定医療機関等の指定を受けた病院または診療所が取得する診療報酬債権がこれに該当するとした判例として，最決平17・12・6民集59巻10号2629頁〈百選49〉参照）のうち，請求債権である各定期金債権の確定期限到来後に弁済期が到来するものに限られる（民執151条の2第2項）。これは，請求債権である定期金債権について確定期限が到来した後に債務者が受けるべき将来の収入（たとえば，養育費の支払期日後に債務者が受けた給料収入など）は，当該定期金債権との関係で引当財産となる蓋然性が高いために，特に予めの差押えを認めても不当ではないと考えられることによる。

3　間接強制

　2004（平成16）年改正では，金銭債権のうち扶養義務等に係る定期金債権に限り，間接強制の方法によることができる旨の改正がなされた。これは，扶養義務等に係る請求権については，その実現が債権者の生計維持に不可欠であり，間接強制の方法を認める必要性が高いと考えられる（給料債権を差し押さえる等の直接強制の方法によることが債務者の雇用関係に影響するのではないかとの懸念から，債権者が申立てを躊躇する場合等が想定される）一方で，養育費等の扶養義務等に係る定期金債権の額は，債務者の資力を主要な考慮要素として定められるものであるために，間接強制の方法によることを認めても，濫用的な制度利用のおそれが少ないと考えられたことによる。

　扶養義務等に係る金銭債権に基づく間接強制は，債権者の申立てにより，執行裁判所が債務者に対し，その債務を履行しない場合には裁判所が債務の履行確保のために相当と定める一定額の金銭を債権者に支払うことを命ずる方法により行う（民執167条の15・172条1項参照）。定期金債権の一部に不履行があるときは，期限未到来部分についても直近6か月以内に期限が到来する限度で，不履行部分と一括して間接強制を開始することができる（民執167条の16）。

（川嶋隆憲）

第13章

非金銭執行

第1節　非金銭執行の意義と重要性

　強制執行の手続には，様々な種類のものがある。これまで述べてきた金銭執行の手続と対比されるのが，以下で述べる非金銭執行の手続である。前者は，執行債権が金銭の支払を目的としたものであり，後者は，それ以外の目的をもつ債権等の強制執行のための手続である。

　金銭執行は，債務者の財産を差し押さえ，それを換価し，そこから得られた金銭から債権者に満足をもたらす基本的な手続構造を有している。このような手続は，歴史的に見れば，近代資本主義経済の下における金銭の融通性・利便性といったその性格に着目して発展し，事案に即応し執行対象財産ごとに手続的に純化されたものと考えられる（民709条・723条・417条，民事執行法第2章第2節を参照）。また，同時に，その種の金銭化の手続は，自由主義経済の下では，市場等を通じて簡易かつ機械的・形式的に実施が可能であり，債務者の身体を拘束して債務の履行を促すといった前近代的な執行方法と比べて，近代的に洗練されたものであると考えられたことによる。それゆえ，ドイツ法に起源を有する日本の民事執行手続も，近代化の極致として金銭執行を中心とした構成をとっている。それが，先に述べられた「差押え」→「換価」→「満足」の手続である。

　これに対して，非金銭執行では，金銭執行のような執行手続を用いることはできない。金銭以外の物の給付を目的とした請求権，および，債務者の行為（作為・不作為）を求める請求権の場合には，そもそも本来的に金銭化や金銭の給付を目的とはしていないからである。そこでは，多様な行為の現実的・実際的な実現，すなわち「現実的救済」が求められ，その実現すべき給付内容の多

様性ゆえに，給付内容の個別的な性格に応じて，様々な執行方法が採用されている。また，金銭債権の執行手続と比較して，物権的請求権をも含む多様な請求権の実現を目的とするために，非金銭執行を規定した民事執行法中の第 2 章第 3 節のタイトルも「金銭の支払を目的としない請求権についての強制執行」と，非金銭的な「請求権」の実現目的を明記している（執行方法の種類については，民414条 1 項も参照）。

　ところが，非金銭執行の領域は，従来はあまり注目を受けることがなかった。条文の数も現実の事件数も，金銭執行の方が圧倒的に多かった。強制執行における論争点の数も，また同様である。

　しかし，現代社会における非金銭執行の重要性の認識と多様なニーズの顕在化などから，必ずしも十分ではないものの，近時，重要ないくつかの法改正が行われた。これは，金銭的救済を超えた「現実的救済」を希求する一般市民の声の反映でもあると考えられる。

第 2 節　非金銭執行手続の概観

　非金銭執行手続は，実現すべき請求権の内容によって異なる。

　まず，金銭以外の物（不動産等・動産）の引渡し・明渡しの強制執行（民執168条 1 項・169条 1 項）については，原則として，直接強制（民414条 1 項）の方法が採用されている。執行官が，目的物に対する債務者の占有を解いて債権者にその占有を取得させる方法により行われるのである。ただし，2003（平成15）年の法改正により，物の引渡し・明渡しや代替的作為義務についても，間接強制（民414条 1 項，民執172条）による執行が可能とされた（民執173条）。

　次に，物の給付義務以外の態様による債務者の行為義務（作為義務）の中で，意思表示義務についての強制執行（民執177条 1 項）は，意思表示の擬制という形式で，直接的な請求権の実現が図られている。この種の義務は，他人が代って行うことができない非代替的作為義務ではあるが，ただ債務の性質上債務者による履行自体に意味があるのではなく，その履行の結果にのみ意味があるという特殊な義務だからである。

　これら以外の行為義務の執行については，その義務が代替的か否かで，その

図表 I - 5　　非金銭執行の種類と位置付け

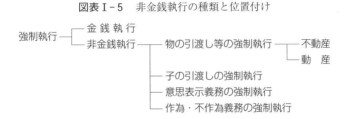

執行方法が異なる。一方で，債務の内容が，債務者以外の者が代って行える代替的作為債務については，債権者の関心は，目的とされた債務内容が結果的に実現されるかどうかにあるので，代替執行（民執171条1項，民414条1項）が採用されている。ここでは，債務者以外の者（第三者等）による債務内容の実現とその実現に要した費用の債務者からの取立てという形式で，本来の債務内容の実現が図られている。究極的には費用償還がなされるので金銭執行に近似するという側面はあるものの，制度本来の目的は，債務内容の現実的な実現にある。

　他方で，非代替的作為義務や不作為義務については間接強制が採用されている。これは，債務者に対して強制金の支払で債務者の心理を強制することを通じて，その支払を避けたい債務者による任意の履行を間接的に強制する手続であるが，あくまで本来の義務内容の実現が企図されている（民執172条）。義務履行の自発的な促しのために強制金の賦課とその取立てといった執行手続が想定されているが，究極の目的は現実的な義務履行の強制である。ただし，「現実的救済」がなされることなく執行の結果が金銭化されてしまう限りで，義務の本旨が必ずしも実現されてはいないことには注意を要する。

第3節　物の引渡義務等の強制執行

1　不動産等の引渡義務・明渡義務の強制執行

（1）意　義　　これは，金銭以外の有体物の引渡し・明渡しを目的とする請求権の強制執行の方法である。不動産等（不動産または人の居住する船舶等をいう。以下同じ）については，引渡し・明渡しの強制執行が予定されており，動産については引渡しの強制執行が予定されている（「非金銭債権の実現」……とい

う本章の表題ではあるが，本節には，「債権的請求権」に限らず，「物権的請求権」の強制的実現も含まれていることは既に述べた）。なお，ここでいう「引渡し」と「明渡し」の違いは，前者が，単に目的物の直接的な支配を移転すること（そのままの現実的移転）に限定されるのに対し，後者は，その中に債務者等が物品を置いていたり居住していたりする場合に，それらを引き払ったり立ち退いたりすること（元の状態にしての移転）によって，目的物の直接的な支配を債権者に移転することをいう。

(2)　**手　続**　　まず，不動産等の引渡し・明渡しの強制執行は，執行官が目的物に対する債務者の占有を解いて，その占有を債権者に取得させることにより実施される（民執168条1項）。債権者にその占有を取得させることが目的とされているので，債権者またはその代理人が，執行の行われる場所に立ち会わない限り，その執行を実施することはできない（民執168条3項）。執行官は，不動産等の占有状況を調査するために，たとえば，電気・ガス・水道等公益事業を営む法人に対して，必要な事項の報告を求めること（民執168条9項・57条5項）や，不動産等に立ち入って，開扉のために必要な処分（例，債務者が不在等の場合に鍵を専門業者に開けさせることなど）を行うことができる（民執168条4項。なお，民執7条も参照。さらに，民執168条2項も参照）。

この執行の過程では，債務者だけではなく，その家族その他の同居人等，そこに居住している者で独立した占有権原を有していないと通例考えられる者をも，強制的に退去させることができる（ただし，たとえば，賃借人等，社会通念上債務者とは別個独立の占有を有すると認められる者に対しては，別個の債務名義を必要とする。例，東京高判昭32・9・11判時132号14頁等を参照）。なお，債務者が病気と称して床に伏している場合には，それが真に重病であり，立退きの強制が病状を著しく悪化させるおそれがあるときには執行不能となる。ただし悪化の程度問題は微妙であり，必要な場合には，医師の診断に基づいて，その続行の可否を決するほかないであろう（診察等の費用は，執行費用となる）。

(3)　**明渡催告の制度**　　不動産等の引渡しまたは明渡しの強制執行においては，明文の規定はなかったものの，従来の執行実務上，債務者に対する苛酷執行を抑止するために，第1回の執行実施は債務者に対する明渡しの催告に止めておき，その債務者の事情に配慮した上で，執行の実施日を決めるといった柔

軟な手続運用が行われていた。たとえば，執行官が強制執行に着手すると，債務者が現場で抵抗を企てることや，目的外動産の処分等について感情的なクレームを付けることもあり，執行の実施が妨害される事態さえ生じていたので，そのような裁量的な手続が実施されていたのである。臨機応変でかつ現状即応的・関係調整的な法的救済の実現である。

　これを踏まえて，2003（平成15）年の改正法は，明渡催告の制度を実定法化した（民執168条の2）。つまり，債務者が不動産を占有している場合において，執行官は，その執行の申立てがあったときは，引渡期限を定めて明渡しの催告ができることとされたのである（民執168条の2第1項）。これは，いわゆる「過酷執行」に対する制度的な安全弁として機能する可能性を有している。

　この催告は，やむを得ない事情がある場合を除いては，明渡執行の申立てから2週間以内の日に実施しなければならない（民執規154条の3第1項）。引渡期限は，催告の日から原則として1月以内であるが，執行裁判所の許可により，より長い期限を定めることもできる（民執168条の2第2項。事後的な延長も可能である。同条4項）。

　明渡しの催告を行った場合に，債務者がそれを機に占有移転等の執行妨害行為をすることを阻止するために，占有の移転は禁止される（民執168条の2第5項）。その際，執行官は，引渡しの期限および占有移転の禁止を公示しなければならない（民執168条の2第3項）。この公示は，当事者恒定の効果を有するので，債権者は，明渡催告後の占有者に対して，承継執行文を得ることなく強制執行を行うことができる（民執168条の2第6項）。なお，この場合において善意の非承継占有者（明渡しの催告を知らない者であって債務者の占有の承継人ではないもの）は，執行異議または請求異議の訴え（強制執行不許の訴え）を提起できるが（民執168条の2第7項・第9項），催告後の占有者は悪意が推定されるので（民執168条の2第8項），そのケースは稀であろう（この公示書等を損壊した者は，1年以下の懲役または100万円以下の罰金に処せられる。民執212条2号）。

(4)　不動産等の中にある動産の取扱い　　不動産等の引渡し・明渡しの強制執行の際には，不動産内に目的外の動産が存在することも多いので，その処置が問題となる。執行官は，引渡し・明渡しの執行をする際に，その目的外の動産がある場合には，原則として，それを取り除いて債務者，その代理人，また

は，同居の親族・使用人等に引き渡すことになる（民執168条5項前段）。ただ，それらの者が現場にいない場合や，受取りを拒否する場合等，その引渡しが現実に行えないときには，執行官は，それら目的外動産を売却することができることになっている（民執168条5項後段）。明渡しの催告がされているときは，強制執行の実施予定日に動産を売却する旨を執行官が決定でき，また，高価な動産を除いて，強制執行の実施日に，公告なしに売却することも認められている（その手続等については，民執規154条の2を参照）。その売却が行われると，執行官は，売得金から保管・売却に要した費用を控除して，その残額を供託する（民執168条8項）。このような方法で引渡しや売却をしなかった動産については，執行官が保管し，その後にこれを売却することができる（民執168条6項。保管費用は執行費用となる。民執168条7項）。

2　動産の引渡義務の強制執行

(1)　**債務者が占有する動産の引渡執行**　　動産（有価証券を含む）の引渡しの強制執行は，執行官が債務者からこれを取り上げ債権者に引き渡す方法による（民執169条1項）。この手続においては，債権者またはその代理人が強制執行の現場に来ない場合でも，執行を実施できるが，その場合には執行官がその動産を保管しなければならない（保管が困難である場合の手続等については，民執規155条3項・154条の2を参照）。執行官の任意弁済受領権限および立入捜索権限等は，動産執行の場合に準じ，また，執行対象動産内に目的外動産がある場合には，不動産の引渡し・明渡しの執行の場合に準じる旨の規定が置かれている（民執169条2項）。

　なお，金銭執行である動産執行の場合に差押禁止財産となる動産も，非金銭執行では，引渡執行の対象となり得る。また，かつて動産の引渡執行の文脈で「幼児の引渡しの強制執行」が論じられてきたが，いうまでもなく幼児は「物」ではなく，近時，新たな法的規律がなされたことから，次節で言及したい。

(2)　**第三者の占有する動産の引渡執行**　　ところで，不動産・動産を問わず，一般に第三者すなわち債務名義の名宛人でない者が，強制執行の目的物を占有している場合がある。この場合には，原則として，その第三者に対して引渡しの強制執行を行うことはできない。ただし，その第三者が債務者に対して

その物を引き渡す義務を負っている場合には, 債権者の申立てにより, 執行裁判所が, 債務者の第三者に対する引渡請求権を差し押さえ, その請求権を行使することを債権者に許す旨の命令を発する方法によって, 第三者占有物に対する引渡執行を行うことができる (民執170条1項)。ただし, 第三者が任意に引渡しを行わない場合には, 債権者は引渡訴訟の提起等によって, その引渡請求権を実現せざるをえないことになる。これは, 一般に執行過程に第三者が関わる点等において債権執行に類似した性格を有しているので, たとえば, 執行裁判所, 第三者の陳述催告, 債権者の取立権等について, 債権執行に関する規定が準用されているのである (民執170条2項, 民執規156条)。

第4節　子の引渡しを求める強制執行

1　規定創設の経緯

　幼児は, 民法上の物ではないものの, その引渡しが問題となる場合については, かつては驚くべきことに, 民事執行法上では, 動産の引渡執行の文脈で論じられていた。もともと人は物ではないので, たとえその人が意思能力 (民3条の2) を有している場合でなくても, 幼児に対しても裁判等による引渡しを命じることは, 個人の尊厳 (憲13条・24条, 民2条) に照らして絶対に許されず, また, たとえ引渡しの債務名義が存在していても, 債務者が自発的に幼児の身を債権者に委ねるのでないような場合には, 執行不能にならざるをえない。

　これに対して, 従来から, 意思能力を有しない幼児については, その引渡しの強制執行は一般に可能であると解されてきた。ただ, その執行方法については, いくつかの説に分かれていた。

　たとえば, 直接強制説 (動産の引渡しに準じて執行官による取上げ・債権者に対する引渡しを認める説), 間接強制説 (基本的には幼児の移動に対する妨害の排除〔妨害しないという不作為義務の履行〕を, 間接強制を通じて心理的に強制すべきであるとする説), さらに, 折衷説 (原則として間接強制によりながらも, 将来のための適当な処分〔民旧414条3項〕の一方法として, 幼児の取上げと債権者への引渡しを認める説) 等が存在した (裁判例については, たとえば, 大阪高決昭30・12・14高民8巻9号692

頁〔この決定は，子の引渡請求についての強制執行は，たとえば乳幼児が不当に拉致誘拐されている場合等のように直接強制の方法によることが一般道義感情からもまた幼児の人権尊重の観点からも是認される場合においては，直接強制の方法によるべきであるが，そうでない場合には間接強制をすべきであると判示する〕参照）。なお，この問題に関しては，人身保護法の利用も見られた（最判平30・3・15民集72巻1号17頁等を参照）。

　しかし，この問題は，次に見るように，立法的な解決をみた。

2　手続の概要

（1）**新たな立法の背景と「子の福祉」への配慮**　　近時，日本においても離婚事件数が増加し，少子化の傾向とあいまって子の引渡しに関する先鋭的な紛争も増加した。また，国際結婚の破綻に伴う国際間の子の引渡しの問題もクローズアップされることになった。そのような状況で，2013（平成25）年に，子の引渡し（「取上げ」と呼ばれる）の強制執行を日本で最初に規定した法律として，「国際的な子の奪取の民事上の側面に関する条約の実施に関する法律」（ハーグ条約実施法）が成立した。しかし，その実効性には疑問があった。しかも，国内法との手続的な整合性も確保されてはいなかった。

　そこで，2019（令和元）年の民事執行法改正において，ハーグ条約実施法の手続規律も同時に改正し，国内における子の引渡しの強制執行について新たな規定（民執174条〜176条）が創設された。そこでは，従前の強制執行の基本的な考え方（債権者・債務者保護）とはやや異なり，最大限に「子の福祉」への配慮を志向する画期的な立法であった（民執176条の文言を参照）。

（2）**手続の基本構造**　　その手続的な特徴は，間接強制（民執172条）と「直接的な強制執行」（執行裁判所が決定により執行官に子の引渡しを実施させる方法）が併用される（民執174条1項）点にある。執行方法の活用が段階的に行われることもある。両執行方法の関係としては，間接強制が前置されるか，または，その実効性がないことや子の急迫の危険を防止する必要があることが，直接的な強制執行の要件とされる（民執174条2項）。

　直接的な強制執行の手続は，決定手続である。管轄裁判所は代替執行と同じである（民執174条5項）。原則として債務者審尋が必要とされるが，子に急迫

した危険があるときその他の審尋をすることにより強制執行の目的を達成することができない事情があるときには不要となる（民執174条 3 項）。

　かつてのハーグ条約実施法では，いわゆる「同時存在の原則」（強制執行の際に債務者の存在を必要的とする原則）が採用されていたが，その結果，債務者がいないところでは執行できないという難点が生じただけではなく，逆に，債務者がいれば強硬な抵抗に遭い執行が不能になりかねない難題も存在した。そこで，改正法では債務者の同時存在を必要とせず，それに代え，原則として債権者の出席（出頭）が必要とされることになった（民執175条 5 項）。これは，債権者は子の他方の親であることから，その者がいれば，執行現場における子の混乱を避けることができると考えられたからである。ただし例外的には，債権者の代理人の出席でも足りるものとされる（この場合には，代理人の適格性を判断するために，裁判所の許可が必要となる。民執175条 6 項）。

　執行場所については，原則として，債務者の住居その他債務者の占有する場所であり（民執175条 1 項），例外的に，それ以外の場所で執行を行うには原則としてその場所の占有者の同意を要することとされた（民執175条 2 項）。ただし，同意を必要的なものとすると，執行妨害のおそれがあるため，子の住居においては裁判所における相当性の判断を前提として，占有者の同意に代わる許可に基づく執行も可能とされた（民執175条 3 項）。

　直接的な強制執行の決定内容としては，執行裁判所が執行官に対して必要な行為を命じるほか（民執175条 4 項）に，子の監護を解くために必要な執行官の権限が定められている。たとえば，債務者の説得，建物への立入り，子の捜索，債権者と子・債務者との面会等である（民執175条 1 項各号）。この執行に際して，執行官は，子に対して威力を用いることはできず，子以外の者に対しても，子の心身に有害な影響を及ぼすおそれがある場合には威力を用いることができない（民執175条 8 項）。さらに，この直接的な強制執行に際して，執行裁判所および執行官に対しては，子の心身に有害な影響を及ぼさないように配慮をする責務が課されている（民執176条）。執行の実効性を確保しつつも，最大限に「子の福祉」に配慮した規律である。

　(3)　**手続の特質**　　この手続の興味深い点は，特定の請求権における執行目的に即応して複数の執行方法を活用するという基本構造が用いられている点で

コラム I -12　面会交流等と間接強制

　子の引渡しの強制執行と同様に,「子の福祉」に配慮すべき課題のある問題とし
て, 面会交流等の間接強制に関する問題がある。

　近時, 面会交流を内容とする家事審判に基づく間接強制の可否が問題となった
が, 判例（最決平25・3・28民集67巻3号864頁〈百選70〉）は, 肯定説に立った。
すなわち, 面会交流では子の利益が最優先されるべきであり, 柔軟に対応できる条
項に基づき債権者・債務者の協力の下で実施されることが望ましいが, 給付を命じ
る審判は債務名義となり, 本件のような内容（面会交流の回数, 日時と場所〔月1
回, 毎月第2土曜日の午前10時から午後4時まで, 債権者自宅外の債権者が定めた
場所〕, 面会交流の方法〔子の受渡場所等〕, 子にやむを得ない事情が生じた場合の
代替日の決定等を定める内容）の審判は性質上間接強制が可能であり, 債務者がす
べき給付が特定されていれば, 間接強制決定ができる旨等を判示したのである。債
務名義の特定性とも関わる問題もあるが, 妥当な決定である。

　なお, 子の引渡しを命じる審判（家事審判）を債務名義とする間接強制の申立て
が権利の濫用に当たるとされた近時の判例（最決平31・4・26集民261号247頁・判
時2425号10頁）もある。「子の福祉」に配慮した妥当な決定である。

ある。また, 段階的な執行方法の活用の可能性もある。これらの点は, 日本で
はかつて抽象的差止判決の執行方法として展開されていた解釈論とも共通する
構造を有する（後述, 本章第6節5参照）。

　なお, 立法面での複数の執行方法（間接強制と直接強制）の併用については,
2003（平成15）年の法改正が, 物の引渡し・明渡しや代替的作為義務につい
て, 間接強制（民414条1項, 民執172条）による執行を可能としたこと（民執173
条）については, 既に述べた（前述, 本章第2節参照）。

　ちなみに, 子の引渡しを求める強制執行において「直接的な強制執行」と呼
ばれている手続は, 代替執行的側面がある直接強制である。執行方法として,
直接強制と代替執行との同質性（結果の直接的な実現）を伺うことができる。
「直接執行」（民414条1項参照）と明示されていない点も, 金銭執行や物の引渡
し等の執行の場合とは異なることを示唆している。

第5節　意思表示義務の強制執行

1　意思表示義務の強制執行における特質

　一般に，意思表示の義務は，債務者に代って第三者がすることのできない義務であるが，既に述べたように，債権者の意図は，意思表示の結果，つまり一定の法律効果を取得することにある。要するに，裁判所を通じて，債務者の意思表示が行われた状態が法的に創り出されれば，債権者は，その目的を達成できるのである。

　そこで，そのような意思表示義務の特質を踏まえて，民事執行法上，特別の手続が用意されている（民執177条）。この意思表示義務の強制執行の実例としては，たとえば，官公署に対する許認可申請等があるが，ただ，実際には，大部分が登記義務に関連するものである。たとえば，債務者が債権者に対して登記申請義務（登記申請の意思表示義務）を負っている場合に，債権者が欲しているのは，債務者の意思表示という結果自体であり，要するに，債権者による単独申請によってそのような登記が可能となるという効果そのものである。

　そこで，民事執行法は，このような場合に，債務者に対して意思表示義務を履行させるべく間接強制を用いるといった迂遠な執行手続を用いることなく，意思表示を命じる内容の給付判決すなわち債務名義の効果が発生した時点で，債務者が当該意思表示をした旨を擬制することにしたのである。

2　意思表示の擬制の要件

　まず，執行債権は，意思表示請求権である場合に限られる（民執177条1項）。ここでいう意思表示には，法的擬制によって給付結果を実現することができるすべての観念的な行為を包含する。たとえば，一定の法律効果を伴う意思表示（例，登記申請，会社に対する株式譲渡承認申請〔最判昭63・10・21判時1311号68頁参照〕等）を含むほか，準法律行為である観念の通知（例，債権譲渡の通知等）等も含む。ただし，たとえば，手形の振出しや裏書のように，債務者の現実の行為（例，署名押印等）を要する意思表示を目的とする債権については適用できない。

　次に，意思表示の内容は，債務名義上に明確に特定されていなければならない。とりわけ，たとえば登記義務等については，登記すべき不動産等の表示だけでなく，登記原因や日付，登記の目的等が，債務名義上に，明確かつ特定的に表示されていなければならない。

3　意思表示の擬制の効果

　意思表示の擬制の効果としては，債務者が債務名義に表示された意思表示を行ったとみなされることである（民執177条1項）。擬制の対象は，意思表示に限られる。そこで，債権者の求める法律効果の発生について他の要件を必要とする場合（例，売買契約における債権者の意思表示が必要な場合や要物契約における物の引渡しが必要な場合等）には，その要件を具備する必要がある。

　また，その意思表示の到達の要件も問題となる。まず，意思表示の相手方が債権者である場合には，判決の送達や和解等の成立の時点で，その到達も認められるので，擬制の発効によって，法律効果も発生する。次に，意思表示の相手方が第三者（特に官公庁等）である場合には，判決の謄本等を債権者が当該第三者に送付し，その到達の時点で意思表示の到達が認められ，法律効果が発生することになる。

　両者の場合に，意思表示義務の執行は，判決確定等の時点で即時に終了する。

　たとえば，不動産登記の抹消登記手続請求訴訟においては，請求認容判決の確定によって被告（義務者）が抹消登記申請をしたとみなされ，執行は即時に終了することになる（最判昭41・3・18民集20巻3号464頁〈百選72〉を参照）。

4　意思表示の擬制の効果が発生する時期

　意思表示の擬制の効果が生じるのは，原則として，判決等の確定または和解・認諾調書等の成立の時点である（民執177条1項本文）。外国判決や仲裁判断の場合には，それぞれ執行判決や執行決定が確定した時点である。これらの場合に，原則として執行文の付与は必要とされない。

　ただし，以下のような例外がある。

　まず，①意思表示請求権が確定期限の到来にかかる場合においては，その期限の到来時に，意思表示の擬制の効果が発生することになる（民執30条1項）。

　次に, ②債務者の意思表示が, 債権者の証明すべき事実の到来にかかる場合
には, 条件成就執行文が付与されたときに意思表示があったものとみなされる
（民執177条1項但書）。たとえば, 農地の売買契約において知事の許可を条件と
して移転登記を命じる内容の債務名義の場合には, 債権者が, 右許可の存在を
証明して条件成就執行文を取得した時点で, 債務者による移転登記申請の意思
表示がなされたことが擬制される。その際, 執行文付与の訴え（民執33条）を
通じて執行文が付与された場合には, その認容判決が確定したときに擬制の効
果が生じ, また, 執行文付与に対する異議の申立て（民執32条）や執行文付与
に対する異議の訴え（民執34条）により執行文付与が取り消された場合には,
擬制の効果が遡及的に消滅する。これらの点については, 以下の場合において
も, 同様に妥当する。

　さらに, ③債務者の意思表示が反対給付との引換えにかかる場合には, 債権
者が反対給付またはその提供のあったことを証する文書を提出し執行文を得た
時点で, 意思表示があったものとみなされる（民執177条2項。執行文付与申立書
の記載事項については, 民執規165条を参照）。たとえば, 一定額の金銭の支払と引
換えに移転登記を命じる旨の債務名義においては, 債権者が右金銭を供託等し
てその証明書に基づいて執行文を取得したときに, 債務者の移転登記申請の意
思表示が擬制される。引換給付の場合の反対給付は, 通例, 執行開始要件とさ
れているが（民執31条1項参照）, ただ, 意思表示の場合は現実的な執行行為が
存在せず, かつ, 債権者に先履行をさせても執行文付与とともに執行が終了す
るゆえに, 特に問題がないと判断されたので, 執行文付与の要件とされたので
ある。

　最後に, ④債務者の意思表示が, 債務の履行その他の債務者の証明すべき事
実のないことにかかる場合には, 債務者に対し, 一定の期間を定めてその事実
を証明する文書の提出を催告し, 債務者が, その期間内にその文書を提出しな
いときに, 執行文が付与され, その時点で意思表示があったものとみなされる
（民執174条3項。民執規165条も参照）。たとえば, 債務者が一定の期日までに金
員を支払わない場合に移転登記を命じる旨の債務名義の場合等が, これに当た
る。この場合に, 一方で, 当該事実（例, 支払のなかったことなど）を債権者に
証明させるのは酷であり, 証明責任の分配からも適当でないが, 他方で, 全く

証明なしに執行文を付与して後は債務者による執行文付与に対する異議で争わせることは，懈怠をしていない債務者にとって酷である。そこで，このような場合には，所定の期間内に当該事実（例，支払のあったことなど）を証明する文書（例，領収書等）を提出する機会を債務者に付与し，債務者に防御の機会を与えることによって，証明責任の分配の原則に適合した解決が図られたのである。

　なお，過怠約款付請求権等にかかる債務名義の場合における条件成就執行文についても，民執法177条3項の規定を類推して，債務者に対して，過怠のないことを証明する機会を付与する旨の見解が有力に主張されている（過怠約款とは，分割払いの約定を受け，「前項の金員の支払を怠り，その額が金○○万円に達した場合には，当然に期限の利益を失う」等と規定した約定をいう）。しかし，債権者保護，執行の迅速性，弁済の事実の証明責任が債務者にあること，および，意思表示義務の性質と金銭執行の場合の相違点等を考慮すると，そのような機会の付与は不要であろう（弁済の事実は請求異議の訴えの異議事由であるので，債務者の手続保障としては十分である）。

第6節　行為義務（作為・不作為義務）の強制執行

1　作為・不作為執行の種類とその執行方法

　これまで述べてきた物の引渡し等の義務や意思表示義務等も，さらには，金銭執行で実現されるべき金銭の支払義務でさえも，給付義務の一態様であり，それらは作為義務の一種である。ただし，以下では，これまで述べてきた給付義務以外の作為義務と不作為義務の強制執行を述べていきたい。

　ここで述べる作為・不作為義務の強制執行（作為・不作為執行）には，執行方法の確立した個別的な給付義務以外のすべての行為義務の執行（行為執行）が含まれるのである。それゆえ，作為・不作為執行の強制執行は，これまで考えられてきたように，強制執行の「落ち穂拾い」的あるいは「隙間産業」的な意味を有するのではなく，現代社会における新たな執行要請に応えるべき「行為執行に関する一般条項的な意義」を有すると考えられるのである。

　さて，民法414条1項は，債務者が任意に債務を履行しないときは，債務の

性質がそれを許さない場合を除いて，債権者は，民事執行法等の規定に従い，直接強制，代替執行，間接強制その他の方法による履行の強制を裁判所に請求することができるものとする。

　かつては，金銭執行は直接強制によるとして（民旧414条１項），まず，①代替的作為義務については代替執行によること（民旧414条２項本文），次に，②非代替的作為義務については，上述の意思表示義務の強制執行（民旧414条２項但書）を除き，間接強制による（この点については，民旧414条２項は，非代替的作為義務には適用されず，民事執行法の定める方法によることになる），さらに，③不作為債務については，まず，その義務に違反した物の除去に関しては，代替執行（民旧414条３項），次に，将来の違反の禁止に関しては，間接強制によるほか，将来のための適当な処分（民旧414条３項）が認められることになると解されていた。

　ところが，近時，社会の複雑化や契約内容等の多様化の結果，債務者が，金銭，物および意思表示の給付義務以外の義務を負う場合が増加しており，その種の多様な義務の強制執行の重要性もまた増大している。特に，従来から，間接強制は，債務者の自由意思に直接的に作用することになるので，その人格尊重の理念から謙抑的な利用が望ましいとして，直接強制・代替執行が不可能な場合に補充的にのみ利用できるとされていた。しかし，近時その効用から，より積極的な活用が議論されるようになってきた。

　つまり，「間接強制の補充性」の克服についての議論である。2003（平成15）年および2004（平成16）年の法改正では，この議論を受けて，後述のように，間接強制の適用範囲が大幅に拡大されることになった。そして，近時の民法債権法改正において，新たな民法414条１項の規律が上記のように設けられ，規定が整備された。

　なお，作為・不作為執行については，後述のように（→**5**），金銭執行におけるような判決機関と執行機関の分離の原則の見直しが不可欠である。

2　代替執行

（1）**意　義**　　第三者（債務者以外の者）によって代って行うことが可能な作為を目的とする請求権の強制執行は，原則として代替執行の方法で行う（民執171条１項）。ただ，例外として，後述のように（→**5**），間接強制にもよること

ができることになった。

　その作為の代替可能性は，当該作為を債務者本人が行うかそれとも第三者が行うかによって，債権者が受ける結果の点で，法的・経済的に差異がない場合に認められる。現実の事例では，たとえば，借地契約の解除等を理由として，地上建物の取壊しを求める建物収去の強制執行等でよく利用されている。この場合において，債権者にとって重要なのは，地上の建物がなくなり更地になるという結果自体であり，そのために，建物の取壊しという義務を債務者自身が行ってもまた取壊業者等の第三者が行っても差異はないのである。このような事例のほか，代替執行に親しむケースとしては，後述のように，名誉毀損事件における新聞等への謝罪広告の掲載（→3），物の修理・運送等のように非個性的な行為の実施等がある。

　(2) **手　続**　代替執行は，執行裁判所に対する授権決定の申立てにより開始される。代替執行の執行裁判所は，債務名義の区分に応じて決まるが，執行文付与の訴えの管轄裁判所と同じである（民執171条2項・33条2項1号・6号）。一般に，金銭執行の場合とは異なり，執行債権の実体的な内容と執行処分とが密接な関連性を有するので，債務名義の形成に関与した裁判所等に執行も担当させる方が適切だからである。したがって，たとえば，債務名義が判決である場合には第1審裁判所，債務名義が和解や調停である場合は，和解や調停が成立した簡易裁判所，地方裁判所または家庭裁判所が，それぞれ執行裁判所となる。執行裁判所は，授権決定をする場合には，債務者を審尋しなければならない（民執171条3項）。

　執行裁判所は，債権者の申立てを認める場合には，当該作為（代替的行為）を債務者の費用で債務者以外の者に実施させることを債権者に授権する旨の決定（授権決定）を行う。代替行為は特定しなければならないが，その実施者を指定することは要しない。たとえば，建物収去執行等では，実務上は執行官が指定されることが多い。授権決定に執行文の付与を受ける必要はない。授権決定およびその申立てを却下する決定に対しては，執行抗告をすることができる（民執171条5項）。

　債権者は，授権決定に基づいて代替執行を行うことになる。授権決定に実施者の指定がない場合には，債権者自身が代替行為を行うことも可能であり，ま

た，債権者の選任する第三者に実施させることもできる。執行実務上は，執行官が作為実施者に指定され，その補助者（建物収去執行の例としては，解体業者等）を用いて作為を実施している場合が少なくない。

　この場合の債権者または第三者の代替行為は，私人の行為であっても国家の強制執行権を実施する行為であり，判例（最判昭41・9・22民集20巻7号1367頁）のように，「債務者の意思を排除して国家の強制執行権を実現する行為であるから，国の公権力の行使である」というべきであり，執行官（または，その履行補助者）の違法行為には，国家賠償法1条が適用される。また，代替行為の実施の際に債務者等の抵抗を受ける場合には，執行官に対し援助を求めることができる（民執171条6項・6条2項）。さらに，債務者等は，違法な代替行為については執行異議の申立て（民執11条）をすることができる。代替行為実施の費用は債務者の負担となる。執行裁判所は，債権者の申立てにより，債務者に対し，必要な費用を予め債権者に支払うべき旨を命じる決定（前払決定）を行うこともできる（民執171条4項）。前払決定がない場合には，通常の執行費用の場合と同様に，執行裁判所の裁判所書記官が，費用額を定めることになる（民執42条4項以下）。債務者が任意に費用額を支払わないときは，債権者は，前払決定（民執22条3号）または費用額確定決定（民執22条4号の2）を債務名義として，金銭執行の方法によりその費用額を強制的に回収することになる。

3　名誉回復の措置を実現するための強制履行

　他人の名誉を毀損した不法行為者に対しては，被害者の名誉を回復するために，裁判所が適当な処分を命じることが認められている（民723条）。従来から，そのような名誉回復のための適当な処分として，たとえば新聞紙や雑誌等に謝罪広告を掲載すべき旨を，加害者である債務者に対して命じることが，実際に認められてきた。これは，一般に，新聞社や雑誌社等と契約を行い，一定内容の広告を掲載させるという代替的な作為を求めるものであり，原則として代替執行に服するものとして扱われてきた。これに対しては，これが仮に債務者に真の謝罪を命じるものであるとすれば，思想および良心の自由を保障した憲法19条や表現の自由を保障した憲法21条に違反するのではないかとする批判も加えられていた。

　判例は，謝罪広告を命じる判決にも，その内容上，新聞紙に掲載することを謝罪者の意思決定に委ねるのを相当とし，間接強制によるのを相当とするものもあり，時には，いわゆる強制執行に適しない場合に該当することもありえるが，単に事態の真相を告白し陳謝の意を表明するに止まる程度のものならば，その執行も代替執行の手続によることが可能であると判示している（最大判昭31・7・4民集10巻7号785頁〈百選68〉）。

　これに対して，学説上は，「陳謝の意を表します」というような文言を代替的作為義務の対象と把握することには憲法上疑問もあるので，当該事実が名誉毀損に該当する旨の単なる広告で十分であるとの見解もある。

　元来，名誉毀損とは，不法行為者が虚偽の事実を公表して債権者の社会的名誉を毀損したと裁判上判断されたものであるので，その種の虚偽の事実を取り消し，名誉毀損の事実が存在したことを明らかにすることは，債権者の名誉を回復するのに必要不可欠である。したがって，慣行とはなっているものの，この種の事件における救済のあり方としては，原則として，憲法上疑義のある「謝罪広告」は止めて，「名誉毀損の事実を摘示した取消広告」の制度を採用するのが妥当である。この種の「取消広告」は，対社会的な関係で毀損された名誉を回復するのに適当な処分（民723条）として望ましく，また被害者（債権者）との関係でも，それで対社会的な存在としての人格的被害が，多少とも治癒されると考えるからである。

4　間接強制

　(1)　意　義　　まず，第三者（債務者以外の者）が債務を代替して履行することができない作為義務（非代替的作為義務）の強制執行は，間接強制の方法によって行われる。たとえば，芸能人の劇場出演義務，財産管理人の清算義務等の強制執行の場合などが，これに当たる。

　次に，債務者が一定の作為をしない義務（不作為義務）を負っている場合の強制執行についても，不作為義務の強制執行については，間接強制の方法によることになる。たとえば，騒音を出さない義務や競業行為をしない義務等の強制執行の場合等が，これに当たる。ただ，不作為義務違反の結果の除去や将来のための適当な処分は，代替執行等の方法によって行われる（民執171条1項2

号）。

　このように，かつては，民事執行法上，間接強制が許されるのは，直接強制や代替執行が不可能な債務に限定されていた。それゆえ，間接強制は，他の執行方法によることができない場合の最後の手段として機能する（すなわち，執行方法として，補充的にのみ用いられる）のであり，「間接強制の補充性」という考え方が支配的であった。この理由としては，間接強制は，直接強制や代替執行と比較して，債務者の人格に対する侵害が大きく，その実効性も限られていることがあげられていた。

　しかしながら，それは抽象的なレベルで債務者の人格を侵害するにすぎず，直接強制と比較して債務者の生活圏に対する侵襲の度合いは間接的かつ形式的にすぎない。また，間接強制は結局のところ，強制金の支払を威嚇して任意の履行を実現することを目的とする点で，直接強制とも共通性がある。しかも，たとえば，金銭執行や明渡執行等の場合でも，事例によっては，間接強制が実効的であることも考えられる。実質的には，たとえば，動産執行が現実には間接強制的な機能を有することなども指摘されており，また，その他の執行でも，事実上間接強制的な機能から，任意弁済が実現されているという側面もなくはない。さらに後述のように，抽象的差止判決の強制執行の局面では，第1次的には，間接強制の有用性が，強力に主張されていたのである。ただし，間接強制だけでは全く不十分なことも，その後の様々な事例で明白となった。

　間接強制の補充性に対する様々な批判を受けて，2003（平成15）年の法改正では，新たに，不動産の引渡し・明渡しの強制執行（民執168条1項），動産の引渡しの強制執行（民執169条1項），および，目的物を第三者が占有している場合の引渡しの強制執行（民執170条1項）の場合，さらには，代替執行（民執171条1項）について債権者の申立てがある場合には，間接強制（民執172条）の方法により行うことができることとされた（民執173条1項前段）。これは，債権者が，執行方法の選択権を有することを意味し，同時に，一請求権には1個の執行方法が宛がわれるにすぎないなどといった形式的かつ概念法学的な発想（一請求権には一執行方法のみを付与するといった考え方。「一請求一執行方法の原則」等と称されていた見解）を，完全に否定する契機となった。

　これにより，強制執行の実効性確保の途が，より事案即応的に増進されるこ

ととなったのである。とりわけ，そのような考え方の否定という局面では，債
権者が，複数の執行方法を同時に申し立てることも可能となった点も重要であ
る。たとえば，不動産の明渡しの強制執行を執行官に申し立て，それとともに
明渡しが完了するまでの間，間接強制を申し立てるなどといったことも可能と
なった。この場合における間接強制の手続は，通常の場合と同様である（民執
173条１項後段による172条２項～５項の準用）。ただし，執行裁判所については，
対象となる債務名義に関する執行文付与の訴えの管轄裁判所と同じであるが，
物の引渡請求権が対象債権に含まれる関係で，対象となる債務名義の範囲が拡
大し，支払督促や執行証書も含まれることになるため，独自の規定が設けられ
ている（民執173条２項。この点については，172条６項・171条２項と対比）。

　さらに，2004（平成16）年の法改正によって，扶養義務等に関わる金銭債権
の強制執行（民執167条の15・167条の16）の局面にも間接強制が導入され，その
機能面での期待が，ますます拡大しているのが現状である。

　ちなみに，学説の中には，先に言及したように間接強制の機能を過大視する
ものもあるが，不履行に対して強制金の引上げで対応するという発想は，
ディープ・ポケットをもつと考えられる国や自治体の不履行を前に，脆くも崩
れ去る。このことは，後述の諫早湾開門事件等を見れば明らかである（→コラ
ムⅠ-13）。

　(2)　**手続**　　間接強制による執行の申立ては，強制金決定の申立てによっ
て行われる。不作為義務の強制執行の場合には，執行裁判所が「相当と認める
一定の期間内に」違反行為を停止しないときは，直ちに強制金決定の申立てを
行うことができる（民執172条１項）。

　この場合において，債務者の義務違反が既に行われていることが必要か，そ
れとも，違反行為の危険が存する場合においても，予防的に強制金決定の申立
てをすることができるかどうかについては議論がある。不作為義務は債務者の
違反行為がない限り，不履行とはならないので，その執行は問題とならないと
する見解も有力であるが，しかしながら，これでは，たとえばある公演に出演
しない義務等といった一回的不作為義務の場合には，事実上強制執行の方法が
なくなってしまうので，むしろ，違反行為がされる危険性が存すると合理的に
認められる場合には，強制金決定の申立てはできるものと解される（肯定した

判例として，最決平17・12・9民集59巻10号2889頁〈百選69〉。なお，その判例以前に，肯定説に立つ裁判例として，東京高決平3・5・29判時1397号24頁等が存在した。ただ，注意しなければならないのは・強制金決定を現実に執行できるのは，実際に違反行為がされた場合に限られるということである。なお，民執167条の16も参照）。

　執行裁判所が強制金の決定を行う場合には，間接強制の申立ての相手方を審尋しなければならない（民執172条3項）。これは，手続保障の要請である。強制金の決定において，裁判所が，債務者に対し，債務の履行を確保するために相当と認める一定額の金銭の支払を命じる形式が採られる（民執172条1項）。

　裁判所は，強制金の支払については，債務の履行遅延の期間に応じてその支払（たとえば1日の遅延ごとに10万円を支払うことなど）を命じるか，または，相当と認める一定の期間内に債務者がその債務を履行しない場合には，直ちに一定金額の支払を命じるといった方法による。強制金の金額は，基本的には裁判所の裁量により定められるが，債権者・債務者関係のあるべき関係を将来展望的に実現できる金額が探究されるべきである。強制金は，国庫に納付されるのではなく債権者のものとなり，債務者の損害賠償債務の弁済に充当される。この意味で，間接強制は，「損害賠償額の予定」的な意義をももつ。なお，この強制金の性質については，議論があるが，判例（最判平21・4・24民集63巻4号765頁〈百選89〉）は，仮処分命令に基づく間接強制決定について，履行を確保すべき債務が存在しないのに発せられたことが明らかとなれば，債権者に交付された間接強制金は法律上の原因を欠いた不当利得に当たると判示する。この不当利得返還請求権は，異説はあるものの，実体法上の権利である。

　損害額が強制金額を超える場合には，別途にその差額の損害賠償請求を行うことは妨げられない（民執172条4項）。ただし，強制に不可欠と考えられる範囲内では，強制金の金額が損害額を超えることも許され，その超過部分は不当利得にならない。強制金決定後に事情の変更があった場合には，その変更も行うことができるが（民執172条2項），その変更決定に際しては，相手方が審尋されねばならない（民執172条3項）。強制決定が行われたものの，債務が履行されない場合には，強制金額の引上げも可能である（例，諫早湾開門事件における福岡高決平27・6・10判時2265号42頁）。強制金決定や強制金申立却下決定に対しては，不利益を受けた執行当事者は，執行抗告を行うことができる（民執172

> **コラムⅠ-13　諫早湾開門事件：間接強制の限界**
>
> 　九州の有明海で行われた国営諫早干拓事業については象徴的なシーンがある。諫早湾の潮受堤防の水門が閉じられた瞬間である。その水門の連続的な締め切りは，当時「ギロチン」と呼ばれた。その後，深刻な漁業被害の発生などに起因して，漁業者らが，国に対して，潮受堤防の排水門の開放を求める訴えを提起し，請求認容判決が確定した（①事件）。これに対して，干拓農地の農民らは，国を相手に排水門開放の差止めを求める訴えを提起し，その後，仮処分決定を得た（②事件）。国は，①事件では排水門の開放義務を，②事件ではその閉鎖義務を負うこととなった。①・②事件で，ともに強制執行として間接強制の申立て（民執172条1項）が行われ，最高裁まで争われた。判例（最決平27・1・22集民249号43頁・67頁・判時2252号33頁①事件・②事件〈百選71〉）は，①・②事件とも，間接強制決定を維持した。現在（2021年2月），国は漁民に強制金を払い続けている。仮に国が開門すれば，今度は農民に強制金を払うことになる。国は，基金創設の提案を行い和解による現状維持の方向での決着に積極的であった。その後，開門義務の不履行を続ける国が，事情変更による間接強制の取消しを求めた請求異議の訴えで，判例（最判令元・9・13集民262号89頁・判タ1466号58頁）は，前訴の口頭弁論終結後の事情の変動により，本件各確定判決に基づく強制執行が権利の濫用となるかなど，本件各確定判決についての他の異議事由の有無についてさらに審理を尽くさせるため，上記部分につき本件を原審に差し戻す旨を判示した。

条5項）。執行裁判所による強制金決定は，債務名義（民執22条3号）となり，債務者が作為義務を履行しない場合や不作為義務に違反した場合には，これに基づく金銭執行が可能となる。これに対して，債務者が義務を履行した場合には，強制金決定が失効する。ただし，既に発生している強制金については，金銭執行を行うことができる。

　(3)　課題　ところで，現代社会において，間接強制は，執行方法としての重要度を増しつつある。特に，たとえば公害・環境訴訟事件における差止請求訴訟，知的財産権関係訴訟または情報公開請求訴訟等におけるように，金銭的救済の限界が深刻かつ的確に認識され，また，特に少額債権（例，少額訴訟判決による少額債権者や扶養料債権等）の執行におけるように，金銭執行の機能不全が問題とされていることなどが，間接強制の重要性をクローズアップさせて

きた。

　とりわけ，少額の金銭債権については，少額訴訟（民訴368条以下）により，簡易裁判所における簡易迅速な判決手続を通じて相応の保護手段が付与されることとなったにもかかわらず，執行手続においては，必ずしも十分な手当がなされていなかった（なお，民執25条但書および民訴375条・376条も参照）。仮にそのような判決を取得しても，それを現実には簡易に実現できないとすれば，一般市民の司法不信・司法離れを招来することになるといった危惧も存在した。この問題は，少額訴訟債権執行制度の創設（民執167条の2以下）で一定の対応はなされたが，間接強制・代替執行等を通じた執行の実効性を確保する手段を考案することなどが，民事司法・民事執行法制における今後の重要な課題となる。

5　抽象的差止判決に基づく強制執行

　たとえば，公害・環境訴訟事件等における差止請求の場合において，原告が，侵害排除行為を具体的に特定せず，抽象的に侵害行為の防止を求めることがある。たとえば，ある工場や道路からの大気汚染物質の流入や振動の発生等を防止するために，道路通行の規制や防除工事または振動防止設備等についてその具体的な仕様や措置内容を特定せず，一定量以上の汚染物質の流入を禁止する旨の判決を求めるような場合である。これは，一般に，「抽象的差止請求」と呼ばれる。このような事件において，被害者には，侵害発生のメカニズムが十分にわからず，有効な防止措置を特定する専門的な知見に欠けている場合が多いので，むしろ被告側に，被害防止措置についての選択権を与えて，侵害防止措置を創案する第1次的な義務を負わせるのが妥当と考えられる。

　そこで，まず，抽象的差止請求を適法（訴訟物の特定性を満たしている。最判平5・2・25判時1456号53頁参照）とし，第1次的には間接強制により債務者に防止措置の選択権を付与し（たとえば，名古屋高判昭60・4・12下民集34巻1＝4号461頁〈百選67〉等を参照），十分な措置がとられない場合には第2次的に債権者が代替執行等によって適切な措置をとるかたちで執行を行うべきである（民414条1項）。

　かつては，この種の差止請求が現実に認容される事案はほとんどなかった

が，近年においては，道路公害等，大規模かつ重要な事件で認容例（例，名古屋南部大気汚染公害訴訟事件・名古屋地判平12・11・27判時1746号3頁等）も散見される。また，訴訟上の和解による抽象的差止請求権の債務名義化も可能である。そこで，その種の判決等の債務名義の実効性を担保するために，執行方法の強化と「その他の方法」（民414条1項本文）を挺子とした新たな具体的執行方法の創案も不可欠となるであろう。その際には，判決機関と執行機関の分離の原則も見直されるべきであり，判断機関の継続的な執行監督，管理，実現等も必要になるであろう。

（川嶋四郎）

第14章

担保権の実行としての競売等

第1節　担保権の実行手続の意義等

1　総　説

　本章では，各種の担保権の実行手続を中心に述べていきたい。その際，民法・商法その他の法律の規定による換価のための競売（形式競売）についても言及する。なお，2003（平成15）年の法改正によって新たに導入された「債務者の財産の開示」（財産開示）についても，民事執行法上の規定の位置から，本章の後に扱うことも考えられるが，本書では第Ⅰ編第6章第2節でまとめて触れる。

　そこで，以下では，民事執行法1条に規定された4種類の民事執行手続，すなわち，①強制執行，②財産開示（債務者の財産状況の調査の手続），③担保権の実行，および，④形式競売（形式的競売）の各手続のうち，後二者（③・④）が扱われることになる。ただ，これら4種の手続の中で事件数も多く重要なのは，担保権の実行である。

　さて，担保権の実行とは，担保権付の債権について，担保権の対象とされている債務者または第三者（物上保証人）の有する財産から，金銭的な満足を強制的に得ることができる手続をいう。元来，担保権は，一定の債権（被担保債権）の支払確保のために，特定の責任財産に対して，合意または法律上設定される物的権利である。被担保債権の履行が遅滞した場合に，担保権者は，担保権の実行によって当該担保目的物の売却代金から優先的に被担保債権の弁済を受けることができるが，この権利実現のための具体的な強制手続を規定したのが，担保権の実行手続である。なお，優先的な債権回収は，担保目的不動産から生じる収益を回収する方法で行われることもある。

　担保権の実行手続について，かつては，その基本的な手続が，競売法（1898

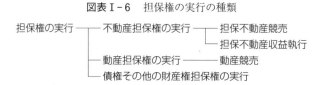

図表Ⅰ-6　担保権の実行の種類

〔明治31〕年法律15号）という特別な法律で定められ，強制執行とは異なる規律がなされていた。それゆえ，強制執行における競売が，「強制競売」と呼ばれていたのに対して，「任意競売」と呼ばれていた。一般に，担保権の実行は，特定の財産等に付された担保権に内在する実体的な換価権能（「換価権」）の発動であり，債務者の一般財産から満足を受ける強制執行手続とは本質的に異なるものであるとする考え方が一般的であった。

　しかし，所有者の意思に反して，特定の財産を国家の手により強制的に換価（換金）し，その代金（売得金）によって債権等を満足させるという点では，両者は本質的に変わりがない。しかも，競売法は，条文数も少なく，手続上の争点となった点も数多く存在し，立法的な解決が待望されていた。

　そこで，強制執行と担保権の実行の手続について異なる規律を行うことは合理性を欠くとする考え方が有力になったことともあいまって，民事執行法では，両手続を統合して規定することにされたのである（それゆえ，担保権の実行を「担保執行」と呼ぶ見解もある）。ただし，担保権の実行のためには，あくまで，強制執行の場合のような確定判決その他の債務名義は不要であり，たとえば抵当権の設定登記等を示す登記事項証明書等があれば足りるなどといった基本的な相違点は，なお維持されている。それゆえに，本書では，民事執行法上の表現に従い，「担保権の実行」という伝統的な表現を用いたい（研究者仲間等で通用する新規な用語の創造は，市民にとっては不親切だからである）。

2　担保権の実行の基礎

　担保権の実行については，民事執行法上，担保権の目的財産を競売その他の方法によって強制的に換価し，または目的財産から生じる収益を収取し，それにより被担保債権の満足を債権者（担保権者）に与える手続が規定されている。その際，担保権の実行の基礎となるのは，担保目的物およびその収益を換

価処分する，担保権者の実体法上の権能（「換価権」）である。この点が，債務名義の執行力をその基礎とする強制執行との間の大きな異同（相違点）であるということができる。確かに，民事執行法の立法過程における議論では，担保権の実行にも強制執行に準じて公正証書や受忍判決等の債務名義（この種の債務名義を「物的債務名義」という）を要求する方向での議論も行われた。しかし，先に述べた旧競売法以来，担保権の実行には債務名義を要しないとする法律実務が定着していたことなどを理由に，結局のところ物的債務名義の制度は採用されなかった。したがって，民事執行法は，担保権の実行を強制執行と同一の法律の中に取り込み共通的に規整する部分を拡大したものの，なお担保権に内在する実体的な換価権をその根拠とする点で，担保権の実行には強制執行とは異なる本質的な特殊性が認められているのである（なお，民事執行法の制定にともない，競売法は廃止された）。

　しかし，民事執行法においては，担保権の実行について，1979（昭和54）年当時現実に生じていた問題点を克服するために，いくつかの基本的な改正が行われた。

　①まず，実体権の存否を執行機関が判定することの困難さに伴う問題である。この点について，民事執行法では，担保権の実行手続の開始について，担保権の存在を証する文書等の法定文書の存在を要求するか，担保目的物の提出等により担保権の存在を簡易に推定することによって，執行機関による担保権調査を簡易化する方向での解決が行われた。ただし，執行異議等の不服申立てを通じて執行機関による担保権存否についての再審査の余地を認めており，換価権を担保権の実行の基礎とする基本理念は維持されている。

　②次に，実体権が存在しない場合に，担保権の実行の結果が事後的に覆され，買受人の所有権取得等の効果が否定されるといった問題が存在した。これに対して，民事執行法は，担保権不存在・消滅を主張する簡易な実体異議等を認める代わりに，換価による担保目的物の取得は，担保権の不存在・消滅によって妨げられないとする効果を認めることによって，問題の解決を図った（民執184条・193条2項。なお，動産については，従前から民法上の即時取得〔民192条〕による保護が認められていた）。この2点からも，強制執行と担保権の実行との差異は，縮小したのである。

3　担保権の実行と強制執行との対比

しかし，それでも，担保権の実行と強制執行との間には，現在でもいくつかの基本的な違いが存在する。先に触れたように，担保権の実行の理論的基礎の点での異同（相違点）が重要である。民事執行法では，先に述べたように（→**2**），物的債務名義の制度を採用しなかったので，債務名義の執行力を強制執行権の発動の基礎とする強制執行に対して，担保権の実行は担保権に内在する実体的な換価権を，その実行の基礎とするのである。これを起点として，強制執行と担保権の実行との間には，概観すれば，次のようないくつかの相違点が産み出されることになる。

まず，①強制執行は，執行文が付与された債務名義の正本に基づいて実施されるのに対し，担保権の実行には債務名義は不要である。ただ，それに代わるものとして，不動産担保権の実行や債権に対する担保権の実行等においては，一定の法定文書が必要とされ（民執181条・193条等），動産競売では担保目的動産の提出，差押承諾文書の提出または執行裁判所の許可が必要とされる（民執190条）。ただし，その種の法定文書等も，その性質は担保権の存在を証する証拠文書にすぎず，債務名義とはその本質を異にする。

次に，②実体権に関する不服申立ての方法も異なる。強制執行の場合は，請求異議の訴え，執行文付与異議の訴え等の訴訟手続（判決手続）によるのに対し，担保権の実行については，執行異議等の執行手続上の方法（決定手続）による主張が可能である（民執182条・191条・193条2項。「実体異議」等と呼ばれる）。実体的な換価権が担保権の実行の基礎であるため，その不存在が直ちに執行の違法を導くことになり，違法執行に対する救済手続の利用が可能となると解されるからである。この点で，強制執行の場合には，その制度的な当否には疑問もあるものの，基本的に債務名義の制度に基づくため（その点で執行の手続的要件を満たすので），実体権が不存在のときには，不当執行（実体的に不当な執行）とはなっても，違法執行（手続的に違法な執行）とはならないと解されている。

さらに，③執行停止文書・執行取消文書についても，強制執行の場合には，裁判の正本等が中核を占める（民執39条参照）のに対して，担保権の実行では，開始の際の法定文書に対応して，裁判の謄本以外にも，登記事項証明書等の提出をも認めている（民執183条等）。

　このように，担保権の実行と強制執行との間には，なお基本的な差異は存在するが，民事執行法の制定によって，担保権の実行手続が，強制執行手続に大きく近づけられたのである。

第2節　不動産担保権の実行

1　担保不動産競売

(1)　**現代的意義と課題**　　不動産を対象とする執行の多くは，不動産に付された担保権の実行（不動産担保権の実行）である。また，不動産に対する強制執行の場合と比較して，不動産担保権の実行の場合には，概して満足度（配当率）も高い。

　担保権の実行は，日本経済の歴史の一局面を映し出す鏡でもあった。

　1990年代初めにバブル経済が崩壊したが，その後，不動産を担保とした貸金債権の多くが不良債権化した。そこで，金融機関等がその回収のために担保権の実行を申し立てるケースも増え，不動産競売事件が激増した。しかし，バブルの崩壊以降，日本経済とりわけ不動産業界では構造的な不況が続く中で，担保物件の売却率は低迷を極め，しかもその売却額も著しく低下したことから，様々な問題が顕在化し，日本経済に深刻な影響を与えたのである。

　一般に，自己破産の申立件数の変動に象徴されるように，日本には，過剰な債務負担にあえぐ多数の国民（多重債務者）が存在する。そこには，高金利，過剰融資，過酷取立てを継続して憚らない「闇金融」等の跳梁といった深刻な社会問題もあった。その対策も焦眉の課題であったが，同時に金融機関が抱える大量の不良債権を処理し，日本の金融システムを安定化させることもまた，重要な課題であった。不動産担保権の実行をできるだけ円滑かつ迅速に行い，相応な配当を可能にできるシステムの確立が，期待されていたゆえんである（回収できなかった債権の部分は，金融機関としては損金処理を行い，税制面での調整も可能である）。そのような要請から，いわゆる住専処理問題に起因し，国策として不良債権処理が行われた。このような金融機関の破綻処理問題の整備にともない，民事執行法も改正された。後述する1996（平成8）年と，その後の1998（平成10）年の法改正が，それである。

　ところが，そのような不動産担保権の実行局面における構造的な機能不全は，悪質な執行妨害によって拍車をかけられることになった。抵当権実行法制の歴史は，執行妨害との闘いの歴史であるとさえいえるのである。理論面では，執行妨害の実情に関する法制審等に関わった研究者等の甘い見方にも，その責任の一端が存在したともいえるであろう。

　かつて，民事執行法制定前の執行妨害の手法としては，競売場における入札の妨害が主なものであった（いわば「裁判所内での執行妨害」）。過去に存したいわゆる競売場には，競売屋と呼ばれる人々が巣くい，一般市民が近づき難い特殊な雰囲気が形成されていた。現行民事執行法は，このような状態を完全に克服するための諸種の手続を採用した。それゆえ，その種の競売屋は裁判所から駆逐されたが，同法制定後は，主として物件自体に巣くう占有屋の跋扈といった新たな事態を生み出した（いわば「執行現場における執行妨害」・「裁判所外での執行妨害」）。その背景には，暴力団等の反社会的な団体が存在することも多く，執行現場がその者たちの資金源となっていたのである。これは，先進諸国にはあまり例を見ない日本独特の異常な現象であるともいわれているが，執行制度を活性化し，国民の信頼を回復するためには，執行妨害に対する断固たる態度の採用が不可欠の課題となる。

　そこで，この間，1996（平成8）年には，住専（住宅金融専門会社）の破綻処理に伴う法改正が行われ，1998（平成10）年には，金融再生関連法の一環として，競売手続円滑化法による民事執行法の改正および特定競売手続臨時措置法が，いずれも議員立法により制定された。このような諸種の法改正を通じて，執行手続の円滑化と実効性の確保が図られてきたのである。その具体的な中身は，たとえば，売却のための保全処分や引渡命令等（民執55条等・188条），既に先に強制競売の項で説明されたが，それらの規定は，基本的に不動産担保権の実行手続にも準用されており，実際問題としては，抵当権の実行の局面でその本来の威力を発揮することが，強く期待されていたのである。

　なお，不動産を目的とする強制執行の場合には，強制競売とともに強制管理の制度が存在する。従来は，不動産担保権の実行については，強制管理に相当する手続はなく，競売だけが認められていたが，2003（平成15）年の法改正により，現実的な要請から，担保不動産収益執行手続が新たに設けられ，2004

（平成16）年の法改正でも競売制度の改革がなされた。

　さらに，近時，裁判所では，インターネットや新聞広告等を通じた競売不動産物件の紹介，および，大都市（東京・大阪）における「民事執行センター」の設置など，市民に身近でかつ利用しやすい手続の実現に向けた努力が行われつつある。

　(2)　手　続　（イ）　申立て　　不動産を目的とする担保権の実行としての競売（不動産競売）の手続については，不動産に対する強制執行における強制競売の規定が，ほぼ全面的に準用されている（民執188条参照）。また，そこでは，執行機関である執行裁判所についての規定（民執44条）も準用されており（民執188条），管轄については，原則として，不動産所在地の地方裁判所の専属管轄に属することとされている。

　不動産競売の申立ては，執行裁判所に，申立書を提出することにより行われる（民執2条，民執規1条）。そこには，債権者，債務者のほか，目的物の所有者，担保権・被担保債権・目的物の表示等が記載される（民執規170条1項）。この不動産競売を開始するには，強制執行における強制競売の場合のような債務名義は要求されない。担保権の存在を証する一定の法定文書（例，担保権の登記事項証明書等）の提出が必要とされるにすぎないのである（民執181条）。このように，債務名義ではなく法定文書の提出が，競売開始の要件とされたのは，担保権の実行のための債務名義までは必要がないにしても，執行機関が，担保権，被担保債権の存否等を実質的に審理・判断することは，権利の迅速な実現に奉仕する執行機関の役割としてふさわしくないのではないかとの立法的決断による。そこでは，一方で，債権者は，原則として，公的機関等の発行した文書の存在する場合などにのみ競売を開始させることができ，他方で，債務者や所有者は，それに不満がある場合には，簡易な執行異議の申立てという対抗手段を用いることができる。担保権の実行手続では，このような形で実体的・手続的正当性の確保が図られているのである。

　法定文書の種類は，民事執行法181条1項に限定列挙されている。

　まず，公文書としては，①担保権の存在を証する確定判決の謄本（担保権存在確認判決等），②担保権の存在を認める和解調書・調停調書等，確定判決と同一の効力を有するものの謄本（同項1号），③担保権の存在を証する公正証書の

> **コラムⅠ-14　法定文書の法的性質**
>
> 　このような各種の法定文書の法的性質については，準債務名義説と書証説との対立がある。前者は，法定文書を債務名義に準じた担保権の実行名義とみる説であり，後者は，担保権の存在を証する証拠方法を法定したものにすぎないとする説である。この議論の背景には，担保権の実行をどこまで強制執行に近づけて理論構成をすることができるかという問題が存在する。ただ，いずれの説でも，とにかくその種の文書の提出があれば，担保権の実行としての競売を開始できるのであり，その限りで，法定文書は債務名義と同様の機能を有するとはいえるが，立法過程の議論に照らして，また先に述べた実体異議が許されている限りで本来の債務名義とはその意味合いが大きく異なることから，書証説で十分であろう。裁判例（名古屋高決昭62・6・23判時1244号89頁〈百選73〉）も，この立場に立つ。

謄本（同項2号），および，④担保権の登記に関する登記事項証明書（同項3号）があげられる。現実の不動産競売としては抵当権の実行がそのほとんどを占めるので，法定文書として最もよく用いられるのは，抵当権の登記事項証明書ということになる。

　この他に，⑤一般の先取特権の実行の際には，その存在を証する文書一般が，法定文書として認められている（同項4号）。これは，たとえば給料債権等の一般先取特権に関しては，判決等の公的文書の提出を求めるのは，労働者にとっては実際的に酷であるので，たとえば賃金台帳の写しなどの私文書に基づいても執行手続を開始できるように配慮したものである。

　ところで，不動産担保権の実行の場合には，強制競売とは異なって，執行を実施する際に，執行文の付与は必要とはされない。不動産担保権について承継があった後に，不動産競売の申立てをする場合には，まず，相続その他の一般承継の場合にはその承継を証する文書（戸籍謄本等）を，また，その他の特定承継の場合にはその承継を証する裁判の謄本等の公文書を提出しなければならない（民執181条3項）。抵当権の承継の場合が，執行実務上のケースとしては最も多いが，この場合には，通例，抵当権の付記登記を経た後に，競売申立てが行われる（なお，競売開始後における差押債権者の承継の通知については，民執規171条参照）。競売開始決定がされた場合には，裁判所書記官は，開始決定の送

コラムⅠ-15　抵当証券と担保権の実行

　抵当権について抵当証券が発行されている場合において抵当証券の所持人が抵当権の実行を申し立てるときは，抵当証券を提出しなければならない（民執181条2項）。元来，抵当証券の制度は，抵当権の被担保債権の流動化を目的としたものである。抵当証券については，券面上弁済期が記載されているが失権約款等によって，その弁済期が証券上のものよりも早く到来した場合に，別途その旨を証明して抵当権の実行が可能かどうかについて争いが生じた。

　かつては，民執法181条所掲の法定文書の性質から，そのような証明は認められないとされていた時期もあったが，裁判例上（例，東京高決平4・3・30高民集45巻1号96頁），法定書面以外の文書を利用して弁済期の立証を行うことにより，抵当権の実行を行うことができるとされた。

達に際して，不動産担保権の実行の申立てにおいて提出された法定文書等（民執181条1項～3項）の目録および，一般の先取特権の実行にあっては，その存在を証する文書の写しを，相手方に送付しなければならない（民執181条4項）。これは，相手方に，不服申立ての手掛りを与えるという手続保障の要請によるものである。

　㈹　不動産競売手続の特則　　不動産競売手続は，先に述べたように，不動産強制競売手続がほぼ全面的に準用されている（民執188条参照）ので，一般的な手続は，不動産に対する強制執行の説明に譲り，以下では，不動産競売における特則等を中心に説明したい。

　まず，不動産競売の開始決定前の保全処分に関する特則が存在する。不動産占有者による不動産価格の減少行為に対する保全処分として，担保不動産の競売手続に独自の「開始決定前の保全処分」が認められているのである（同187条。この保全処分の申立ての方式等については，民執規172条の2参照）。この保全処分によって，競売開始決定より前でも，不動産占有者による価格減少行為がある場合には，執行裁判所は，不動産競売を申し立てようとする者の申立てにより，先に述べた民事執行法55条の「売却のための保全処分」と同内容の禁止命令・行為命令，執行官保管命令，公示保全処分ができるのである。

　この担保権の実行手続開始決定前の保全処分の趣旨には変遷が見られる。

2003（平成15）年の改正前では，不動産競売の場合において，特にこのような開始決定前の保全処分が必要とされる理由は，滌除に関連して存在する抵当権実行通知制度との関係で説明されていた。滌除制度とは，2003（平成15）年に削除される前の民法旧378条に規定され，抵当権の対象不動産の所有権等を取得した第三者が抵当権者に対して一定の金銭を支払って抵当権の消滅を求める制度であった。その場合に，抵当権者がその申出額に不服があれば増加競売（申出額の1割増し以上で売却できなければ，抵当権者が申出額の1割増しで買い取る義務を負うという内容の競売。民旧384条，民執旧185条〜187条）を請求することを求める規定が置かれていた。上記抵当権実行通知を受けてから1か月間は滌除権者による滌除が可能であったが，その間は競売申立てができなかった。一般に，執行妨害行為は，不動産競売の直前にされることが多いので，上記期間が経過していないので競売申立てができない間であっても価格減少行為を防止する必要があるので，開始決定前の保全処分が必要であるとされたのである。

　ところが，2003（平成15）年の民法改正によって滌除制度は廃止された。そこで，同改正法によって新設された抵当権消滅請求制度（民378条）においては，実行通知は求められていないが，しかし，抵当権の実行の直前に執行妨害が行われることが一般的な現象として生じており，しかも，抵当権設定者に相続が開始して相続人が確定できず直ちに競売申立てができない場合もあるので，この保全処分の制度が残されたのである。ちなみに，不動産の強制競売については，一般債権者は，競売申立前に特定の目的物（不動産）の価値を実体的に把握していないので，本条に規定するような特則が設けられていない点には，注意を要する。

　担保権の実行手続開始決定前の保全処分については，いくつかの特別な規律が存在する。それは，第1に，将来，競売開始決定が行われるべきことを明らかにするために，その申立ての際に，担保権の実行の基礎となる法定文書（民執181条1項〜3項）を提示しなければならない（民執187条3項）点である。そして，第2に，この保全処分の申立てを行いながら，本執行に着手しないで放置してしまうといった事態を防止するために，申立人が，保全処分の決定の告知から3か月以内に競売申立てを証する文書を提出しない場合には，保全処分の相手方または所有者の申立てにより，保全処分決定が取り消されるもの（民執

187条 4 項）とされている点である。なお，この保全処分の効力は，不動産競売事件が開始した後も継続し，最終的には引渡命令等に引き継がれていく点は，売却のための保全処分と同様である。

　次に，先に述べたように，不動産に対する強制執行に関する規定の包括的な準用（民執188条参照）に関わる問題がある（ただ，民執81条の法定地上権に関する規定のみが，その準用から除外されているが，これは，民法388条の規定が既にこの問題に対応しているので準用から外されたにすぎない）。

　さて，包括的な準用に関する問題としては，規定の準用のあり方，つまり，強制執行に関する各規定における「債務者」の，担保権実行の局面における読替えの方法が問題となる。つまり，不動産の強制競売の規定において「債務者」と明記されている点を，担保権の実行においてはどのように読み替えるかという課題である。これは，担保権の実行の局面では，強制競売の場合と異なり，債務者と担保目的物の所有者とが異なる物上保証や第三取得者に関する事件が存在するからである。これに対しては，一般には，強制競売の「債務者」は，担保権の実行では「債務者および所有者」と読み替えることで，さほど問題は生じない（この点に関しては，民執法187条 5 項における同55条 3 項の読替規定を参照）。

　ただ，解釈論上，争いのある局面も存在する。たとえば，第 1 に，物上保証に関する引渡命令の相手方に，債務者を含むか否かの問題である。この点については，裁判例として，肯定するものが存在する（東京高決昭60・7・17判タ575号72頁を参照）。第 2 に，物上保証に関する債務者（被担保債権の債務者）に配当異議の申出等が認められるかについても問題になる。この点についても，判例（最判平 9・2・25民集51巻 2 号432頁）は，肯定説に立つ。

　(3)　競売の効果　競売の効果として，買受人は，代金の納付により不動産の所有権を取得することになる（民執188条・79条）。しかも，その取得の効果は，担保権の不存在または消滅により妨げられない（民執184条）。これは，民事執行法の制定によって，新たに設けられた規律である。すなわち，先に述べた旧競売法下においては，担保権が存在しなかった場合の競売の効果について争いがあり，買受人の所有権取得を認める見解も有力であったが，しかし，実体権と切り離された債務名義自体を執行の基礎とする強制執行の場合とは異な

233

り，担保権に内在する換価権を実行の基礎とする担保権の実行では，担保権の不存在が直ちに換価の効果に影響を与えるのが理論的な帰結と考えられていた。この問題について，旧競売法下の判例（最判昭37・8・28民集16巻8号1799頁）は，担保権が消滅していた場合には実体的な換価権が欠けるので，所有権取得の効果は発生しないものとしていた。しかし，そのような買受人の処遇は，不動産競売における買受人の地位を不安定にし，その結果，競売に対する一般の信用を著しく害することになるといった強い批判が存在した。

そこで，そのような批判が立法に受け入れられて，いわゆる競売の公信的効果が，明文で認められることとなったのである。これが，民事執行法184条である。

これは，一種の法政策的な決断であるが，その実質的な根拠としては，競売手続を通じた実体的正当性が確保されると考えられている点が特に注目に値する。すなわち，第1に，担保権の実行についても，債務名義は不要であるものの，実体権の存在を一定の蓋然性でもって示す法定文書を要求し，その提出を義務づけていること，および，第2に，担保権が不存在・消滅の場合には，所有者に，執行異議の申立てや執行取消文書の提出といった簡易な不服申立ての方法を認め，事後的に簡易な救済を受けることができる手続を保障したことである。このような手続の存在にもかかわらず，所有者が，それを利用しなければ，提出された法定文書の表象する権利の存在が追認されたと，考えられるのである。

ところで，民事執行法184条の適用範囲については争いがある。

まず，抵当権の登記が存在するにもかかわらず，それが当初から虚偽登記であった場合や，また，既に被担保債権の弁済等によって抵当権が消滅していた場合において，本条が適用されることについては異論がない。これに対して，所有者の手続保障が，現実には十分ではなかったような場合がある。たとえば，所有者が知らないままで，偽造文書によって登記名義が第三者に移転し，その第三者が設定した抵当権に基づき競売が実施された場合等である。このようなケースについて，判例（最判平5・12・17民集47巻10号5508頁〔百選26〕）は，本条の適用については，所有者がたまたま競売手続を知っていただけでは足りず，競売手続上当事者として扱われる必要があるとして，所有者が悪意の場合

にも，買受人は，民事執行法184条による所有権の取得を主張することができ
ないとして，真の所有者を保護する旨の判断を行った。この判例に対しては，
異論はあるものの，手続保障という手続的な正当性の確保が競売の公信的効果
の大部分を支えているとすると，この判例の考え方は基本的には妥当である。

　ただ，買受人が悪意である場合等，もともと買受人側に競売手続に対する信
頼が存在せず，かつ，その者を保護する必要もない場合には，公信的効果を認
める必要はない。

　⑷　**不服申立てなどの救済手段**　　㈠　実体異議等　　競売手続における救
済の問題として，不動産競売において，実体法上その基礎となる担保権が不存
在であるかまたは消滅している場合において，債務者・所有者がいかなる保護
を受けることができるかが問題となる。

　先に述べたように，不動産に対する強制執行における強制競売では，そのよ
うな場合は請求異議の訴え（民執35条）または執行文付与に対する異議の申立
てや異議の訴え（民執32条・34条）によって争うことになるが，担保権の実行の
場合には，そのような訴えの対象となる債務名義や執行文自体がそもそも存在
しない。そこで，強制競売との差異を踏まえて，このような場合には，一方
で，担保権不存在確認訴訟等によって実体権の存否を争うことを認めるととも
に，より簡易な不服申立ての方法として，執行異議の中で，実体権に関する不
服を主張できるものとされたのである。このような執行異議は，「実体異議」
と呼ばれている。つまり，不動産競売の開始決定に対する執行異議の申立てに
おいては，債務者または所有者は，担保権の不存在または消滅といった実体問
題を異議の理由とすることができるとされたのである（民執182条）。このよう
な手続により，債務名義とは異なって，その作成過程において，債務者の手続
保障が必ずしも十分に実現できているとは言い難いので，上記法定文書（特
に，登記事項証明書）に対しては，債務者等には，訴訟手続（判決手続）ではな
く，決定手続を通じた簡易な救済手段が認められたのである。これは，いわば
事後的な手続保障の補完とも考えられ，先に述べた競売の公信的効果の基礎に
なり得る手続であると考えられる。

　この実体異議は，手続開始後から買受人の代金納付に至るまで申し立てるこ
とができる。仮に執行異議の申立てが却下されても，その判断には既判力が生

じないので，債務者等は，改めて，より慎重な判決手続を通じた救済手段（担保権不存在確認訴訟等）を利用することもできる。

　ここで，実体異議を申し立てないで，担保権の不存在または消滅を売却不許可事由として主張することができるか否かの問題がある。下級審裁判例は，肯定説と否定説に分かれていたが，近時，判例（最決平13・4・13民集55巻3号671頁〈百選24〉）は，この種の主張は，開始決定に対する執行異議においてなすべきであるとして，その事由に基づく売却許可決定に対する執行抗告は許されないとした。

　この実体異議以外のその他の不服申立てについては，強制競売の場合と同様である。つまり，一般に，手続上の違法処分がなされた場合に，法に規定があれば，執行抗告が可能であり，規定がない場合には，執行異議が可能である。

　さらに，第三者異議の訴え（民執38条）についても，不動産競売に準用されている（同194条）ので利用可能である。これにより，たとえば，一般先取特権の実行の場合等において，第三者が，債務者の責任財産に属しない旨を第三者異議の訴えによって主張できるのである。

　㈹　競売の停止・取消し　　さらに，競売の停止・取消しという救済手段も存在する。ここでも，不動産担保権の実行制度では，不動産の強制競売の場合とは異なり，債務名義の制度を採用していないので，競売手続の停止文書・取消文書についても，強制競売の場合（民執39条・40条を参照）とは異なる配慮の必要から，独自の規定が置かれている（民執183条）。

　まず，執行取消文書（民執183条2項および同条1項1号〜5号）としては，①担保権の存しないことを証する確定判決の謄本（民執183条1項1号），②執行処分の取消しを命じる旨を記載した裁判の謄本（同項5号）などのように，強制競売の場合とほぼ同趣旨のもの以外に，担保権の実行の場合に特有のものとして，以下のような文書が明記されている。すなわち，③担保権登記を抹消すべき旨等を命じた確定判決の謄本（民執183条1項2号），④被担保債権の弁済・弁済猶予等を記載した裁判上の和解調書等の公文書の謄本（同項3号），および，⑤担保権の登記の抹消に関する登記事項証明書（同項4号）などがそれである。

　これらの文書は，いずれも不動産競売が，登記事項証明書等によっても簡易に開始されることに対応して，反対の内容を有する簡易な法定文書の提出に

よって，執行取消しを認め，よって，債権者・所有者間の利益のバランスを図ったものである。

次に，執行停止文書としては，①執行取消文書としてあげた文書（民執183条1項1号～5号）のほかに，②担保権の実行手続の一時停止を命ずる裁判の謄本（同項6号），および，③担保権の実行を一時禁止する裁判の謄本（同項7号）がある。実体異議や，担保権不存在確認訴訟等に伴う仮の処分等が，これに該当する。

2　担保不動産収益執行

（1）**意　義**　担保不動産の収益執行の制度は，2003（平成15）年に行われた民法・民事執行法の改正の際に新たに設けられたものである。つまり，これは，不動産に対する強制執行における強制管理（民執93条以下）の制度にならい，担保不動産の収益を目的に行われる担保権の実行方法である。

かつては，抵当権は非占有担保であり，その効力が，賃料債権にまで及んでいるか否かについて疑義が存在したので，この種の制度の立法化は見送られていた。しかし，近時の執行実務においては，管理手続に相当するような手続（すなわち，賃料に対する抵当権に基づく物上代位の制度）が広く認められ利用されることになった。そこで，抵当権者は，実質的に目的不動産の収益を把握できることが，制度的に認められたのである。

ただし，立法に際しては，いわゆる賃料物上代位の活用における問題点も，同時に考慮された。たとえば，①物上代位による場合には，不動産の適切な管理が保障されない場合が生じること，②物上代位の場合には，強制管理とは異なり，賃貸がされていない物件について賃貸借を命じたりして当該不動産自体の積極的な管理を行うことができないこと，③物上代位では，先に申し立てた抵当権者が債権を優先的に回収でき，抵当権の実体法上の優先劣後関係に従った回収の保障が確保されないこと，および，④執行妨害の目的によって占有が行われているような場合には，不動産の占有を取得し管理を行わなければ対応が困難であることなどが，問題点であった。

そこで，担保不動産の収益執行制度を新たに導入するに際して，制度の基本的な手続構造について様々な議論が行われた。その成果が，以下で述べる独立

型の担保不動産の収益執行制度（すなわち，競売手続とは無関係に抵当権者が収益を得ることができる手続）である。ただ，議論の末，物上代位の制度自体は廃止されることなく存続されることとなった。これは，小規模不動産等について，物上代位には簡便さの利点があるとされたからである。その結果，後述のように様々な判例を生み出すことになった。

　担保不動産収益執行は，不動産から生じる収益を被担保債権の弁済に充てる方法によって行われる不動産担保権の実行をいう（民執180条2号）。一般に，不動産担保権とはいってもいくつかの種類がある。たとえば，不動産質権では，その収益の収取は不動産質権者の自力執行に委ねられている（民356条参照）。そこで，担保不動産の収益執行制度の適用が主として想定されているのは，抵当権である。その関係で，2003（平成15）年の民法改正により，民法371条で，抵当権の効力は被担保債権についての不履行後に生じた果実に及ぶことが規定上明らかにされた。それゆえ，収益執行の対象となる不動産から生じる「収益」は，民事執行法上，後に収穫すべき天然果実，および，既に弁済期が到来し，または，後に弁済期が到来すべき法定果実（民執188条・93条2項）であることが前提となるが，その中でも，特に被担保債権の不履行後のものに限られる点には，注意しなければならない。したがって，その不履行前に弁済期の到来していた賃料等は，それが回収されていない限り，不動産強制執行における強制管理の対象にはなるが，不動産担保権の実行における収益執行の対象にはならないのである。

　(2)　**手続**　担保不動産の収益執行も，担保権の実行のための一方法である。そこで，その手続（開始要件，開始決定に対する不服申立て，手続の停止・取消しなど）については，基本的には，不動産競売の場合と同様の規律が妥当する（民執181条～183条参照）。そこで，担保不動産収益執行の申立ては，抵当権の登記に関する登記事項証明書等に基づき行うことができる。ただ，収益執行の開始決定に対しては，担保権の不存在・消滅を理由に不服を申し立てることができるが，不服申立ての方法は，担保不動産競売の場合の執行異議ではなく執行抗告による。この規律は，開始決定に対する不服申立ての一般的な手続（民執93条5項参照）に即応したものである。ここで初めて明示的に「実体抗告」が認められたのである。

さて，担保不動産の収益執行の手続においては，それが不動産の強制執行における強制管理にならった制度であるので，全面的に強制管理の規定が準用されている（民執法188条が，同法「第2章第2節第1款第3目」を準用）。それゆえ，執行裁判所が，担保不動産の収益執行開始決定を行い，管理人を選任し，その管理人が収益を収受し，債権者に対して配当を実施する手続が行われることになる。当該不動産について，先に強制管理や他の収益執行が行われている場合には，二重開始決定がなされる（民執93条の2）。また，当該収益に関して，物上代位等の債権執行が既になされている場合には，原則として，当該差押命令の効力は停止することになる（民執93条の4）。

この手続において配当を受けるべき債権者は，①強制管理の申立てを行った者，②収益執行の申立てを行った者，③配当要求債権者，および，④債権執行をしていた者等に限られる（民執107条4項・93条の4第3項）。そこで，たとえ⑤当該不動産上に登記を有する担保権者であっても，上記に該当しない者は配当を受領できないことになる。このような担保権者（⑤）は，たとえ配当を受けられなくても，担保権自体が消滅するものではなく，また，配当するとすれば根抵当権について確定を認めなければならないが，他の者の収益執行申立てにより常に根抵当権を確定させねばならないとするのは不当であることが，このように取り扱う理由である。この点で，強制競売の場合（民執87条1項4号参照）とは規律が異なる（民法398条の20第1項3号の規定では，同条同項1号の場合とは異なり，担保不動産収益執行を，確定事由としていない）。

第3節　動産に対する担保権の実行（動産競売）

1　意　義

まず，動産担保権としては，いくつかの種類がある。民法上の一般先取特権のほか，特別先取特権および質権が，それである。ただ，質権は，質屋営業法等の適用業者による利用がほとんどであり，そこでは流質特約が通例行われているので，動産担保競売（動産競売）は利用されない（なお，制度的には，占有が質権者に移る質権よりも，占有を移さずに動産を利用できる譲渡担保や所有権留保のような非典型担保権が実際には活用されている）。それゆえ，動産競売手続が利用さ

れる動産担保権としては，特別先取特権が，その中心を占めることになる。これまで，動産売買の先取特権等については，手続上の問題からその利用が困難であったが，後述のように，2003（平成15）年の法改正により，その点が解決された。

2　手　続

　動産競売の手続については，動産執行の規定が準用されている（民執192条）。申立書には，競売申立書の一般の記載事項（民執規170条1項）のほか，差し押さえるべき動産が所在する場所が記載されることになる（民執規178条1項）。

　動産競売の開始要件としては，①担保権者である債権者による動産の提出，②動産占有者が差押えを承諾することを証する文書の提出，または，③執行裁判所の動産競売開始許可決定書の謄本の提出およびその債務者に対する送達である（民執190条1項）。

　以前は，このうち，①担保権者である債権者により動産が提出された場合，または，②動産占有者が差押えを承諾することを証する文書を提出した場合にのみ，動産競売が可能とされていた。確かに，質権等の場合においては，通常，債権者が対象動産を占有しているので，特に不都合は生じないが，しかし，担保権者が動産を占有していない動産売買先取特権の場合には，事実上権利実行が不可能になってしまうという難点が生じた。そこで，2003（平成15）年の法改正は，このような問題点を克服するために，新たに，上記③のように，執行裁判所による動産競売開始許可決定書の謄本の提出の方法によって，動産競売の実行をなすことができるとしたのである。

　これにより，動産担保権者は，まず担保権の存在を証する文書を提出して，執行裁判所に動産競売の開始の許可を申し立てることができる（民執190条2項本文）。担保権の実体判断が，執行裁判所に委ねられたのである。執行裁判所が担保権の存在を認める場合には，当該動産が債務者の占有下に無いようなときを除いて（民執190条2項但書），動産競売の開始許可決定を行う。この許可決定は，債務者に送達されることになっており（民執190条3項），債務者に不服のある場合には，執行抗告を行い（民執190条4項），担保権の存否について争

うことができる。債権者は，この許可決定の謄本を執行官に提出して，競売開始の申立てをすることができる（民執190条1項3号）。ただし，当該決定が，捜索の前にまたは同時に債務者に送達されていることが，その前提となる。執行官は，担保目的動産の差押えをするために，債務者の占有する場所を捜索することができる（民執192条。190条1項3号の場合には123条2項が準用されている）。つまり，執行裁判所による動産競売開始許可決定書の謄本が提出される場合には，通例，債務者の協力が得られないと考えられることから，動産執行の場合と同様に，強制的な対象動産の確保を意図したものである。

　なお，動産競売には，おおむね動産執行の規定が準用されているが，若干の注意を要する点も存在する。一方で，①担保権者である債権者による動産の提出，および，②動産占有者が差押えを承諾することを証する文書の提出の場合には，執行官の立入捜索権等を定めた民事執行法123条2項の準用が除外されているが，これは，債権者による対象動産の提出や債務者等の同意が要件となる場面では，不要な規定と考えられたからである。他方で，③執行裁判所による動産競売開始許可決定書の謄本が提出される場合には，そのような立入捜索等が必要となるために，民事執行法123条2項の規定が準用されているのである。

　また，超過差押えの禁止を定めた民事執行法128条，差押禁止動産等について定めた民事執行法131条・132条および差し押さえるべき動産の選択について定めた民事執行規則100条は，質権や特別先取特権等に基づく動産競売のように，執行対象が特定している動産競売には準用されない。これに対して，対象が特定されない一般先取特権に基づく動産競売には，上記規定に反する場合が生じることもあるので，準用されることになる。

　なお，動産競売の効果については，不動産競売に関する民事執行法184条は準用されていない。動産競売における公信的効果は，先に述べたように，実体法上の即時取得（民192条）の規定によって得られるからである。

3　不服申立て

　債務者または動産の所有者は，動産競売における執行官の差押えに対して，執行異議の申立てをすることができる。この執行異議では，手続上の瑕疵だけではなく，担保権の不存在や消滅等を理由とすることができる（民執191条）。

コラムⅠ-16　動産売買先取特権の実行手続をめぐる議論

現実に利用度が高い動産競売事件は，動産売買先取特権に関するものである。もともとは，債務者の破産後における動産売買先取特権の実行が，売主にとっての有力な売掛金回収の方法であった。約定担保権を有しない売主にとっての有力な代金確保手段ともなったのである。ただ，競売開始要件について問題が生じた。

かつて，動産競売においては，執行官への動産の提出または債務者の差押承諾証明書の提出がなければ，競売は開始できなかったが，動産売買先取特権ではその要件を満たすことが，一般に困難であった。そこで，多様な学説が提示されることになった。たとえば，仮差押説（売主の代金債権や動産売買先取特権を被保全権利とした仮差押執行をまず行えば，動産競売の申立てを許す見解），執行官保管仮処分説（動産売買先取特権の保全のための執行官保管の仮処分を執行すれば，動産競売の申立てを許す見解），意思表示執行説（差押承諾義務の存在を前提として承諾の意思表示を命じる本案判決や断行仮処分を得れば，動産競売の申立てを許す見解），物的債務名義説（動産先取特権について債務名義に相当する公的な文書が存在すれば競売申立てを許し，その保全のために先取特権を被保全権利とする仮差押えを認める見解）等が，それである。

これに対して，裁判例では，たとえば，まず，先取特権保全のための仮差押えを否定するもの（東京高決昭60・3・15判時1156号80頁）があり，次に，執行官保管の仮処分については，肯定説（東京高決昭60・5・16判時1157号118頁）と否定説（浦和地決昭60・2・21判時1155号285頁）に分かれ，また，差押承諾を命じる仮処分を，開始文書とすることを認めるもの（東京高判平元・4・17判時1316号93頁）なども存在した。しかしながら，下級審判例・実務の大勢は，結論的にはそのような方法を否定する傾向を示していたのである。

このような状況で，実務上は，まず一般債権者として仮差押えをし執行官に占有を移転した後に先取特権を実行する方法が利用されていたといわれているが，仮差押えが失効する破産手続では利用できないという難点も存在した。そこで，2003（平成15）年の法改正において，先に述べたように，動産競売開始許可決定の制度が設けられ，従前の議論に対して，ほぼ終止符が打たれたのである（ただし，法律実務上，売買契約の対象物件と差押対象物件の同一性認定などに関する課題など，問題が完全に解消されたわけではない）。

このような実体異議が認められたのは，不動産担保権の実行の場合と同様である。つまり，動産競売は債務名義なしに比較的容易に申し立てられることから，債務者等の側の不服申立ても簡易な決定手続として，それとのバランスを保つことにしたものである。

　なお，執行裁判所の許可による場合は，許可手続の中で実体権が審理されるので，実体異議として主張できる事由は，右許可決定確定後に生じた事由に限られる。実体異議事由は，担保権の不存在・消滅のほか，被担保債権の一部消滅である。これは，一般先取特権の実行において超過差押えの事態が発生する場合を想定したものである。執行異議が申し立てられると，裁判所は，競売手続の停止・取消しを命じることができる（同192条による183条の準用）。執行異議ではなく，債務者等が担保権不存在確認の訴えを提起することも可能である。

第4節　債権その他の財産権に対する担保権の実行

1　現　状
　この領域では，近時めまぐるしい展開が見られる。債権その他の財産権に対する担保権の実行には，まず，債権質権がある。ただこれは民法に規定されているが，金銭債権質については，直接取立て（民366条）によって，通例，簡易に実行される。それゆえ，この文脈で現実に問題となるのは，たとえば，その他の担保権に基づく物上代位（民304条・350条・372条）である。

　たとえば，動産売買先取特権については，破産手続開始決定（旧破産宣告）後の物上代位が認められることになったので（例，最判昭59・2・2民集38巻3号431頁等参照），その実行がよく行われることになった。しかも，抵当権について，判例（最判平元・10・27民集43巻9号1070頁）が，賃料に対する物上代位を一般的に認めたので，その実行件数が顕著な増加を見せているのである。

2　手　続
　通例，担保権の存在を証する文書の提出により開始される。ただ，権利移転について登記等を要するその他の財産権（例，特許権等）については，一般先取特権の実行の場合を除いて，不動産担保権の実行の場合と同様の法定文書

（民執181条1項1号～3号・2項・3項）の提出が必要とされる（民執193条1項）。特許権等のように登記・登録のある権利については，登記簿・登録簿の写しに基づいて開始されることになる。

　「担保権の存在を証する文書」とは，上述のように，公的文書である必要はなく私文書でも足りる。ただ，担保権の存在を高度の蓋然性でもって直接明確に証明する文書である必要がある（例，大阪高決昭60・8・12判時1169号56頁等参照。なお，電話加入権質等については，民執規180条～180条の3を参照）。

　債権その他の財産権に対する担保権実行の手続については，債権その他の財産権執行の規定が，ほぼ全面的に準用されている（民執193条2項）。申立書には，競売申立書の一般的な記載事項（民執規170条）のほかに，第三債務者を表示しなければならない（民執規179条1項）。電話加入権質等で売却命令により換価される場合には民事執行法184条が準用されるので（民執193条2項），質権等の不存在・消滅によっても，買受人の権利は害されることはない。準用が除外された規定としては，民事執行法146条2項（超過差押禁止）や，同152条・153条（差押禁止債権等）がある。これは，執行対象が特定されているからである。

　なお，転付命令による場合において，第三債務者への送達までに他の債権者の差押え等が行われた場合には，その効力を生じないのが原則であるが（民執159条3項参照），しかし，担保権の実行の場合には，転付命令を取得した債権者が，実体法上，他の債権者に優先するときには，転付命令は，その効力を有する（最判昭60・7・19民集39巻5号1326頁〈百選56・75〉）。また，抵当権の物上代位の目的となる債権に対する転付命令の効力について，判例（最判平14・3・12民集56巻3号555頁〈百選78〉）は，抵当権の物上代位の目的となる債権に対する転付命令が，第三債務者に送達されるときまでに抵当権者により当該債権の差押えがなされなかったときは，その効力を妨げられないと判示した。

3　不服申立て

　債権その他の財産権に対する差押命令は，執行抗告によって争うことができる（民執193条2項・145条6項）。ここでは，担保権の不存在・消滅を執行異議事由にできる旨の不動産競売における規定が準用されているが（民執193条2項・182条），その意義に関して見解の対立がある。すなわち，執行抗告説（実体的

な事由を執行抗告の中で主張できるとする見解。例，東京高決昭60・3・19判時1152号144頁〈百選74①〉等を参照），執行異議説（実体的な事由については差押命令に対する執行異議ができるとする見解。例，高松高決平2・10・15判時1377号69頁〈百選74②〉等を参照），および，選択説（いずれによることも可能であるとする見解）等が，存在したのである。この点については，2003（平成15）年の改正によって，上述のように，担保不動産収益執行については実体抗告が明定されたことから，解釈論としては執行抗告説に収斂する（東京高決平23・2・24判時2109号54頁）ようにも思えるが，しかし，そもそも執行過程における複雑な不服申立手続の統合的な理解を進めるためには，基本的には選択説が妥当であろう。

　ちなみに，被差押債権の存在は，差押えの適法性に影響しないので，先に触れた債権執行の場合と同様に，被差押債権の不存在・消滅は，差押命令に対する執行抗告の理由とはならない。判例（最決平14・6・13民集56巻5号1014頁〈重判平14民訴6〉）もこの立場に立つ。

第5節　物上代位権の実行の場合

　ところで，先取特権・質権・抵当権には，追及効がある。つまり，先取特権者・質権者・抵当権者は，目的物の売却・賃貸・滅失・損傷等によって債務者が受けるべき金銭その他の物に対しても，物上代位権の行使を通じて追及効を押し及ぼすことができる（民304条等）。これは，債権その他の財産権に対する担保の実行と同様の手続により行われる（民執193条1項・2項）。先に述べたように，執行現場では，金銭債権に対する担保権の実行の多くは，動産売買先取特権や抵当権に基づく物上代位権の実行である。

　そこでは，物上代位権の実行に際して，担保権の存在を証する文書の提出が要求されるが（民執193条1項），動産売買先取特権の場合には，いかなる文書を必要とするかについて議論がある（裁判例として，名古屋高決昭62・6・23判時1244号89頁〈百選73〉を参照）。

　差押え後の手続は，他の担保権の実行の場合と基本的に同様である。ただ，物上代位による差押債権者相互の優先順位については，差押えの順序によるのではなく，実体法上の優先順位によるとされている。そこで，たとえば，第2

コラムⅠ-17　物上代位権の実行に関する近時の判例展開

　物上代位権の実行に関しては，近時，他の権利者との優先劣後関係に関するいくつかの判例が見られる（なお，賃料債権との関係は本文で述べた）。

　まず，動産売買先取特権に基づく物上代位権の行使としての債権の差押命令の申立てと他の債権者による債権差押事件の配当手続における優先弁済について，判例（最判平5・3・30民集47巻4号3300頁〈百選76〉）は，動産売買先取特権に基づく物上代位権を有する債権者Aが，物上代位の目的たる債権につき仮差押えをした後，右債権につき他の債権者Bによる差押えがあったため第三債務者が民事執行法（平成元年〔1989年〕法律第91号による改正前のもの）156条2項・178条5項に基づく供託をした場合において，Aが供託前にさらに物上代位権の行使として債権の差押命令の申立てをしたときであっても，その差押命令が供託前に第三債務者に送達されない限り，AはBによる債権差押事件の配当手続において優先弁済を受けることができないと判示した。

　次に，判例（最判平10・3・26民集52巻2号483頁〈百選77〉）は，債権について一般債権者の差押えと抵当権者の物上代位権に基づく差押えが競合した場合における両者の優劣の判断基準について，債権について一般債権者の差押えと抵当権者の物上代位権に基づく差押えが競合した場合には，両者の優劣は，一般債権者の申立てによる差押命令の第三債務者への送達と抵当権設定登記の先後によって決すべきであると判示した。

　また，抵当権に基づいて物上代位権を行使する債権者の配当要求について，判例（最判平13・10・25民集55巻6号975頁〈百選79〉）は，他の債権者による債権差押事件に，差押えをすることなく配当要求をすることによって優先弁済を受けることはできないと判示した。そこでは，理由として，民法372条において準用する同法304条1項但書の「差押え」に配当要求を含むものと解することはできず，民事執行法154条および同193条1項は抵当権に基づき物上代位権を行使する債権者が配当要求をすることは予定していないことがあげられた。

順位の抵当権者が，いち早く物上代位を実行しても，第1順位の抵当権者が差押えをすれば，後者が優先することになる。

　この領域では，抵当目的物の賃料に対する物上代位について，大きな展開が見られた。先に述べたように，判例（最判平元・10・27民集43巻9号1070頁）により，賃料に対する物上代位が一般的に認められたのである。また，2003（平成

15) 年の法改正では，新たに担保不動産の収益執行制度が創設されたが，賃料
物上代位の制度自体は，上述のようにそのまま存続された。

　この局面では，債務者等による執行妨害も発生している。たとえば，賃料債
権の第三者への譲渡，転貸借契約の締結等が，その典型例である。これに対し
ては，たとえば，判例上，賃料債権の譲渡後であっても，抵当権に基づく物上
代位を許すもの（最判平10・1・30民集52巻1号1頁）や，また，転貸料債権につ
いても，原則として物上代位は許されないとしつつ，法人格の濫用や賃貸借
を仮装した上での転貸関係の作出等，転貸人（抵当不動産の賃借人）を所有者と
同視できるような場合には，物上代位の対象となるものと判示されている（最
決平12・4・14民集54巻4号1552頁）。さらに，物上代位と賃借人の敷金返還請求
権との関係については，判例（最判平13・3・13民集55巻2号363頁）は，抵当権
の登記に後れて取得した債権を自働債権とする相殺権の行使は，賃料物上代位
権に対抗することができないと判示して，その行使を制限し，また，判例（最
判平14・3・28民集56巻3号689頁）は，賃貸借の目的物を明け渡した場合には，
当然に賃料債務は敷金に充当され消滅する旨が判示され，この場合には物上代
位はいわば空振りに終わることになる。

　物上代位の制度は，2003（平成15）年の改正後も存続するとされたことか
ら，このような優劣関係の事案は継続することになる。しかも，時としてそれ
は，執行妨害事案ともなり得るであろう。

第6節　形式競売

　留置権による競売および民法，商法その他の法律の規定による換価のための
競売については，担保権の実行としての競売の例による（民執195条）。これら
は，総じて「形式競売」（形式的競売）と呼ばれる。元来，留置権は担保物権の
一種ではあるが，抵当権等の他の担保権とは異なり優先弁済権がないので，執
行手続でも異なる取扱いがなされてきた。また，換価のための競売（例，共有
物の分割等）も，債権の満足の問題とは関係がないので，本来的に競売手続と
は異なる性格をもつ。そこで，これらの手続は，担保権の実行の「例による」
ものとされたのである。

　ただし，どの範囲で異なる扱いをするかについては，解釈運用に委ねられている。

　まず，「留置権による競売」は，債権者が留置権の目的物を保管する負担（民298条1項）を軽減するため，換価して代金の上に留置権を存続させることとされた。

　次に，「民法，商法その他の法律の規定による換価のための競売」（これが「狭義の形式競売」と呼ばれる）としては，たとえば，共有物分割のための競売（民258条2項），限定承認の場合の換価のための競売（民932条本文），商人間売買の場合の自助売却（商524条1項・527条1項）等がある。これらの場合において，どのような手続をとるべきかについては，各競売の性質により異なる。

　たとえば，ただ換価のみを目的とする場合（清算等を目的としない場合）には，配当手続は行わず，負担も引受主義により承継される。この点，留置権による競売については，配当要求の規定は適用されないとした裁判例（東京地決昭60・5・17判時1181号111頁）がある。これに対して，限定承認の場合等のように，競売等，権利者間の清算をも目的とする場合には，配当手続を行い消除主義が適用されることになる。この点に関して，形式競売における無剰余措置の要否と売却条件等について，判例（最決平24・2・7判時2163号3頁〈百選80〉）は，民法258条2項所定の競売を命じる判決に基づく不動産競売については，民事執行法59条（消除主義等）および63条（無剰余措置関係規定）が準用される旨を判示した。

（川嶋四郎）

第Ⅱ編

民事保全法

第1章

序　論

第1節　民事保全と民事保全法

1　民事保全の意義

　私法上の権利を実現し，あるいはその保護をはかるためには，最終的には訴訟を必要とするが，訴えの提起から判決の確定に至るまでには必然的にある程度の時間を要する。そこで，その間に債務者がその一般財産や当該権利の目的財産を処分してしまうと，債権者がせっかく勝訴判決を取得してもそれを執行し得ないということになりかねない。また，そうではなくとも，債権者が著しい損害を被ったり社会に混乱が生じたりすることがありうる。このような場合に，判決の確定までに要する時間的間隙を架橋し，緊急事態に対応して，その間に生じうる危険ないし損害を防止するための仮の応急措置を施す制度が必要になる。これが（狭義の）民事保全（仮差押え・仮処分）制度であり，本案訴訟である民事訴訟および強制執行を補完する機能を果たす。

2　民事保全法

(1)　制定の経緯　　仮差押え・仮処分の制度は，1890（明治23）年に制定された旧民事訴訟法第6編（強制執行）第4章によってわが国に初めて導入された。その後，判決手続に関する第1編ないし第5編は大正15年法第61号により改正されたが（それも，平成8年法106号により全面的にとって代わられている），第6編の改正は昭和54年法第4号の民事執行法による。しかし，民事執行法の制定に際しては，時間的制約等の理由により仮差押え・仮処分制度に関しては実質的な改正はほとんど加えられることはなく，しかも，その命令手続に関する規定は民事訴訟法中に残され，執行手続に関する規定のみが民事執行法中に置

　コラムⅡ-1　特殊保全処分

　権利の実現・保護に時間を要することから生じうる危険・損害から債権者を保護
するために緊急の応急措置を施す必要は，民事訴訟との関係でのみ生ずるわけでは
ない。そこで，民事訴訟（特に通常民事訴訟）以外の各種の裁判手続との関係でも
種々の応急措置を施す制度が認められており，これを特殊保全処分（特殊民事保
全）と呼び，広義ではこれをも含めて民事保全という。特殊保全処分の主なものと
しては，破産・民事再生・会社更生などの申立てに伴う保全処分（破24条〜28条・
91条〜96条・171条・172条，民再26条〜31条・54条・79条〜83条，会更24条〜40
条），行政処分の執行停止決定（行訴25条〜29条），民事執行の手続における執行の
停止・取消しなどの仮の処分（民訴403条・404条・334条2項，民執10条6項・11
条2項・32条2項・36条・37条・38条4項・183条），執行手続における売却のため
又は買受人等のための保全処分（民執55条・55条の2・68条の2・77条・187条），
民事調停・家事調停ないし家事審判前の保全処分（民調12条，家事105条・266条）
などがある。

　これらの特殊保全処分が認められるところでは，原則として，民事保全法上の民
事保全を利用することはできない。

　かつては，商法旧270条・271条による株式会社の取締役の職務執行停止・代行者
選任の仮処分が狭義の民事保全か特殊保全処分であるかに争いがあったが，民事保
全法によって，この仮処分命令の発令等に関する手続が民事保全法上の仮処分命令
に関する手続によることとされ（民保56条参照），狭義の民事保全であることに争
いの余地がなくなった。旧人事訴訟手続法16条の子の監護その他の仮処分に関して
も争いがあったが，現行人事訴訟法はこれに相当する規定を置かず，人事訴訟事件
の家庭裁判所への移管に伴う管轄規定の整備のみを行っている（人訴30条）。これ
も子の監護その他の保全処分について民事保全法の規定を直接適用する趣旨であ
り，それが狭義の民事保全であることを意味していることになろう。

かれるという不自然な状態が現出するに至ってしまった。そこで，再び仮差押
え・仮処分の命令手続に関する規定と執行手続に関する規定を同一法典中に統
合し，かつ，民事執行法の制定の際に積み残された問題点を解決するために制
定されたのが民事保全法（平成元年法第91号，平成3年1月1日施行）である。そ
の際，それに対応し，民事保全手続の細目的な事項について定める民事保全規
則（平成2年最高裁規則第3号，平成3年1月1日施行）も制定された。

(2)　**主要な改正点**　　民事保全法による主な改正点としては，まずオール決定主義の採用を指摘することができる。すなわち，従来は，仮差押発令手続でも仮処分発令手続でも，口頭弁論を開いて審理したときは判決で（しかも，仮処分発令手続では，法律上これが原則とされていた），そうでないときは決定で裁判するという仕組みが採用されていた。また，仮差押命令・仮処分命令に対する不服申立てはすべて判決手続によって処理することとされていた。しかし，これではともすると機動性に欠けることになるので，民事保全法はすべての場合を決定手続によって処理することとした（民保3条）。これにより事件の迅速処理が目指されているのであるが，そのために当事者，特に債務者の手続保障がないがしろにされてはならない。そこで，民事保全法は，その点に関連し，仮の地位を定める仮処分命令の発令手続における債務者の手続保障に関する特則（民保23条4項）や不服申立手続における当事者の手続保障の強化に関する規定（民保29条・40条1項）を置くなどの配慮を示している。また，民事保全法制定のもう1つの眼目は，頻繁に利用されているにもかかわらず明文の規定が欠けているために種々の不都合や不明瞭が生じていた仮処分の執行と効力に関する規定を整備したことである。すなわち，当事者恒定のための不動産の処分禁止の仮処分と占有移転禁止の仮処分に関する規定を設けて，それらを使いやすいものとした（民保53条～55条・58条～64条。ただし，民保54条の2は，2003（平成15）年の改正で挿入されたものである）。

第2節　民事保全の種類

民事保全には，民事訴訟の本案の権利の実現を保全するための仮差押えと係争物に関する仮処分および民事訴訟の本案の権利関係につき仮の地位を定めるための仮処分がある（民保1条）。

仮差押えは，金銭債権について，債務者による財産の隠匿や浪費等によって，強制執行をすることができなくなるおそれがあるとき，または強制執行をするのに著しい困難を生ずるおそれがあるときに，将来の強制執行を保全するために，債務者の責任財産の処分を制限する措置を講ずる処分である（民保20条1項）。

図表Ⅱ-1　民事保全の種類

・仮差押え ── 金銭債権の保全（民保20条）

・仮　処　分 ┬── 係争物に関する仮処分 ── 物に関する給付請求権の保全（民保23条1項）

　　　　　　 └── 仮の地位を定める仮処分 ── 権利関係の確定の遅延により生ずる著しい
　　　　　　　　　　　　　　　　　　　　　　 損害・急迫の危険の回避（同条2項）

コラムⅡ-2　2種類の仮処分の区別

　仮処分には係争物に関する仮処分と仮の地位を定める仮処分の2種類があり，両者は截然と区別されうるというのが通説的な見解である。しかしながら，具体的な事案においては，この区別はさほど明瞭なものとはいえない。たとえば，所有権の移転登記手続請求訴訟を本案とした不動産の処分禁止の仮処分は，将来の執行（広義の執行である移転登記手続）を確実にするという面から見て係争物に関する仮処分の典型例とされるが，当事者恒定効から見れば仮の地位を定めるものといえなくもない。また，そもそも，執行保全の機能に関してさえ，給付請求権の存在について争いがあり，債務者の行為によって債権者が損害を被るおそれがあるので（給付義務が直ちに履行されていれば，債権者に執行の困難という危険は生じないはずである），処分禁止といった仮の地位を定めるといえないこともない。それゆえ，2つの仮処分の関係については，それらが両々相まって，1つの包括的・一般的な仮処分があり，その中で，仮差押えと同様に執行保全を目的とするものから，それとは全く関係のないものまで徐々に移行すると理解すれば十分であろう。

　もっとも，民保法23条4項は，仮の地位を定める仮処分にのみ発令前の口頭弁論または債務者が立ち会うことができる審尋の期日を要求しているから，ある仮処分がどちらに該当するかは重要であるとの疑問があるかもしれない。しかし，民保法23条4項には，但書（「その期日を経ることにより仮処分命令の申立ての目的を達することができない事情があるときは，この限りでない。」）が付されているのであり，重要なのは，当該仮処分がいずれの仮処分と性質決定できるかなどではなく，但書に該当する事情の有無である。

　また，法文上，被保全「権利」とのみいっている（「権利関係」に言及していない），仮処分解放金に関する民保法25条1項は，逆に，係争物に関する仮処分にのみ関係した規定であるといわれる。しかし，ここでも，重要なのは，当該仮処分がいずれの仮処分と性質決定できるかなどではなく，被保全権利（権利関係）が「金銭の支払を受けることをもってその行使の目的を達することができるか」否かである。

　係争物に関する仮処分は，物に関する給付請求権（物の引渡・明渡請求権，登記手続請求権）のために，その物の現状の変更により，債権者が権利を実行することができなくなるおそれがあるとき，または権利を実行するのに著しい困難を生ずるおそれがあるときに，将来の強制執行を保全するために，現状維持的措置を講ずる処分である（民保23条2項）。被保全権利が金銭債権であるか，物の給付請求権であるかが異なるだけで，将来の強制執行の保全を目的とする点は仮差押えと共通である。

　以上に対し，仮の地位を定める仮処分は，金銭債権，非金銭債権，その他一切の権利関係について，遅延ないし手遅れによって債権者に生ずる著しい損害または急迫の危険を避ける目的で，判決の確定に至るまでの仮の状態を定める処分である（民保23条2項）。

　実際の利用件数としては，仮差押えが仮処分の1.4倍から1.9倍ほどあるが（図表Ⅰ-2参照），訴訟承継主義を採用するわが法制の下では，当事者恒定効を目当てに申し立てられる係争物に関する仮処分とされる処分禁止の仮処分，占有移転禁止の仮処分も重要であり，民事保全法がこれらに関する規定を整備したことは前述のとおりである。また，これらに比べれば絶対数は少ないが，仮の地位を定める仮処分も生活妨害，労働関係，会社関係，知的財産権関係などの紛争で重要な機能を果たしている。

第3節　民事保全の機関・管轄

1　保全命令事件

　民事保全手続は保全命令に関する手続と発令された保全命令の執行のための保全執行手続とに分かれる。

　このうちの保全命令手続は，申立てにより裁判所が扱う（民保2条1項）。具体的には，保全命令事件は，本案の管轄裁判所または仮に差し押さえるべき物もしくは係争物の所在地を管轄する地方裁判所の管轄に専属する（民保12条1項・6条。ただし，本案の訴えが特許権等に関する訴えであるときは，特則がある。民保12条2項）。

　本案の管轄裁判所とは，被保全権利について審判する裁判所を意味する。本

案訴訟が未提起のときは，民事訴訟法の一般の管轄規定によって管轄権を有する裁判所である。それが複数あるときは，いずれもが本案の裁判所に該当し，債権者はそのうちの任意の裁判所を選択して申立てをすることができる。これに対し，本案訴訟の提起後は，それが現に係属し，またはかつて係属した第1審の裁判所を指すが，本案訴訟が控訴審に係属しているときは，控訴審の裁判所である（民保12条3項）。

　仮に差し押さえるべき物または係争物の所在地は，それが不動産や動産であるときはその物理的な所在によって定まるが，債権その他の財産権である場合には民保法12条4項ないし6項の規定による。

　なお，管轄裁判所が合議制であるときは，急迫の事情があれば，裁判長単独で保全命令を発することができる（民保15条）。

2　保全執行事件

　保全執行手続も申立てによるが，それを扱うのは裁判所または執行官である（民保2条2項）。この裁判所を保全執行裁判所といい（民保2条3項前段），法律的判断に重点のある観念的処分として行われる執行を担当し，執行官は事実行為・実力行為を伴う執行処分として行われる執行を担当する。具体的には，保全執行裁判所は，不動産，船舶，債権その他の財産権の仮差押え，動産以外の財産権の処分禁止の仮処分などの執行事件を扱い，執行官は，動産に対する仮差押え，占有移転禁止の仮処分などの執行事件を扱う。また，執行官が行う執行処分との関係で，その執行官が所属する地方裁判所も保全執行裁判所と呼ぶ（民保2条3項後段）。

　どの裁判所が保全執行裁判所として保全執行事件を管轄するかは，執行の種類により個別的に定められている。たとえば，登記の方法による不動産の仮差押え（民保47条2項），債権等の仮差押え（民保50条2項・4項）では，仮差押命令を発令した裁判所である。ただし，仮処分の多くについては具体的な規定はなく，「仮差押えの執行又は強制執行の例による」（民保52条2項）とされているのみであるから，解釈によることになる。たとえば，賃金仮払いの仮処分を債権執行によって執行するときは，債務者の普通裁判籍所在地の地方裁判所となるのが原則である（民執144条1項）。

執行官は所属の地方裁判所の管轄区域内で職務を行うのが原則であり（執行官4条），この職務区域の定めにより，間接的にその土地管轄も定まる。

第4節　民事保全の手続

先に指摘したように，民事保全手続は保全命令に関する手続と保全執行に関する手続に分かれる。保全命令の手続は，さらに，保全命令の申立ての当否を審理して保全命令を発すべきか否かを判断する発令手続と保全命令に対する不服申立手続に分かれる。不服申立手続には，保全異議，保全取消し，保全抗告の手続が含まれる。保全執行手続は，発せられた保全命令の内容を実現するための執行手続である。

保全命令手続と保全執行手続の関係は，通常の判決手続と執行手続の関係に対応する。もっとも，判決が下されれば多くの場合任意履行がなされて，執行は必ずしも必要ではないが，民事保全の場合には，債務者の行為に緊急に対応するために暫定的な措置を講ずる処分であるというその性質上，一部の執行を予定しない仮処分を除いて，執行なしにはその目的を達しえないことが多い。先に指摘したように，登記の方法による不動産の仮差押え（民保47条2項），債権等の仮差押え（民保50条2項・4項）で双方の手続を扱う裁判所が同一の裁判所とされているのは，保全命令手続と保全執行手続の関係が，通常の判決手続と執行手続との関係に比して，より一体的・密接に関連していることの1つの反映である。

第5節　民事保全手続の特徴

民事保全手続の特徴として，暫定性（仮定性），緊急性（迅速性），付随性をあげることができる。

民事保全は，判決の確定までに要する時間的間隙を架橋し，その間に生じうる危険ないし損害を防止するための仮の応急措置を施すものであるから，暫定的・仮定的な性格を有する。この性格の現れとして，保全命令における判断は本案訴訟に何らの拘束力も及ぼさない。

　民事保全は，判決の確定までに要する時間的間隙を架橋し，その間に生じうる危険ないし損害を防止するための仮の応急措置を施すという制度目的から，その発令にも執行にも緊急性・迅速性が要求される。そのため，これに関する手続は略式手続とされ，たとえば，保全命令は口頭弁論を経ないで発することができ（民保3条），立証は疎明で足り（民保13条2項），さらには，執行のためにも原則として執行文の付与が不要とされ（民保43条1項），かつ，保全命令送達前の執行も許されている（民保43条3項）といったような特徴を有する。

　この緊急性・迅速性は民事保全の最も重要な特徴であり，通常訴訟の場合とは異なって，「適正・公平」と「迅速」とが矛盾するときは，むしろ後者を優先するような解釈・運用に努めなければならない。

　民事保全は本案訴訟とは別個・独立の手続ではあるが，暫定的な仮の応急措置を施すための処分であるから，確定的な裁判による終局的な救済をはかる本案訴訟を予定し，これに付随する。保全命令事件の管轄裁判所が原則として本案の管轄裁判所とされ（民保12条），本案訴訟の提起がなければ保全命令が取り消され（民保37条），債権者本案敗訴の判決により事情変更による取消しのなされる（民保38条）ことは，付随性の現れである。

　その他，密行性も民事保全の特徴の1つとしてあげられることがある。すなわち，仮差押えや執行を保全するための仮処分の場合には，相手方に知られると財産の隠匿等を誘発することになり，将来の執行を行いえないことになるので，保全命令は債務者を審尋せずに発令され，執行前にはその送達もなされないことも多い。ただし，この密行性は，緊急性を裏付ける事情の1つとして捉えれば足りると理解する見解も有力である。

（野村秀敏）

第**2**章

保全命令

第1節　仮差押命令

1　申立て

民事保全手続の能動的当事者を債権者，受動的当事者を債務者という。仮差押えをしようとする債権者は，まずその命令を求める申立てをしなければならない（民保2条1項）。

申立ては，日本の裁判所に本案の訴えを提起することができるとき，または仮に差し押さえるべき物が日本国内にあるときに限り，することができる（民保11条）。その場合の具体的な管轄裁判所に関しては前述した（第Ⅱ編第1章第3節1）。

申立ては，仮差押命令を求める旨，当事者と法定代理人，保全すべき権利（被保全権利）および保全の必要性を記載した書面によらなければならない（民保13条1項，民保規1条1号・13条）。その際，原則としてその対象となる目的物を特定して表示することが必要であるが，それが動産であるときは，その旨を記載すれば足りる（民保21条，民保規19条）。

保全命令に関する裁判は本案訴訟に対して既判力を及ぼさないので，債権者は，保全異議または保全取消しの申立てがあった後においても，債務者の同意なしに申立てを取り下げることができる（民保18条）。

債権者は，被保全権利と保全の必要性を疎明しなければならないが（民保13条2項），申立書中でそれらを具体的に記載し，かつ，立証を要する事由ごとに証拠（疎明資料）を記載することを求められる（民保13条2項）。のみならず，緊急性（迅速性）に鑑みれば，その証拠は申立てと同時に提出するのが適当である。

コラムⅡ-3　仮差押えによる時効の完成猶予

　2017（平成29）年の改正前の民法では，仮差押えに時効の中断の効果が認められていた（改正前民147条 2 項・154条）。そして，その効果がいつ発生するか，いつまで継続するかに関して争いがあった。

　まず，時効中断の効果の発生時期に関しては，仮差押命令の発令の申立てには時効の停止の効果のみを認める見解もあったが，通説・判例は，命令手続と執行手続が密接に結び付いていることを理由に，それに既に中断の効果を認めていた。

　より争いがあったのは終了時であり，仮差押えの執行行為の終了とともに中断の効果も終了し，新たな時効期間が進行を開始するという非継続説も有力であったが，判例は執行処分たる仮差押えの効力の消滅時まで中断の効果が継続するという継続説を採用していた（最判平10・11・24民集52巻 8 号1737頁〈百選95〉）。理由は，「仮差押えの執行保全の効力が継続する間は仮差押債権者による権利の行使が継続する」ということと，そう解しても「債務者は，本案の起訴命令や事情変更による仮差押命令の取消しを求めることができる」から，「債務者にとって酷な結果になるともいえない」というものであった。

　改正民法では，仮差押えは，時効の更新（改正前の「中断」）ではなく，時効の完成猶予（改正前の「停止」）の事由となり，仮差押えについては，「その事由が終了した時から 6 箇月を経過するまでの間は，時効は，完成しない」（改民149条 1 号）ということとなった。ここでいう「終了した時」との関係でも継続説は維持されると見るのが素直であろうが，問題が残されていないわけではない。

　債権者が保全命令の申立てをすると，事件が裁判所に係属し，同一事件につき，さらに保全命令の申立てをすることはできない（二重申立ての禁止。民保 7 条，民訴142条）。事件の同一性は，保全命令事件の訴訟物をいかに捉えるかに関係なく，被保全権利を中心に考えるのが適当であろう。無論，前後の事件における当事者の同一性も要求される。

2　仮差押命令の実体的要件

　仮差押命令の実体的な発令要件は，保全されるべき権利（被保全権利）と保全を必要ならしめる事情（保全の必要性＝仮差押えの必要性）である（民保20条 1 項）。

（1）　**被保全権利**　　被保全権利は金銭の支払を目的とする債権（金銭債権）でなければならないが，条件付きや期限付きの債権であっても差し支えない（民保20条2項）。退職金債権や保証人の主債務者に対する将来の求償権のような将来の請求権も被保全権利となりうる。ただし，条件成就などの可能性がほとんどないために財産価値のないものについては，保全の必要性が疑問となりうる。

（2）　**保全の必要性**　　保全の必要性（仮差押えの必要性）は，強制執行をすることができなくなるおそれがあるとき，または強制執行をするのに著しい困難を生ずるおそれがあるときに認められる。たとえば，債務者が財産を浪費，廉売，毀損，隠匿，放棄する場合や，過大な担保権の設定や債務者の逃亡ないし転居によって執行に障害が生ずるおそれのある場合である。つまり，上記の2つの「おそれ」は厳密に区別できるものではなく，一応，仮差押えをせずに放置すると，債務者の責任財産が減少ないし散逸して本執行ができなくなるおそれがあれば足りるといえる。

　債権者が既に債務者の所有する甲地の仮差押えを得ている場合であっても，さらに同じ債務者の乙地の仮差押えをしなければ，当該被保全権利について完全な満足を受けるに足りる強制執行をすることができなくなるおそれがあるとき，または著しく困難となるおそれがあるときは，既にした仮差押えの必要性とは異なる必要性があるから，乙地の仮差押えの必要性が肯定される（最決平15・1・31民集57巻1号74頁〈百選82〉）。

　債権者が被保全権利につき十分な物的担保を得ているときや，即時無条件に強制執行ができるときなどは，保全の必要性は否定される。ただし，債務名義を有していても，執行停止の裁判がされていたり，債務名義の内容が条件付き，期限付きの場合などには，保全の必要性が肯定される。債務名義に基づいて直ちに不動産に対する強制競売手続を開始しても無剰余を理由に手続が取り消される見込みがある場合については，議論がある（これを，保全の必要性ではなく，民事保全制度を利用する正当な利益〔権利保護の必要性〕の問題とする捉え方もある）。最決平29・1・31判時2329号40頁〈百選81〉は，消極説をとった原審決定（東京高決平28・5・12判時2329号43頁）を是認している（ただし，原審決定は，無剰余取消しの可能性は相当程度認められるとしつつも，確実なものとまではいえ

ないと指摘する）。

　以上のように，保全の必要性の下に，仮差押えをしておかない場合の債務者の財産の減少，散逸のおそれ以外の様々な事情も考慮されうるが，債務者側の事情が考慮されることもある。たとえば，大阪地決平12・9・29判タ1051号324頁は，強制管理の債務者の営業に対する影響を考慮して，保全の必要性を否定したし，大宮簡決平13・8・7判タ1084号312頁も，仮差押えが債務者の雇用関係に及ぼす影響を考慮して，保全の必要性を否定している。

3　審　理

(1)　疎　明　　被保全権利と保全の必要性は疎明されなければならない（民保13条2項）。ただし，管轄や当事者能力，訴訟能力や当事者適格などの訴訟要件に関しては証明を要するというのが通説であるが，民事保全の緊急性・迅速性の要請に鑑みれば疑問の余地がありえよう。

　疎明は，即時に取り調べることができる証拠方法によらなければならない（民保7条，民訴188条）。証明の場合には，裁判官が問題の事実の存否について高度の蓋然性に達する心証を得なければならないが，疎明の場合には，一応確からしいとの程度の心証を得れば足りる。

(2)　審理方式　　審理は決定手続によるから（民保3条），口頭弁論，審尋，書面審理を，事件の性格に応じて適宜組み合わせて行う。仮差押命令の発令手続の場合は，実際上は，書面審理または債権者の審尋によるのが通例である。債務者の審尋はほとんど行われず，口頭弁論を経ない場合には申立書の債務者への送達もないから，債務者の知らない間に仮差押命令が発せられることになる。

　書面審理は，申立書，主張書面（民保規14条・15条），陳述書，疎明資料としての書面などによって行う。

　審尋とは，裁判所が，法廷または法廷外における，無方式の手続で，当事者に対し，個別または同席で，書面または口頭で，陳述する機会を与える手続をいう（民保7条，民訴87条2項）。この審尋は，受命裁判官に行わせることもできる（当初，この旨の特別な規定が置かれていたが〔民保旧10条〕，その後，民事訴訟法に同趣旨の規定が設けられ，これが民事保全に準用されるので，削除された。民訴88

条，民保7条）。

　審尋期日には，釈明処分の特例として，当事者の主張を明瞭にさせる必要があるときは，当事者でない関係人（当事者のために事務を処理し，または補助する者）で，裁判所が相当と認めるものに陳述させることができる（民保9条）。当事者よりも事情をよく知る関係人がいる場合に，当事者から間接的に事情を聴取するのではなく，その関係人から直接事情を聴取した方が，裁判所として事実関係をよく把握できるので，このようなことが認められている。関係人とは，たとえば，法人の業務担当者，労働組合の役員，親族，建築士，司法書士などである。

　以上で問題にされている審尋は訴訟でいえば弁論に相当し，証拠調べではなく，当事者の主張の補充・整理のために行われるものである。ただし，弁論の全趣旨と同様に，審尋の結果得られた心証が事実認定に利用されることはありうる。

　簡易な証拠調べの方法として参考人等の審尋が許されるかは，民事保全法の立法過程で大いに問題とされたが，結局，発令段階では認めず（代わりに上記の釈明処分の特例を認める），不服申立（保全異議，保全取消し）段階の審理においては認めることとした（民保旧30条・40条1項・41条4項）。しかし，その後の民事訴訟法に，決定で完結すべき事件について，参考人（当事者が申し出た者に限る）または当事者本人を審尋することができること，この審尋は，相手方がある事件については，当事者双方が立ち会うことができる審尋の期日においてすべきことが定められ（民訴187条），これが民事保全に準用されるので（民保7条），民事保全法の関係規定は削除された。もっとも，当事者双方が立ち会うことができる審尋の期日においてすることが必要であるので，実際上，仮差押えでは利用できないであろう。

　口頭弁論の方式は通常の民事訴訟の口頭弁論のそれと同一であるが，この場合の口頭弁論は任意的口頭弁論であるので，口頭弁論に現れた資料のみが裁判の基礎となるのではなく，口頭弁論はむしろ書面上の陳述を補足するものである。口頭弁論期日には，審尋では賄えない証拠調べ（証人等の尋問）をすることができる。その場合，証人等の尋問の順序を変更することができるが，この旨を定めた特別な規定（民保旧11条）も，民事訴訟法にその旨の一般的な規定

コラムⅡ-4　保全命令の発令手続における被保全権利に関する主張・疎明責任

　保全命令の発令手続において，被保全権利の主要事実に関してどのような主張・疎明責任の分配基準が妥当するかについては 3 つの見解が考えられる。すなわち，第 1 は，債権者は権利根拠事実の存在についてのみならず，権利障害事実と減却事実の不存在についても主張・疎明責任を負うとする見解であり，第 2 は，一般的な主張・疎明責任の分配基準が妥当するとの見解である。そして，第 3 は，保全命令の発令前に債務者に審尋の機会が保障されなかった場合には第 1 説と同様に，保障された場合には第 2 説と同様に解する見解である。

　これに対し，わが国の実務においては，第 2 説を前提としつつも，債務者を審尋しない場合には，債権者側が最初から対応しないのであれば，通常予想される債務者側の弁解や抗弁を提示して債権者の反応をみることが多いといわれる（十分な対応がなされなければ，申立てが却下されることもありうる）。この実務の取扱いをどのように理論的に整理すべきかについては様々な考え方がありうるが，ここでも，保全の必要性の下に，仮差押えをしておかない場合の債務者の財産の減少，散逸のおそれ以外の事情が考慮されている例が見られるといってよいであろう。

が設けられ，これが民事保全に準用されるので削除された（民訴202条 2 項，民保 7 条）。釈明処分の特例はここでも認められる（民保 9 条）。

4　仮差押命令の裁判

(1)　形　式　　保全命令の申立てについての裁判の形式は決定による（民保 3 条）。決定については，原則として決定書の作成を要するが（民保規 9 条 1 項），調書決定によることもできる（民保規10条 1 項）。これは，保全命令に関する申立てについて，口頭弁論または審尋の期日において，裁判官が口頭で決定の内容を言い渡し，それを裁判所書記官に調書に記載させる制度である。

(2)　内容等　　(イ)　総　説　　保全命令の申立てが不適法または理由がないときは，申立てを却下する。適法で，かつ理由があるときは，保全命令を発する。保全命令は当事者に送達しなければならない（民保17条）。実務上，却下決定も債権者に送達されている。これに対し，債務者に対しては，口頭弁論または審尋の期日への呼出しがなかった限り，告知されない（民保規16条 1 項）。

　決定書の記載事項は，事件の表示，当事者・代理人，担保の額とその提供方

法，主文，理由または理由の要旨，決定の年月日，裁判所の表示である（民保規9条2項）。決定の理由においては，主要な争点およびこれに対する判断を示さなければならない（民保規9条3項）。

決定には理由を付すのが原則であるが，口頭弁論を経ないで決定をする場合には，理由の要旨を示せば足りる（民保16条）。仮差押命令では，緊急性に対応するため，「債権者の申立てを相当と認め」という程度の要旨しか示されないことが多い。却下決定の場合には，即時抗告をすべきかの判断材料や抗告審での審理の資料となる点を考慮して，より詳細な理由が記載されることが多い。

(ロ)　担　保　　保全命令は仮の裁判で後に違法・不当と判明することがありうるから，そのような保全命令やそのような保全命令の執行によって債務者の被ることあるべき損害のために，担保を立てさせた上で発することもできる（民保14条1項前段）。この場合には，予め債権者に担保を立てるよう命ずる決定をすることになり，裁判所は，担保が立てられたことを確認して，「金何万円の有価証券を供託させた上で」という文言で，提供された担保の額と種類を保全命令中に明らかにする。実務上は，この方法によることが多いが，担保を立てることを保全執行の実施の条件として，保全命令を発することもできる（民保14条1項後段）。この場合には，「金何万円を供託するときは」という文言を入れる。

担保は債務者に生ずることあるべき損害を担保する機能のほか，十分な即時に利用しうる疎明資料を用意できないが，正当な権利を有する債権者を保護する機能や債権者による濫用的な民事保全制度の利用を防止する機能も果たしている。

担保を立てさせるか否か，いくらの金額の担保を立てさせるかは，裁判所の裁量による。実務上，仮差押えの場合には無担保で発令されることはまずない。金額は，当該保全命令・執行が違法・不当であった場合に債務者に生ずるであろう損害の額を基本とし，債権者の本案勝訴の蓋然性などを加味して算定されているようである。

担保の提供を命じられた債権者がそのこと自体に，またはその額が高額であることに不服を有する場合には，申立てが一部却下されたものと見ることができるので，即時抗告をなしる（民保19条1項）。担保を立てることを保全執行の

実施の条件として保全命令が発令されたときは，担保は保全命令の内容となっているから，まさに申立ての一部却下である。他方，無担保であること，または担保の額が低額であることに不服を有する債務者は，保全異議を申し立てることができる（民保26条）。

　担保の提供は，当事者間に特別な契約がある場合を除いて，金銭もしくは担保の提供を命じた裁判所が相当と認める有価証券を供託する方法，または支払委託契約を締結する方法による（民保4条1項，民保規2条）。供託の場所は，担保を立てるべきことを命じた裁判所または保全執行裁判所の所在地を管轄する地方裁判所の管轄区域内の供託所である（民保4条1項。例外につき民保14条2項）。支払保証委託契約の場合には，このような制限はないが，担保を立てるべきことを命じた裁判所の許可を得なければならない（民保規2条）。

　債務者は，違法・不当な保全命令ないしその執行による損害賠償請求権のために，供託された金銭または有価証券に関し，他の債権者に先立って弁済を受ける権利を有する（民保4条2項・民訴77条）。支払保証委託契約の受託者である銀行等に対しては，支払請求権を有する（民保規2条1号参照）。もっとも，実務上は，保全命令を発令した裁判所の担保取消決定（民保4条2項，民訴79条）を得るか，簡易取戻しの許可（民保規17条）を得て，担保提供者が供託された金銭または有価証券の返還を受けることが多い。

　㈧　主　文　　仮差押命令を発するときは，主文において，債権者のために債務者の財産を仮に差し押さえることができる旨を宣言する。その際，動産仮差押えの場合にはその旨記載すれば足りるが，それ以外では，仮差押命令は仮差押えの目的物を特定して発しなければならない（民保21条）。

　民事保全法制定前の判例（最判昭32・1・31民集11巻1号188頁）は，本来仮差押命令は具体的な執行の目的財産から離れて抽象的・一般的に債権者のために債務者の財産に対して仮差押えをすることを内容とするものであることを理由として，仮差押命令の主文にはその目的物を特定掲記する必要はないとしていた。しかし，これでは担保額の決定に困難を伴う等の不都合があるため，実務上は，動産仮差押えを除いて，目的物を特定掲記した仮差押命令が発せられていた。これは，仮差押えの登記をする方法による不動産仮差押えと債権仮差押えでは発令裁判所と執行裁判所とが同一であるところから（民保47条2項・50条

２項参照)，一般的な仮差押命令の申立てと特定の財産に対する仮差押命令の執行の申立てが同時になされ，それに応じて，仮差押命令と当該目的物に対する執行処分たる裁判が行われているものと理解されていた。民保法21条（なお，民保規19参照）は，この実務の取扱いを明文化したものである。

　(二)　仮差押解放金　　仮差押命令中では，仮差押解放金の額を定めなければならない（民保22条）。仮差押解放金は，仮差押えの執行の停止または既にした仮差押えの執行の取消しを得るために，債務者が供託すべき金銭である。

　この制度の趣旨は以下の点にある。仮差押えは金銭債権の執行を保全するためのものであるから，債権者としては，この金銭債権を担保するに足る金銭の供託によって相当額の価値の保全ができれば不都合はなく，他方，債務者としても，金銭の供託によって自己の特定財産に対する執行を回避することができるメリットがある。

　供託は金銭で，仮差押命令を発した裁判所または保全執行裁判所の所在地を管轄する地方裁判所の管轄区域内の供託所にしなければならない（民保22条２項）。供託がなされ，債務者がその旨を証明すると，保全執行裁判所は仮差押えの執行を取り消し（民保51条），仮差押えの効力は債務者の供託金取戻請求権の上に移行することになる。解放金は損害の担保ではなく，債権者は供託金の上に優先権を有するものではない。

第２節　仮処分命令

1　申立て

　申立ては，日本の裁判所に本案の訴えを提起することができるとき，または係争物が日本国内にあるときに限り，することができる（民保11条）。その場合の具体的な管轄裁判所に関しては前述した（第Ⅱ編第１章第３節１）。

　申立ては，仮差押命令の申立てに準ずるが（民保２条１項・13条１項，民保規１条１号・13条），申立ての趣旨として，債権者が求める仮処分命令の具体的内容を記載しなければならない。

2　実体的要件

被保全権利（権利関係）と保全の必要性である（民保23条1項）。

(1)　被保全権利　　係争物に関する仮処分の被保全権利は，係争物（金銭以外の物または権利）に関する給付請求権である。給付請求権であれば，物権的請求権（例，所有権に基づく目的物引渡請求権や移転登記手続請求権）でも債権的請求権（例，売買に基づく目的物引渡請求権や移転登記手続請求権）でもよい。条件付きや期限付きの請求権であっても差支えない（民保23条3項・20条2項）。

仮の地位を定める仮処分の被保全権利（権利関係）は，争いある権利または権利関係であれば足り，金銭債権（例，賃金債権），物の引渡請求権（例，建物の引渡請求権）のほか，法的地位（例，法人の役員の地位）のようなものでもよい。作為請求権（例，劇場への出演請求権）や不作為請求権（例，競業避止請求権）も含まれる。条件付き，期限付きの権利であっても差支えない（民保23条3項・20条2項）。

同じ被保全権利が仮差押えや係争物に関する仮処分の対象になることもあれば，仮の地位を定める仮処分の対象になることもある。たとえば，賃金債権に関しては，その強制執行を保全するための仮差押えが考えられるし，賃金仮払いの仮の地位を定める仮処分も考えられる。また，建物明渡請求権を被保全権利として，係争物に関する仮処分としての占有移転禁止・執行官保管・債務者使用許可の仮処分と仮の地位を定める仮処分としての明渡断行の仮処分がありうる。さらに，同一被保全権利，同一内容の仮処分命令が係争物に関する仮処分であることも，仮の地位を定める仮処分であることもありうるとされる。すなわち，建物明渡請求権を被保全権利とする占有移転禁止・執行官保管の仮処分は，建物が占有屋に占拠されて占有がタライ回しにされるおそれがあるというのであれば係争物に関する仮処分，建物が債務者によって毀損されるおそれがあるというのであれば仮の地位を定める仮処分であるとされよう（このように，同一の内容の仮処分がいずれの仮処分にも該当することがありうることからも，前述のように〔コラムⅡ-2参照〕，2つの仮処分の区別が困難であることがわかる）。

(2)　保全の必要性　　係争物に関する仮処分における保全の必要性は，係争物に関する現状の変更により，給付請求権の執行が不可能または著しく困難となるおそれがあることである（民保23条1項）。典型例は，上記の，債権者が建

物明渡請求訴訟をしている間に債務者が建物の占有を第三者に移転するおそれ
があるという場合である。

　仮の地位を定める仮処分における保全の必要性は，争いがある権利関係につ
き債権者に生ずる著しい損害または急迫の危険を避けるため，暫定的な権利関
係または法的地位を定める必要があるときに認められる（民保23条2項）。損害
には，直接的・間接的な財産損害だけではなく，名誉・信用など精神的損害も
含む。議論はあるが，公益的損害も含みうるであろう。たとえば，公害差止め
の仮処分で，債権者以外の第三者に生ずる健康被害を問題とする場合である。

　債務者側に生ずるおそれとの比較較量も必要とされる。たとえば，最決平
16・8・30民集58巻6号1763頁〈百選83〉の事案では，ＸＹは，ＸへのＹの
営業の移転等からなる本件協働事業化に関して基本合意を締結したが，この基
本合意には，各当事者は第三者に基本合意書の目的と抵触しうる取引等に係る
情報提供・協議を行わない旨の条項が存在した。ところが，Ｙは，Ｘにこの基
本合意の解約を通告し，Ａとの間で経営統合に関する協議を開始したので，Ｘ
は，Ｙの行為はＸの独占交渉権を侵害するとして，1年8月ほどの間のＹの
そのような行為の差止めを求めて仮処分の申立てをした。上記最決は，Ｘの被
る損害が事後の損害賠償によっては償えないほどのものとはいえないこと等と
ともに，本件のような長期間にわたる差止めが認められると，Ｙの被る損害が
相当大きなものとなると解されること等を考慮した上で，本件差止めを認めな
ければ，Ｘに著しい損害や急迫の危険が生ずるものとはいえないとした。

3　審　理

　被保全権利と保全の必要性の疎明が必要であること（民保13条2項），審理方
式が決定手続によること（民保3条），釈明処分の特例（民保9条）が適用にな
ることは，仮差押えの場合と同様である。

　ただし，法律上，仮の地位を定める仮処分の仮処分命令を発するには，必
ず，口頭弁論または債務者が立ち会うことができる審尋の期日を経なければな
らないとされている（民保23条4項本文）。この趣旨は，仮の地位を定める仮処
分の場合には，一般に密行性がないし，他方で，債務者に重大な影響を与える
ものが多いからであると説明されている。もっとも，その期日を経ることによ

コラムⅡ-5　北方ジャーナル事件最高裁大法廷判決

　旧法下の事件であるが，北方ジャーナル事件大法廷判決（最大判昭61・6・11民集40巻4号872頁〈百選86〉）は，4項但書該当性を考えるに当たって参考になる。すなわち，その法廷意見は，出版物（ある雑誌のある号）の「事前差止めを命ずる仮処分命令を発するについては，口頭弁論又は債務者の審尋を行い，表現内容の真実性等の主張立証の機会を与えることを原則とすべきである」が，「債権者の提出した資料によって，その表現内容が真実でなく，又はそれが専ら公益を図る目的でないことが明白であり，かつ，債権者が重大にして著しく回復困難な損害を被る虞があると認められるとき」は，債務者に主張立証の機会を与えないことによる実害はなく，また，債務者は異議の申立ておよび仮処分の執行停止を求めることができるから，口頭弁論または債務者の審尋を経ないで仮処分命令を発令することも許されるとした。

　本判決の示した一般論は，民保法23条4項の規定に実質的に反映されたと評価されている。ただし，本判決補足意見は，同一当事者間の本件類似の記事を掲載した同一雑誌の別の号の出版差止めの別件仮処分事件で債務者が審尋されたことがある旨を指摘しており，この点に注意を促す学説も有力である。

り仮処分命令の申立ての目的を達することができない事情があるときは，そのような期日を経る必要はない（民保23条4項但書）。

　これは仮の地位を定める仮処分に特有な条文の1つであり，係争物に関する仮処分には適用がないとされる。しかし，前述のように，2つの仮処分の限界は曖昧であるから，4項但書に該当する事情の有無こそが重要である（コラムⅡ-2参照）。

4　仮処分命令の裁判

　⑴　総　説　　⑺　裁判の形式等　　裁判の形式，決定書の記載事項などに関しては，仮差押命令に準ずる（前述，本章第1節4⑴⑵⑺⑴参照）。

　担保に関しても同様であるが，仮処分命令にあっては，稀には無担保で発令されることがないわけではない。労働者の地位保全の仮処分，賃金仮払いの仮処分，交通事故による損害賠償請求権を被保全権利とする生活費や医療費の仮払いを命ずる仮処分などである。債権者の生活上の困窮を理由に仮処分を求め

ているのに，担保の提供を命ずることはできないからである。

　㈡　仮処分解放金　　解放金に関する規制は，仮差押えの場合とは異なる。この点につき，旧法下では明文の規定がなかったが，判例・通説が肯定していたことを踏まえて，民事保全法は，仮処分解放金の例があまり拡大しないように限定的に認めることにした。すなわち，仮処分解放金は，「保全すべき権利が金銭の支払を受けることをもってその行使の目的を達するものであるときに限り」定めることができる（民保25条１項）。ここで，「保全すべき権利」とされていることは係争物に関する仮処分を意味するとされるが（民保23条１項と２項を対比），重要なのは，ある仮処分が係争物に関する仮処分に該当するか否かなどではなく，当該事案が上記の括弧書きの場合に該当するか否かである（コラムⅡ-2参照）。

　保全すべき権利が「金銭の支払を受けることをもってその行使の目的を達することができるものであるとき」とは，保全すべき権利そのものは，金銭債権のように金銭の支払を受ければ満足を得られる性質のものではないが，その権利の基礎あるいは背後に金銭債権があり，それについて金銭の支払を受けられれば，保全すべき権利の行使の目的を達することができる性質のものである場合をいうとされる。典型例としては，自動車の所有権留保付売買について，買主が割賦代金の支払を怠ったことにより，売主が契約を解除し，自動車を引き上げるためにする占有移転禁止の仮処分があげられる。

　仮処分解放金を定めるには，債権者の意見を聴くことを要する（民保25条１項）。仮処分解放金は仮処分の目的物に代わるものであり，解放金の供託によって目的物に対する仮処分が解放されると，仮処分の効力が解放金の上に存続することになる。そして，通常の場合には仮処分債権者が優先的地位にあるので供託金還付請求権を取得するが，詐害行為取消権を保全するための仮処分（たとえば，詐害行為取消しによる不動産の所有権移転登記抹消登記請求権を保全するための処分禁止仮処分）の場合には仮処分債権者は優先的立場にないので，債務者が還付請求権を取得するとされている。その上で，その還付請求権は，仮処分の執行が解放金の供託の証明で取り消され（民保57条１項），かつ，詐害行為取消しを認める本案判決が確定した後に，仮処分債権者が詐害行為をした債務者に対する債務名義によってその還付請求権に対する強制執行をするときに限

り，行使できるとされている（民保65条）。

　(ハ)　**債務者を特定しないで発する占有移転禁止の仮処分命令**　　係争物が不動産である占有移転禁止の仮処分命令の場合にも，当事者として，債権者のほか，債務者である占有者を具体的に特定し，その氏名・名称を掲記して発するのが原則である。ところが，ある部屋に大勢の者が居住しており，しかもその人間が次々に入れ替わるが，誰が占有者かそこにいる者は答えない，その際，日本語がわからないといったり，わからない振りをするといったような場合には，仮処分命令を発する時点では，誰が占有者であるかを特定することは困難である。他方，占有移転禁止の仮処分命令を発する前には債務者を審尋しないことが通常であるし（民保23条4項参照），その債務者への執行前の送達も要求されていない（民保43条3項）。すなわち，この仮処分にあっては，債務者は当該仮処分命令の執行時に至って初めてそれと関わりを持つとも考えうる。また，仮処分命令を発するに当たっては仮処分の必要性の判断や担保額の決定のために債務者側の事情を考慮に入れることも必要となるが，上記のような，ある部屋に大勢の者が居住しており云々，といった事情の疎明があれば，自ずから仮処分の必要性の有無や担保の額の決定も可能になる。そこで，2003（平成15）年の改正によって，執行前に債務者を特定することを困難とする特別な事情があるときは，裁判所は，債務者を特定しないで，占有移転禁止の仮処分命令を発することができるという制度が導入された（民保25条の2第1項）。

　もっとも，これは発令段階では債務者を特定しなくともよいという趣旨に過ぎず，執行の段階では，執行官が現場に臨んで具体的な占有者を特定した上でその者の占有を解くという方法で執行すべきであり，そのようにして占有を解かれた者が債務者となり（民保25条の2第2項），以後，この者が，保全異議や保全取消しの申立てをするといったことになる。執行官が現場で不動産の占有者を特定できないときは，債務者を特定しないで発した占有移転禁止の仮処分命令の執行は不能となる（民保54条の2）。

　(2)　仮処分命令の方法に対する制約　　仮処分の場合には，仮差押えとは異なって，被保全権利（権利関係）に制限はないし，保全の必要性も様々であるから，主文において命ぜられる仮処分命令の内容も多種多様でありうる。そこで，とりうる仮処分の方法としても，裁判所は，仮処分命令の申立ての目的を

達するため，債務者に対し一定の行為を命じ，もしくは禁止し，もしくは給付を命じ，または保管人に目的物を保管させる処分その他の必要な処分をすることができるとされている（民保24条）。

このように，裁判所はその裁量により事案に適した多様な処分を命ずることができるとされているが，そのとりうる方法にはいくつかの制約がある。

(イ)　申立てによる制約　　債権者が申立ての趣旨において明らかにした（民保13条１項，民保規13条），求める仮処分命令の具体的内容が裁判所を拘束するか，どの程度拘束するかには議論がある。すなわち，民事保全にも妥当する処分権主義（民保７条，民訴246条）と明らかにされた申立ての趣旨との関係が問題にされるのである。

この点，債権者が明らかにした仮処分命令の具体的内容は裁判所を拘束せず，裁判所は適切と認める処分を命ずることができるとする見解もあるが（提案説），通説は，処分権主義を重く見て，裁判所は債権者が示した仮処分命令の具体的内容を超える内容の仮処分を命ずることはできず，ただ，その限度内においてのみ民保法24条によって仮処分申立ての目的を達するのに必要な処分を命ずることができるに過ぎないとする（申立制限説）。

(ロ)　本案請求権による制約　　仮処分では，本案訴訟で勝訴した場合に得られるであろう救済以上の救済を与えることはできない。たとえば，契約上甲，乙の共同使用が認められているのに，甲の単独使用の受忍を乙に命じたりすることはできない。

もっとも，本案請求の範囲内であるか否かは，必ずしも容易に判断できるわけではない。たとえば，不動産の二重譲渡を受けた者が移転登記請求権を保全するため売主に対し処分禁止仮処分をすることの可否が問題とされるが（登記のない買主に第三者に対する対抗力を与えたに等しい結果になるのではないか），売主は買主からの登記請求を拒否する自由を与えられているわけではないから肯定される。不作為を命ずる仮処分において公示を命ずる（たとえば，債務者に対し，ある土地への立入りを禁止する仮処分において，立入禁止の立札を当該土地に掲示する）ことの可否も問題とされるが（本案の不作為請求訴訟では，そのようなことは認められない），否定説が実務の扱いである（東京高判昭27・6・24高民集5巻9号384頁）。

コラムⅡ-6　担保権実行禁止の仮処分

本文(ニ)に述べた原則により，強制執行実行禁止の仮処分は認められない（民執36条・38条4項等参照）。これに対し，抵当権等の担保権実行禁止の仮処分は認められる。

担保権の実行手続の開始決定に対し，債務者または所有者は，担保権の不存在・消滅を理由に執行異議または執行抗告を申し立てることができ（民執182条・191条・193条2項），この手続において当該手続の停止の仮の処分を求めることができる（民執10条6項・11条2項・183条1項6号）。しかし，執行異議または執行抗告の棄却決定を受けた債務者・所有者は，執行抗告を許されないので，担保権不存在確認の訴えを本案とする担保権実行禁止の仮処分を得て担保権の実行手続の停止を求めるほかない（民執183条1項7号）。担保権の実行手続を事前に阻止しようとする場合も同様である。さらに，執行異議または執行抗告が認容された場合も，その認容決定には既判力がないので，再度の執行手続が開始される可能性がある。これを阻止するためにも，やはり同様の仮処分が必要となる。

(ハ)　目的達成に必要な限度　　仮処分は，一応の立証に基づいて発せられる暫定的・仮定的な措置であり，相手方に大きな不利益を与えることも多いから，仮処分の方法は，目的達成に必要な最小限の限度内にとどめられるべきとされる。たとえば，建物収去土地明渡請求権の執行を保全するためには，通常は建物の処分や占有移転を禁止すれば足り，債務者が建物について行う通常の使用，収益まで禁止するのは行き過ぎである。

(ニ)　他の手続との関係　　仮処分によって，執行手続や倒産手続などの裁判所手続の中止を命ずることはできない。それらの手続について定める手続法規が別個に，必要に応じて停止，取消しを命ずる処分に関する規定を設けているので，それらが特別法として民事保全法の適用を排除するからである（特殊保全処分。コラムⅡ-1参照）。先になされている仮差押えや仮処分を排除する仮処分も許されない。

(ホ)　任意の履行に期待する仮処分　　仮処分命令の場合にも，仮差押命令の場合と同じように，発令に引き続いての執行が予定されていることが多いが，会社の従業員たる地位保全の仮処分のように，強制執行や違反に対する法的制

コラムⅡ-7　仮処分の本案代替化

　民事保全法制定直前の旧法下で，審理の長期化に対する対応として被保全権利の審理を軽くすべきであるとしつつ，かつ，本案代替化は仮処分命令手続における敗訴当事者が本案訴訟での逆転勝訴の見込みを有しえないことに起因しているのではないかとの認識から，以下のような見解が主張された。

　通説は疎明は事実面にのみ関連するとするが，民事保全の緊急性・迅速性に鑑み，法律面にも関連させるべきである。すなわち，裁判所は，法律問題の厳格な検討をする必要はなく，被保全権利が法律面でも一応成り立ちうることを確認すれば足りる。また，その代わりに，保全命令やその執行が債務者に及ぼす不利益は，満足的仮処分の場合だけでなく（そもそも，満足的仮処分という概念は曖昧であり，解釈論の道具として意味を持たせることには疑問がある），一般的に考慮されるべきである。すなわち，保全命令の発令には，保全命令の申立てが却下された場合に，本案判決時までに債権者側に生ずるであろう損害が，逆の場合に債務者側に生ずるであろう損害に優越することが必要である。ただし，被保全権利の疎明が証明という程度にまで達したときは，この利益衡量は必要ではない。

　しかし，このような議論とは関係なく，民事保全法の下では，審理手続の長期化が解消されたことは本文に述べたとおりである。そして，実務上，本案代替化はますます進行しているようであり，それを正当化する見解も有力に主張されるようになっている。すなわち，双方審尋を活用して仮処分命令手続における審理を充実させること，審理を担当する裁判官の能力と経験がそのために十分なものとなっていること，結論に不満のある当事者の押さえ込みをしないことを前提とし，このような前提の下では，当事者双方は納得して仮処分の結論にしたがっている場合が多いとする。そして，本案訴訟では十分な救済の与えられない，切迫した事情のある紛争類型や性質・内容の事案では，仮処分の本案代替化は当然のことであるという。

　この見解については高く評価する立場もあるが，当事者の手続保障の希薄な仮処分手続で最終的な解決をはかることへの疑問の表明や，敗訴当事者は，必ずしも納得して仮処分の結論を受け入れているわけではないとの指摘もある。また，上記の見解は，その指摘するようなことを前提としつつ，ある程度定型的で争点も予測できて，短期間の集中審理で本案に関する適切な事案解明が可能な事案を想定して議論しているが，その想定が当てはまらない場合もあるのであるから，その場合に申立てを却下してよいのか，なお限界をはらんでいる。

> **コラムⅡ-8　満足的仮処分と本案訴訟**
>
> 　満足的仮処分の執行によって実現された履行状態や目的物の滅失などのその後に被保全権利に関して生じた新事態は，本案の審理において斟酌されるべきか。この問題については，学説上は様々な議論がなされているが，判例（最判昭54・4・17民集33巻3号366頁〈百選87〉）は，その状態はあくまでも仮の履行状態に過ぎないから本案訴訟において斟酌されるべきではないが，仮処分執行後に被保全権利に関して生じた事実状態の変動については，本案裁判所は，仮処分債権者においてその事実状態の変動を生じさせることが当該仮処分の必要性を根拠づけるものとなっており，実際上も仮処分執行に引き続いて仮処分債権者がその事実状態の変動を生じさせたものであるため，その変動が実質において当該仮処分の内容をなすものと見られるなど，特別の事情がある場合を除いては，本案訴訟において斟酌しなければならないとしている。

裁を予定していない仮処分もある。これを任意の履行に期待する仮処分という。不適法説もあるが，通説は，裁判所による一応の公権的判断が示されることにより債務者がそれにしたがって任意に履行することが期待でき，かつ，債権者がそれで満足する場合には，仮処分の目的は達しているのであるから，否定するまでのこともないとしている。

　(3)　満足的仮処分　　被保全権利の実現と同一またはこれに近似の状態の実現を目指す仮処分を満足的仮処分という。また，満足的仮処分のうち，物の給付請求権に関する同様の内容の仮処分を断行の仮処分または断行的仮処分という。たとえば，法人の役員の職務執行停止の仮処分や賃金仮払仮処分，家屋明渡しのうえ債権者に使用を許す仮処分，家屋に対する債務者の占有を解いて執行官に保管させた上で債権者の使用を許す仮処分などである。

　かつては，これらの仮処分が仮処分の暫定性・仮定性や付随性に反しないかが問題とされたが，現在ではその適法性に争いはない。ただし，これらの仮処分は債務者に与える不利益が大きいから被保全権利や保全の必要性の疎明には高度なものが要求されるとされることがあるが，そうすると仮処分の審理手続が長期化することが危惧される。被保全権利の実現と同一または近似の状態が実現されてしまえば，それ以上本案訴訟を提起する実質的意味が失われてしま

い，仮処分命令が本案訴訟に代わる最終的な裁判となってしまう傾向も生ずる。このような現象を仮処分の本案化という。

　以上のうち，仮処分の審理手続の長期化という意味での本案化は，オール決定主義を採用した民事保全法の下では解消されたといわれる。そこで，現在では，議論の焦点は，仮処分命令手続が本案訴訟にとって代わっているという意味での本案化（仮処分の本案代替化ともいう）という現象をどのように評価するかに移っている。

（野村秀敏）

第3章

不服申立制度

第1節　総　説

　保全命令の申立ては却下されることと認容されることがある。

　裁判所が保全命令の申立てを却下した場合には，債権者は，告知を受けた日から2週間の不変期間内に，即時抗告をすることができる（民保19条）。ここにいう「却下」には，申立てを不適法とする却下と理由なしとする棄却の双方を含む。即時抗告を却下する裁判に対しては，さらに抗告をすることはできない（民保19条2項）。

　保全命令の申立てが認容された場合，債務者は，その保全命令に対して，保全異議（民保26条）または保全取消し（民保37条〜39条）を申し立てることができる。両者とも上訴ではなく，保全命令を発した裁判所と同一審級の裁判所への不服申立てである点では共通である。しかし，保全異議は，保全命令を発した裁判所への保全申立ての再審理を求める申立てであるのに対し，保全取消しは，発令後の事情に基づく保全命令の取消し・変更を求めるものであって，この点では両者の性格は異なる。

　保全異議・保全取消しの申立てについての裁判に対しては保全抗告をすることができる（民保41条）。これは，上級裁判所に対する上訴である。

第2節　保全異議

1　申立て

　保全命令に対しては，債務者は，その命令を発した裁判所に保全異議を申し立てることができる（民保26条）。申立てに期間の制限はなく，保全命令が有効

図表Ⅱ-2　民事保全における不服申立て（括弧内は民事保全法の条文）

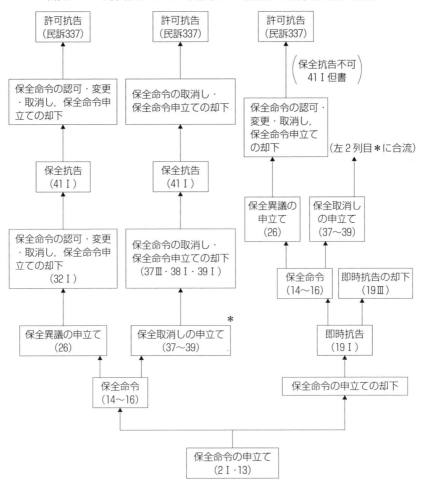

である限り，いつでもすることができる。保全異議の申立てを取り下げるのに
は，債権者の同意は要しない（民保35条）。

　上記の裁判所の管轄は専属管轄であるが（民保6条），その管轄は債権者側の
便宜のみによって定まっている可能性がある。そこで，債務者が保全命令を発
した裁判所に保全異議を申し立てた場合であっても，著しい遅滞を避け，また
は当事者間の衡平をはかるために必要である場合には，裁判所は，申立てまた

は職権により，保全命令事件について管轄権を有する他の裁判所に事件を移送することができる（民保28条）。

保全異議の申立てがあっても，当然には保全執行が停止されることはない。しかし，保全命令の取消しの原因となることが明らかな事情および仮差押命令の執行により償うことができない損害が生ずることについて疎明があるときは，裁判所は，申立てにより，担保を立てさせて，または担保を立てることを条件として，保全執行の停止または既にした執行処分の取消しを命ずることができる（民保27条）。

2　審　理

保全異議は，債務者を関与させた上で，同一裁判所において改めて保全命令の申立ての当否を審理し直すことを求める（それとととともに，保全命令が既に発令されているので，その当否の審理を求める趣旨を含むとの見解も有力である）申立てである。したがって，債権者・債務者の地位は発令手続におけるのと同様である。

保全命令の要件の欠缺，管轄等の手続上の事由のほか，担保が低額に過ぎること，仮差押解放金や仮処分解放金が高額に過ぎること，そもそも仮処分解放金を立てさせるべきではないことも異議事由となる。仮差押目的物が債務者に帰属しないことは異議事由とならないというのが旧法下の判例（最判昭32・1・31民集11巻1号188頁）であるが，目的物の特定掲記を要求するようになった民保法26条の下では，積極説も有力である。

審理手続は決定手続であるが（民保3条），口頭弁論または当事者双方が立ち会うことができる審尋の期日を経ることが必要である（民保29条）。保全異議の段階では既に密行性はないし，債務者の主張を含めて再度審理する手続であるから，当事者双方に対等に主張・立証の機会を保障するのが相当と考えられるからである。また，保全異議の申立てについての裁判は，判事補が単独ですることはできない（民保36条）。

裁判所は，審理を終結するには，相当の猶予期間を置いて，審理を終結する日を決定し，これを当事者に告知しなければならない（民保31条本文）。ただし，口頭弁論または当事者双方が立ち会うことができる審尋の期日において

は，直ちに審理を終結する旨を宣言することができる（同条但書）。当事者双方に対等・公平に不意打ち防止の機会を与える趣旨である。

　この審理においても，①釈明処分の特例として，関係人の陳述が認められ（民保9条），②審尋は受命裁判官に行わせることができ（民保7条，民訴88条），③当事者双方が立ち会うことができる審尋の期日で，簡易な証拠調べの方法としての参考人等の審尋が認められ（民保7条，民訴187条），④証人等の尋問に際しては尋問の順序を変更することができる（民保7条，民訴202条2項）のは発令段階と同様である。

3　裁　判

　保全異議の段階では既に保全命令が発令されているので，その申立てについての裁判（決定）では，当該命令を認可し，変更し，または取り消すことになる（民保32条1項）。

　保全異議の申立てについての決定には，理由を付さなければならず（民保32条4項・16条本文。16条但書は準用されていないので，理由の要旨では足りない），当事者に送達しなければならない（民保32条4項・17条）。

　保全命令を認可または変更する決定では，債権者が追加担保を立てることを保全執行の実施または続行の条件とすることができる（民保32条2項）。追加担保を立てることが保全執行の続行の条件とされたにもかかわらず，債権者が追加担保を提供しなかったときは，保全執行の取消事由があることになる（民保44条）。

　保全命令を取り消す決定では，債務者が担保を立てることを条件とすることができる（民保32条3項）。この場合には，取消決定の効力は，債務者が担保を立てたときに初めて生ずる。

　この場合以外には，決定は告知によって直ちに効力を生ずるのが原則であるが（民保7条，民訴119条），保全命令を取り消す決定が直ちに効力を生じてしまうと，保全抗告に伴って保全命令を取り消す決定の効力停止の裁判（民保42条）が行われても実効性がなくなるおそれがある。そこで，裁判所は，その決定に対して保全抗告をすることができない場合を除き，保全命令を取り消す決定において，その送達を受けた日から2週間を超えない範囲内で相当と認める一定

コラムII-9　賃金仮払仮処分の失効と仮払金の返還義務

　賃金仮払仮処分に基づいて賃金が仮払いされた後に仮処分が取り消された場合，労働者には仮払金の返還義務があるか。

　労働者が仮払金の受領と引換えに現実の就労をしていた場合に関しては返還義務は否定される。

　しかし，労働者が労務の提供をしても，使用者はその受領を拒み，労働者は現実の就労をしていないことが多い。この場合にも返還義務を否定する見解や，地位保全の仮処分と賃金仮払仮処分が併用されていた場合であれば返還義務を否定する見解も主張されているが，旧法下の判例（最判昭63・3・15民集42巻3号170頁〈百選88〉）は次のような理由によって肯定説を採用している。

　①仮処分の仮定性・暫定性からその取消しがあれば，賃金仮払仮処分も遡及的に失効し，仮払金の給付はその根拠を欠くに至る。②仮払金の返還義務も仮処分手続内における訴訟上のものとして仮に形成されたものにすぎないから，本案の賃金請求権の存否とは無関係である。③地位保全仮処分は，裁判上請求できるような賃金請求権を発生させるような効果を有するものではない。④仮払金返還請求権の返還義務の範囲については，仮処分の特殊性に鑑み，公平を理念とする不当利得の規定に準じてこれを定めるのが相当である。

の期間を経過しなければその決定の効力が生じない旨を宣言することができる（民保34条）。

4　原状回復の裁判

　仮処分命令の中には，債務者に一定の仮の給付（物の引渡し・明渡し，金銭の支払，物の使用もしくは保管の受忍）を命ずるものがある。これに基づいて債権者が仮の給付を受けているときには，裁判所は，債務者の申立てにより，保全異議の申立てに基づいて仮処分命令を取り消す決定において，債権者に対し，債務者が引き渡し，明け渡した物の返還，支払った金銭の返還または債権者が使用もしくは保管している物の返還を命ずることができる（民保33条）。

　債務者としては，別訴によって給付物の返還を求めることができる。しかし，仮処分は暫定的・仮定的な裁判であるので，これによって債権者が給付を求めることができると認められたのであれば，その根拠となる仮処分命令が取

り消されたときには，給付物を取り戻すための簡易な手段が債務者側にも認められるのが公平であるとの趣旨で民事保全法が新たに認めた制度である。

この裁判では，返還を命ずるだけで，損害賠償を命ずることはできず，返還請求権の性質は，実体法上の権利の存否とは関係のない，手続法上の原状回復請求権であると解されている。この裁判は，債務者の申立てに基づいて，仮処分命令を取り消し，または変更する場合になされるが，裁判所は，その理由等から相当でないと認めれば，返還を命じないことができる。返還を命ずる裁判は，債務名義となる（民執22条3号）。

第3節　保全取消し

1　総説

保全取消しには，本案の訴えの不提起等による保全取消し（民保37条），事情変更による保全取消し（民保38条）および特別事情による保全取消し（民保39条）の3種類がある。前二者が仮差押えと仮処分に共通の制度であるのに対し，特別事情による保全取消しは仮処分に特有な制度である。

三者に係る手続はほぼ同一であり，保全異議に関する規定が大幅に準用される（民保40条）。ただし，保全取消しは，債務者の申立てに基づいて取消事由の存否を審理する手続であるから，債務者が申立人，債権者が相手方であり，当事者としての地位は保全異議とは逆になる。

2　本案の訴えの不提起等による保全取消し

民事保全は，権利関係の確定までの暫定的・仮定的な措置を講ずるための処分であり，これだけでは当事者間の紛争に終局的な解決をもたらすことはできない。そこで，保全命令の発令後本案訴訟が提起されないときは，債務者の申立てによって，保全命令を取り消すこととされている（民保37条）。

具体的にはまず，保全命令を発した裁判所は，債務者の申立てにより，債権者に対し，相当と認める一定の期間（2週間以上）内に，本案の訴えを提起するとともに，その提起を証する書面を提出すべきことを命じ（起訴命令），既に債権者が本案の訴えを提起しているときは，その係属を証する書面を提出すべ

きことを命ずる（民保37条1項・2項）。

本案は，給付訴訟のほか確認訴訟でもよく，さらに，家事調停において調停前置主義をとる場合の調停の申立て，個別労働関係民事紛争に関する労働審判手続の申立て，仲裁手続の開始の手続，公害紛争処理法上の責任裁定の申請を含む（民保37条5項。なお，同条6項参照）。支払督促の申立ても同様に解されている。また，判例（東京高決平5・10・27判時1480号79頁〈百選90〉）は，離婚訴訟の被告が財産分与請求権を被保全権利として申し立てた仮差押えに関し，離婚訴訟において被告が予備的にした財産分与の申立ては本案の訴えに当たるとする。

被保全権利と提起された訴えの訴訟物が同一でなければならないかには争いがあるが，判例は，その間に「請求の基礎の同一性（民訴143参照）」があれば足りるとしている（最判平24・2・23民集66巻3号1163頁〈百選97〉）。

本案訴訟が未提起でも，既に債権者が強制執行の債務名義（和解調書や執行調書でもよい）を持っているときは，起訴命令は発しえない。

債権者が裁判所の定めた期間内に所定の書面を提出しなかったときは，裁判所は，債務者の申立てにより保全命令を取り消す（民保37条3項）。所定の書面が提出された後に，本案の訴えが取り下げられ，または却下された場合には，債権者は書面を提出しなかったものとみなされ，保全命令は取り消される（民保37条4項）。

3　事情変更による保全取消し

保全命令がその発令の当初は理由があっても，その後の事情の変更によって維持できなくなることはありうる。そこで，被保全権利または保全の必要性の消滅その他の事情の変更があるときは，保全命令を発した裁判所または本案の裁判所は，債務者の申立てにより，保全命令を取り消すこととされている（民保38条1項）。

事情変更とは，被保全権利の事後的消滅や当初からの不存在を認めるべき有力な証拠が出てきたことのほか，本案訴訟で債権者敗訴の判決があったことも含む。この判決は確定していなくとも構わないが，上級審において取り消されるおそれがないと認められる場合に限られる（最判昭27・11・20民集6巻10号

1008頁〈百選91〉）。債務者が十分な担保を供したなどして，仮差押えの必要性が消滅した場合や執行期間（民保43条2項）を徒過した場合も事情変更に当たる。

　事情の変更は，疎明しなければならない（民保38条2項）。

　保全異議と保全取消しの関係に関しては，以下のように解されている。保全異議の申立ての審理では，異議事由の他に，事情変更その他の保全取消しの事由を抗弁として主張することができる。保全異議も保全取消しも，審理の終結日において保全命令を維持すべきか否かを審理の対象としているからである。保全異議手続の係属中に別個に保全取消しの申立てをなしうるかに関しては，これを認めるのが通説である。さらに，両者の決定相互間に何らかの拘束力を認めるべきかについては，否定するのが通説である。

4　特別事情による仮処分命令の取消し

　仮処分命令により償うことができない損害を生ずるおそれがあるときその他の特別の事情があるときは，仮処分命令を発した裁判所または本案の裁判所は，債務者の申立てにより，担保を立てることを条件として仮処分命令を取り消すことができる（民保39条1項）。

　仮処分にあっては，被保全権利が金銭債権ではないので，特別の事情と担保の双方を条件に取消しを許す趣旨である。「償うことができない損害を生ずるおそれ」とは，仮処分命令の存続によって，債務者が通常被る損害よりも多大な損害を被るおそれがあることをいう。「その他の特別の事情」の例としては，債権者の損害の金銭補償の可能性があげられる（最判昭26・2・6民集5巻3号21頁〈百選92〉）。担保は，仮処分の取消しによって債権者が被ることあるべき損害のためのものである。

5　保全抗告

　保全異議または保全取消しの申立ての裁判（原状回復についての裁判を含む）に対しては，その送達を受けてから2週間の不変期間内に，保全抗告をすることができる（民保41条1項本文）。ただし，抗告裁判所が発した保全命令に対する保全異議の申立てについての裁判に対しては，この限りではない（同項但書）。これが問題になるのは，保全命令の申立てを却下した簡易裁判所の決定

コラムⅡ-10　不当な民事保全手続による損害賠償

　民事保全は暫定的・仮定的な措置を講ずるものに過ぎないから，裁判所がそれを命じたとの一事により違法性が阻却されるものではない。すなわち，被保全権利あるいは保全の必要性がない等の理由により本来であれば発せられるべきでなかった保全命令またはその執行により債務者が損害を被った場合には，債権者はその損害を賠償しなければならない。この損害賠償義務が無過失責任か否かについては，議論がある。

　ドイツ法上これを無過失責任とする明文の規定（ドイツ民訴945条）が存在するのに示唆を受け，かつては，仮執行の場合に関する民訴法260条2項を類推して無過失責任を認める見解が有力であった。

　これに対し，判例は，一応民法709条を適用して過失責任を前提としつつ，保全命令が保全異議もしくは保全抗告により取り消され，あるいは本案訴訟における債権者敗訴の判決が確定した場合には，他に特段の事情がない限り，債権者の過失が推定されるという方法を採用しており（最判昭43・12・24民集22巻13号3428頁，最判平2・1・22判時1340号100頁〈百選101〉），学説上も，最近は，無過失責任は民事保全制度の利用を委縮させるとして，これを支持する見解が有力である。

　損害賠償の範囲は不法行為法の一般原則によって決定されようが，判例（最判平8・5・28民集50巻6号1301頁〈百選102〉）によると，債務者が，仮差押解放金を供託して執行の取消しを求めるため，金融機関から資金を借り入れ，あるいは自己資金をこれに充てることを余儀なくされたときは，仮差押解放金の供託期間中の借入金に対する通常予測しうる範囲内の利息および債務者の自己資金に対する法定利率の割合に相当する金員は，不法行為の通常損害として，賠償されるべき損害の範囲に入る。

に対する即時抗告に基づいて，地方裁判所が保全命令を発した場合に限られる。地方裁判所が第1審裁判所となる場合には，抗告審である高等裁判所の決定に対する抗告は，特別抗告（民訴336条）と許可抗告（民訴337条）を除いて元々認められていないからである（裁7条2号）。

　申立ては，書面を原裁判所に提出してする（民保7条，民訴331条・286条1項）。再度の考案（民訴333条）は禁止されており，保全抗告を受けた原裁判所は，保全抗告の理由の有無について判断することなく，事件を抗告裁判所に送付する（民保41条2項）。

> **コラムⅡ-11　仮処分命令の取消しと間接強制金の不当利得**
>
> 　仮処分命令の執行の方法として間接強制の方法がとられ，実際に間接強制のための強制金が取り立てられたが，その後，仮処分が取り消された場合，強制金は不当利得となるか。
>
> 　被保全権利が，本案訴訟の判決において，当該仮処分命令の発令時から存在しなかったものと判断され，そのことが事情の変更に当たるとして当該仮処分命令を取り消す旨の決定が確定した場合において，強制金の制裁としての性格を強調してこの問題を否定する見解や，（損害賠償部分を超えた）強制金の制裁部分に関してのみ否定する折衷説もあるが，判例（最判平21・4・24民集63巻4号765頁〈百選89〉）は以下の理由により肯定説を採用している。①間接強制は，債務の履行をしない債務者に対し，一定の額の金銭（間接強制金）を支払うよう命ずることにより，債務の履行を確保するものであって，債務名義に表示された債務の履行を確保する手段である。②そうすると，上記の場合には，当該仮処分命令による間接強制決定は，履行を確保すべき債務が存在しないのに発せられたものであることが明らかであるから，債権者に交付された間接強制金は法律上の原因を欠いた不当利得に当たる。

　この手続にも，執行停止，審理の終結，決定書への理由の記載，その送達，原状回復の裁判など，保全異議に関する規定が大幅に準用される（民保41条4項）。

　保全抗告についての裁判に対しては，さらに抗告をすることはできない（民保41条3項）。保全命令は迅速を要する暫定的な裁判であり，別に本案の手続が留保されているからである。

　ところで，許可抗告は，高等裁判所の「裁判が地方裁判所の裁判であるとした場合に抗告をすることができるものであるとき」に限って，することができる（民訴337条1項括弧書）。そうすると，上記の民保法41条3項との関係上，高等裁判所がした保全抗告の裁判に対しては許可抗告が認められないかのごとくであるが，これは認められる（最決平11・3・12民集53巻3号505頁〈百選93〉）。保全抗告についての決定に法令の解釈に関する重要な事項が含まれ，法令解釈の統一をはかる必要性が高いことは，民事執行等についての決定と同様であるからである。

（野村秀敏）

第4章

保全執行

第1節　仮差押執行

1　仮差押執行の要件と効力

(1)　仮差押執行の要件　　仮差押執行については，原則として民事執行法の規定の多くが準用される（民保46条）。しかし，主として緊急性（迅速性）の要請から，以下のような特別な定めがある。

　(イ)　**執行文の不要**　　仮差押えの執行は，原則として仮差押命令の正本に基づいて実施し，執行文の付与は不要とされる（民保43条1項本文）。仮差押命令は告知によって直ちに効力を生じ（民訴119条），また執行期間の定めもあり，さらには迅速に執行する必要もあるからである。ただし，仮差押命令に表示された当事者以外の者に対し，またはその者のためにする執行は，執行文の付与された仮差押命令の正本に基づいて実施する（民保41条1項但書）。

　(ロ)　**執行期間**　　仮差押えの執行は，仮差押命令の送達の日から2週間の期間（執行期間）内にしなければならない（民保43条2項）。仮差押えは緊急な事態に対処するための暫定的・仮定的な措置であるが，命令後かなり期間が経過すれば基礎となった事態が変化する可能性があるし，また執行しないで放置すること自体仮差押えの必要性のないことの現れと見ることができるからである。なお，この期間内に執行の着手を要するというのが判例であるが（大決大10・12・26民録27輯2194頁），執行機関内部の事情により執行ができなくなるのは不当であるから，執行申立てがあれば足りるとする見解も有力である。

　債権者がこの期間を徒過すれば，債務者は保全異議（民保26条）または事情変更による取消し（民保38条）の申立てが可能であり，執行期間経過後の執行に対しては，執行異議（民執11条）も可能である。

(ハ)　送達前の執行　　仮差押えの執行は，仮差押命令の債務者への送達前であっても可能である（民保43条3項）。迅速な執行を確保し，債務者による執行妨害を避けるためである。ただし，結局は送達は必要であるから，執行後相当の期間内に送達されないときは，債務者は執行異議（民執11条）を申し立てうる。

なお，高等裁判所が保全執行裁判所としてした仮差押執行に対する第三者異議の訴えは，仮に差し押さえるべき物の所在地を管轄する地方裁判所が管轄する（民保45条）。

(2)　仮差押執行の効力　　(イ)　処分禁止効　　仮差押えの執行によって，目的物についての処分禁止の効力が生ずる。これに違反する債務者の処分行為（譲渡，用益権や担保権の設定等）は当事者間では有効であるが，債権者に対抗することはできず，それに対する関係で相対的に無効である。この処分禁止効は，仮差押えに基づく本執行に参加する債権者すべてとの関係で生ずる（手続相対効。これについては，第Ⅰ編第9章第2節3(2)および「コラムⅠ-8」参照）。そこで，その本執行は，仮差押えの執行後の第三者の権利取得を無視して行われる。

(ロ)　本執行への移行　　仮差押執行後，本執行が可能となれば，債権者は被保全権利に関する債務名義に基づいて本執行を行う。その場合，本執行への移行後に仮差押えの効力がどうなるかに関しては3説が対立している。

第1説は，仮差押執行の効力は将来に向かって消滅し，その移行の瞬間に本執行の効力が発生し，被保全権利の満足ないしその不能以外の事由により本執行が終了しても仮差押執行の効力が復活することはないと説く（絶対消滅説）。第2説は，移行により仮差押執行の効力は将来に向かって消滅するが，その消滅は絶対的なものではなく，本執行が被保全権利の満足ないしその不能以外の事由で消滅したときは，仮差押執行の効力は復活するとする（条件付消滅説）。そして，第3説は，移行によって仮差押執行の効力は消滅することはなく，被保全権利の満足ないしその不能による本執行の終了までは，本執行と併存していると説く（並存説）。この第3説が判例（最判平14・6・7判時1795号108頁〈百選96〉）の立場であり，これによれば移行後も仮差押執行の申立てのみの取下げが可能である。

　本執行への移行に関連しては，その他，移行の時期，手続，移行後の仮差押えに関する様々な法的規律の適用の余地が問題とされている。

2　仮差差押えの執行の方法

(1)　総　説　　仮差押えの執行の方法はおおむね金銭執行の方法に準ずるが（民保47条5項・48条3項・49条4項・50条5項参照），仮差押えの目的は執行保全に限られるから，原則として換価手続は行われない。例外的に行われても，配当等の手続は行われない。具体的な執行方法は，目的物ごとに異なる（なお，以下のほか，船舶仮差押えの執行の方法につき，民保48条）。

(2)　不動産に対する仮差押えの執行の方法　　仮差押えの登記をする方法と強制管理の方法があり，併用も可能である（民保47条1項）。

　仮差押えの登記をする方法による仮差押執行裁判所は仮差押命令を発した裁判所であり，仮差押えの登記は裁判所書記官が職権で嘱託する（民保47条2項・3項）。強制管理の方法による仮差押執行裁判所は不動産所在地の地方裁判所であり（民保47条5項，民執44条），管理人は，配当等に充てるべき金銭を供託し，その事情を仮差押執行裁判所に届け出る（民保47条4項）。

　実務上は前者の方法によることがほとんどであり，その際には，発令裁判所と執行裁判所が同一裁判所であるので，執行申立ては命令の申立てに包含され，命令の発令後に改めてなされることはない。

(3)　動産に対する仮差押えの執行の方法　　動産に対する仮差押えの執行は，執行官が目的物を占有して行う（民保49条1項）。動産の仮差押命令では目的物は特定されておらず（民保21条但書），現場に臨んだ執行官が仮に差し押さえる動産を選択する。

　金銭に対して仮差押えの執行をしたときは供託する（民保49条2項）。仮差押えの目的物が腐敗しやすい等の理由により著しい価額の減少を生ずるおそれがある場合，あるいは牛馬のように飼料を要するとかの理由で保管に著しい費用を要する場合には，執行官は，動産執行の売却の手続によって目的物を売却し，その売得金を供託する（民保49条3項）。

(4)　債権およびその他の財産権に対する仮差押えの執行の方法　　債権およびその他の財産権に対する仮差押えの執行は，仮差押執行裁判所が第三債務者

に対し債務者への弁済を禁止する方法により行う（民保50条1項・4項）。その際，仮差押執行裁判所は仮差押命令を発した裁判所であり（民保50条2項・4項），したがって，仮差押えの登記をする方法による不動産仮差押えの場合と同様に，命令の申立てと執行の申立ては最初の段階で同時になされる。弁済禁止命令は第三債務者に送達しなければならず，送達によって執行は完了する（民保50条5項，民執145条3項・5項）。第三債務者が仮差押えの執行がされた金銭債権の額に相当する金銭を供託した場合には，債務者が仮差押解放金を供託したものとみなされる（民保50条3項）。

(5)　仮差押えの執行の取消し　　保全異議等の申立てについての決定において，債権者が一定の期間内に担保を立てることを仮差押執行の続行の条件とする旨の裁判があったときは（民保32条2項・38条3項・41条4項），債権者は担保を立てたことを証する文書をその期間の末日から1週間以内に仮差押執行裁判所または執行官に提出しなければならない（民保44条1項）。債権者がこの期間内にこの文書の提出をせず，債務者から当該裁判の正本の提出があれば，仮差押執行裁判所または執行官は，既にした執行処分を取り消す（民保44条2項）。

第2節　仮処分執行

1　総　説

　任意の履行に期待する仮処分など，仮処分命令の中には執行を予定していないものもあるが，多くの場合には，仮差押命令と同様に，発令に引き続いて直ちに執行することが必要である。その際，執行の方法は，民保法53条ないし57条に定めるほかは，仮差押えの執行または強制執行の例による（民保52条1項）。物の給付その他の作為または不作為を命ずる仮処分の執行は，仮処分命令を債務名義とみなして（民保52条2項），強制執行の例によって実施する。

　仮処分執行は原則として仮処分命令の正本に基づいて実施すること，執行期間の定めがあること，債務者への送達前であっても可能であることについては，既に仮差押執行に関して述べたところと共通である（民保43条）。

　仮処分命令の内容は多種多様であることとの関係上，上記のうちの執行期間に関しては，特に問題が多い。たとえば，賃金や扶養料等の定期金の給付を命

ずる仮処分に関しては，執行期間に関する規定の適用を否定する見解もある
が，判例（最決平17・1・20判時1888号91頁〈百選94〉）は，仮処分命令の送達の
日より後に支払期限が到達するものについては，送達の日ではなく，当該定期
金の支払期限の日を執行期間の起算日としている。

　民事保全法は，申立て件数の多い定型的な仮処分の執行方法と効力に関して
は，個別の規定を設けている。以下，それらの内容を簡単に説明する。

2　法人の役員の職務執行停止・代行者選任の仮処分

　株式会社における取締役の選任決議等について無効確認や取消しの訴えが提
起されたような場合，当該取締役にそのまま職務執行を継続させると，当該訴
訟で請求認容判決が出て確定しても，その間に会社に不測の損害が生じたり，
法律関係を複雑化させたりするおそれがある。そのような場合には，職務執行
停止・代行者選任の仮処分がなされる。その主文は，株式会社の代表取締役の
場合，以下のようになる。

1　本案判決確定に至るまで，被申請人甲野一郎は被申請人甲野工業株式会社の取締役兼
　代表取締役の職務を執行してはならない。
2　上記期間中，被申請人甲野工業株式会社は，被申請人甲野一郎に上記職務を執行させ
　てはならない。
3　上記職務執行期間中，職務代行者をして上記職務を代行させ，次の者を職務代行者に
　選任する。

　　取締役兼代表取締役職務代行者
　　　事務所　京都市北区上賀茂岩ヶ垣町○○番地
　　　住　所　京都市左京区高野王岡町○○番地
　　　　　　弁護士　乙山二郎

　相手方（債務者）たるべき者が職務の執行を停止されるべき当該取締役であ
るのか，本案訴訟（取締役選任決議取消訴訟等）の被告である会社であるのか，
あるいは双方であるのかについては，見解が分かれているが，上記の主文例は
第3説を前提としている。

　この仮処分命令は，告知によって直ちに形成的効力を生じ，何らの執行も必
要としない。また，第三者との関係でも効力を有し，仮処分命令に違反する行
為は，第三者に対する関係においても無効である（最判昭41・4・19民集20巻4

号687頁）。

　もっとも，これでは第三者に不測の損害を及ぼすおそれがあるので，この原則には例外があり，この仮処分命令の内容につき登記がされる場合については（一般法人305条，会社917条等），仮処分命令の内容は登記をしなければ第三者に対抗することができないとされている（一般法人299条1項，会社908条1項等）。この場合には，この仮処分命令がなされたとき，またはその仮処分命令を変更もしくは取り消す決定がなされたときは，裁判所書記官から，法人の本店または主たる事務所および支店または従たる事務所の所在地の登記所にこの登記の嘱託をする（民保56条）。

3　処分禁止の仮処分

　(1)　主　文　　この仮処分は，債務者の目的物に対する法律的処分を禁止して，その給付請求権を保全することを目的とする。主として，不動産の登記請求権や建物収去土地明渡請求権の執行の保全のために行われるが，その主文は次のような定型文言による。

> 　債務者は，その所有名義の別紙物件目録記載の不動産について，譲渡並びに質権，抵当権及び賃借権の設定その他一切の処分をしてはならない。

　ただし，同一主文の仮処分命令であっても，被保全権利が何であるかによって執行の方法と効力が異なるので，不動産に関する所有権以外の権利の保存等についての登記請求権を保全するための処分禁止の仮処分と建物収去土地明渡請求権を保全するための建物の処分禁止の仮処分に関しては，仮処分命令中に被保全権利を明示しなければならない（民保規22条1項・2項）。これは，主文に先立つ前文中で，たとえば次のように，行われる扱いとなっている。

> 　上記当事者間の令和○○年（ヨ）第○○○号仮処分命令申立事件について，当裁判所は，債権者の申立てを相当と認め，別紙物件目録記載の不動産について，債権者の債務者に対する別紙登記目録記載の登記の請求権を保全するため，債権者に○○万円の担保を立てさせて，次のとおり決定する。

　(2)　**不動産の所有権の保存・移転または消滅の登記請求権を保全するための処分禁止の仮処分**　　この仮処分命令の執行は，処分禁止の登記をする方

図表Ⅱ-3　不動産の所有権の移転登記請求権を保全するための処分禁止の仮処分の場合の登記の記載例

1	所有権保存	平成〇年〇月〇日第〇〇号	（余白）	所有者Y
<u>2</u>	<u>処分禁止仮処分</u>	平成〇年〇月〇日第〇〇号	平成〇年〇月〇日××地方裁判所仮処分命令	債権者X
<u>3</u>	<u>所有権移転</u>	平成〇年〇月〇日第〇〇号	平成〇年〇月〇日売買	所有者A
4	3番所有権抹消	平成〇年〇月〇日第77号	仮処分による失効	（余白）
5	所有権移転	平成〇年〇月〇日第77号	平成〇年〇月〇日売買	所有者X
6	2番仮処分登記抹消	（余白）	（余白）	仮処分の目的達成により平成〇年〇月〇日登記

法により行う（民保53条1項）。所有権以外の権利（制限物権）の移転または消滅の登記請求権の保全を目的とするものに関しても同様である（保存，設定，変更についての登記請求権の保全を目的とするものに関しては，同条2項）。ただし，前者の場合には登記簿の甲区欄に，後者の場合には乙区欄に記載される。

　処分禁止の登記後にされた登記に係る権利の取得または処分の制限は，その仮処分の債権者が保全すべき登記請求権に係る登記をする場合には，その登記に係る権利の取得または消滅と抵触する限度において，当該債権者に対抗することができない（民保58条1項）。すなわち，この仮処分による処分禁止の効力は相対的であって，これに違反する債務者の処分行為は，仮処分が本執行に移行する限りにおいて，かつ，仮処分の被保全権利との関係においてのみ無効とされる。そこで，債権者が，本案訴訟の勝訴判決その他の債務名義に基づき，もしくは債権者と債務者との共同申請により，保全すべき登記請求権に係る登記を申請する場合には，処分禁止の登記後の登記の権利者の承諾なしに，その者の登記を抹消することができる（民保58条2項，不登111条1項・2項）。したがって，債権者は，移転登記請求訴訟等の係属中に債務者から第三者への移転登記等がなされても，そのまま債務者のみを被告として訴訟を継続してそれに対する勝訴判決を取得すれば足りることになる。これが処分禁止仮処分の当事

者恒定効である。ただし，処分禁止の登記後の登記をこの方法によって抹消する際には，予め，抹消されるべき登記の権利者に通知しなければならない（民保59条）。そして，処分禁止の仮処分に後れる登記を抹消するときは，処分禁止の仮処分は目的を達したので，登記官の職権で処分禁止の登記も抹消される（不登111条3項）。保全すべき登記請求権と債権者が請求する登記の登記請求権との間には同一性がなければならない（この点で興味深い判例として，最判昭59・9・20民集38巻9号1073頁〈百選99〉）。

　なお，以上の点は，不動産以外で登記または登録すべきものについての処分禁止の仮処分の執行とその効力について準用される（民保54条・61条）。

(3)　不動産の所有権以外の権利の保存・設定または変更についての登記請求権保全のための処分禁止の仮処分　この仮処分の執行は，処分禁止の登記とともに仮処分による仮登記（保全仮登記）をする方法により行う（民保53条2項）。所有権以外の権利とは，地上権，先取特権，質権，抵当権等の制限物権を指し，保存は先取特権に関わる。制限物権についての登記請求権であっても，その保存，設定，変更についての登記に限られ，移転または消滅についての登記請求権を保全するための処分禁止の仮処分の執行は，前述のように，処分禁止の登記のみをする方法による。

　例①　たとえば，所有者Yに対して抵当権設定登記を請求するXがこれを保全するために処分禁止仮処分を得た場合には，不動産登記簿の甲区欄に処分禁止の登記を，乙区欄に抵当権設定保全仮登記をして，通常の仮登記の場合と同様に後の本登記のための空欄を空けておく。その後，Aのために所有権移転登記がされたりBのために抵当権設定登記がなされたりしたら，XがYに対する本案訴訟の勝訴判決その他の債務名義に基づき，もしくはX・Yの共同申請により抵当権設定登記をする場合に，乙区欄の抵当権設定保全仮登記に基づき，その余白に抵当権の本登記をし（民保58条3項），甲区欄の処分禁止の仮処分を抹消すればよく（不登114条），A・Bの登記はそのまま残される。この場合に，不動産の所有権の移転等の登記請求権を保全するための処分禁止の仮処分の場合のように，A・Bの登記を抹消してしまうのは行き過ぎであるので，民事保全法が新たに導入した工夫である。本登記をするのにAやBの承諾は不要であるから，ここでも当事者恒定効が認められる。

図表Ⅱ- 4　抵当権設定登記請求権を保全するための処分禁止の仮処分と保全仮登記を
　　　　　併用した場合の登記の記載例

【権利部（甲区）】（所有権に関する事項）

【順位番号】	【登記の目的】	【受付年月日・受付番号】	【原因】	【権利者その他の事項】
1	所有権保存	平成 5 年 1 月○日第○○号	（余白）	所有者 Y
<u>2</u>	<u>処分禁止仮処分（乙区 1 番保全仮登記）</u>	<u>平成 5 年 2 月○日第77号</u>	平成○年○月○日××地方裁判所仮処分命令	債権者 X
3	所有権移転	平成 5 年 3 月○日第○○号	平成○年○月○日売買	所有者 A
4	2 番仮処分登記抹消	（余白）	（余白）	仮処分の目的達成により平成 5 年 5 月○日登記

【権利部（乙区）】（所有権以外の権利に関する事項）

【順位番号】	【登記の目的】	【受付年月日・受付番号】	【原因】	【権利者その他の事項】
1	抵当権設定保全仮登記（甲区 2 番仮処分）	平成 5 年 2 月○日第77号	平成○年○月○日金銭消費貸借同日設定	債権額　金○○万円利息　年○○％債務者 Y抵当権者 X
	抵当権設定	平成 5 年 5 月○日第○○号	平成○年○月○日金銭消費貸借同日設定	債権額　金○○万円利息　年○○％債務者 Y抵当権者 X
2	抵当権設定	平成 5 年 4 月○日第○○号	平成○年○月○日金銭消費貸借同日設定	債権額　金○○万円利息　年○○％債務者 A抵当権者 B

　例②　以上に対し，保全すべき登記請求権に係る権利が不動産の使用または
収益をするもの（たとえば，地上権，質権，賃借権）であるときは，処分禁止後
に登記された同じく使用もしくは収益を目的とする権利の登記は本登記をする
に際して抹消することができる（民保58条 4 項，不登113条。なお，民保59条参

照）。2つの権利が，抵当権のような順位を異にして両立することができる性
質のものではないからである。

　保全仮登記に基づいて本登記をする際には，保全仮登記に係る権利の表示と
本登記をなすべき旨の本案の債務名義における権利の表示が符合しなければ本
登記をすることができない。そこで，表示が符合しないときには，仮処分命令
を発した裁判所に申し立てて仮処分命令を更正してもらい，その更正決定に基
づく裁判所書記官からの保全仮登記の更正の嘱託を経た上で，本登記（民保60
条）をすることができる。

　なお，以上の点も，不動産以外で登記または登録すべきものについての処分
禁止の仮処分の執行とその効力について準用される（民保54条・61条）。

（4）　**建物収去土地明渡請求権を保全するための建物の処分禁止の仮処分**
建物を所有することにより土地を占有している者に対する建物収去土地明渡請
求事件において，当事者を恒定する手段として建物についての処分禁止仮処分
が利用される。この場合，土地の占有移転禁止の仮処分では，建物の所有権を
移転することによる土地の占有者の変更に対処しえないからである。この仮処
分の執行も，処分禁止の登記をする方法により行う（民保55条1項）。この処分
禁止の登記がされたときは，債権者は，本案の債務名義に基づき，その登記が
された後に建物を譲り受けた者に対し，建物収去土地明渡しの強制執行をする
ことができる（民保64条）。

　この仮処分の効力は，建物が建っている土地の部分についてのみ及ぶ。した
がって，一筆の土地であっても，他に独立して占有可能な部分があるときは，
別途その部分に対する占有移転禁止の仮処分をしておく必要がある。また，建
物の所有者は，その所有を移すことなく，占有のみを第三者に移転することも
可能であるから，それに備えて建物の占有移転禁止の仮処分も併せてしておく
必要がある。既に建物の占有が移されているときには，新占有者に対し，建物
の占有移転禁止の仮処分をしておく必要がある。

4　占有移転禁止の仮処分

（1）　**種類・執行方法**　　物の引渡・明渡請求権の執行の保全するためのこの
仮処分には，動産を対象とするものと不動産を対象とするものがあるが，実際

上は後者が多く，債権者に対し，目的物の占有の移転を禁止するとももに，その占有を解いて執行官に保管させ，かつ，これらのことが行われている旨を公示することを内容とする（民保25条の2第1項）。この内容にはさらに種々のヴァリエーションがあるが，不動産に関する基本型の仮処分決定の主文は次のようである。

1　債務者は，別紙物件目録記載の物件に対する占有を他人に移転し，又は　占有名義を変更してはならない。

2　債務者は，上記物件の占有を解いて，これを執行官に引き渡さなければならない。

3　執行官は，上記物件を保管しなければならない。

4　執行官は，債務者に上記物件の使用を許さなければならない。

5　執行官は，債務者が上記物件の占有の移転又は占有名義の変更を禁止されていること及び執行官が上記物件を保管していることを公示しなければならない。

この仮処分命令の主文は執行官保管・債務者使用許可型の当事者恒定効を目的とする最も一般的かつ基本的なものであるが，避けようとする危険の内容・程度によってはより強力な仮処分が必要となる。すなわち，債務者の使用を許す旨の文言を掲げないで執行官保管（執行官保管型）のままとしたり，あるいは，執行官保管の上で債権者に使用を許す旨を定め（債権者使用許可型），さらには，債務者に占有移転禁止以外の増改築その他の一定の行為を具体的に表示した禁止（不作為命令）を付加する，等々である。

基本型の場合，債務者から現実に占有を取り上げた上で，使用を許すために債務者に引き渡すというようなことは行わず，債務者に対して目的物を執行官保管とする旨を告げ，公示書ないし公示札を貼付するだけである。このような方法も，中間の過程を省略しただけであり，適法，有効な執行であると解される。これに対し，執行官保管型や債権者使用許可型では，債務者の占有を解く執行は物の引渡請求権の執行の規定の準用によってなされる（民保52条1項，民執168条）。基本型や債権者使用許可型では，執行後も執行官は，現場に赴いて状況を調査することができ，これを点検と呼ぶ（執行官8条1項9号）。

なお，執行前に債務者を特定することを困難とする特別の事情があるときは，不動産に関するこの種の仮処分命令は債務者を特定しないで発することができるが，執行の段階で特定できなければ，結局，執行不能となる（民保25条の2・54条の2。前述，第Ⅱ編第2章第2節4(1)(ハ)参照）。

(2)　主観的変更に対する処置　　物の引渡・明渡請求訴訟の係属中に目的物に対する占有が第三者に移転した場合，理論的には，原告は訴訟引受け（民訴50条）によって新占有者に訴えを向け変えることは可能であるし，口頭弁論終結後の占有移転であれば承継執行文（民執27条2項）を得て新占有者に対して執行することができる。しかし，そのためには，常に占有状態に気を付けていなければならなかったり，占有移転が口頭弁論終結前か否かという事実問題なども発生する。そこで，従来から占有移転禁止の仮処分に当事者恒定効が認められてきたが（最判昭46・1・21民集25巻1号25頁〈百選100〉），その具体的内容については種々の問題を生じていたので，民事保全法はこの点に関する規定を整備した。

占有移転禁止の仮処分命令が執行されたときは，債権者はまず，本案の債務名義に基づき，仮処分命令の執行がされたことを知って不動産を占有した者に対して強制執行することができ（民保62条1項1号），仮処分の執行後に占有をした者は執行を知って占有したものと推定される（民保62条2項）。現場には執行官保管の公示書が貼付されているから，悪意を推定しうると考えられたのである。しかし，公示書が破棄されていたりすれば善意であることもありうるが，債務者から占有を承継した第三者に対しては，善意・悪意を問わず，本案の債務名義に基づいて強制執行することができる（民保62条1項2号）。そして，本案の債務名義とは従来の占有者に対する債務名義を意味するから，原告としては，占有移転にもかかわらずその被告を相手に訴訟を続けることができ，この意味において，この仮処分についても当事者恒定効があるといえる。

第三者に対する執行には，承継執行文（民執27条2項）が必要である。その際，特に上記の仮処分執行後の占有取得の場合には，悪意は推定されるから，債権者は仮処分執行後の占有取得を証明するだけでよく，極めて簡単にその付与を受けることができる。そこで，これとのバランス上，債務者側にも簡易な救済手段を与えることが相当であるから，承継執行文付与に対する異議の申立てにおいては，債権者に対抗することができる権原（例，民94条2項）により当該の物を占有していること，または，その仮処分の執行がされたことを知らず，かつ，債務者の占有承継人ではないことを理由とすることができる（民保63条）。これらを理由に，承継執行文付与に対する異議の訴え（民執34条）を提

起できることはもちろんである。

　なお，この仮処分命令を発するときに占有者を特定しないで発することができるのと同じような事情（前述，第Ⅱ編第2章第2節4(1)(ハ)参照）により，強制執行前に占有者を特定することを困難とする特別な事情があるときは，債権者がこのことを証する文書を提出すれば，執行文は債務者を特定しないで付与することができる（民執27条3項1号）。この場合の強制執行は執行文の付与から4週間以内に限って可能であり，かつ，強制執行において不動産の占有を解く際に，占有者を特定できなければ執行不能に終わる（民執27条4項）。占有者が特定されて執行がなされたときは，占有を解かれた者を債務者として扱う（民執27条5項）。

　(3)　客観的現状変更に対する処置　　基本型の場合，建物（場合によっては土地）に客観的な現状変更が加えられることがある。しかし，建物に関して修繕や営業上必要な模様替えがなされても，それによって建物の同一性が損なわれることにはならないから，それまでの方法によって建物を表示した債務名義によって引渡し・明渡しの強制執行をすることに差支えはない。そこで，かつては，前掲した占有移転禁止の仮処分の主文例に「現状を変更しないことを条件として」との文言が付け加えられていたが，現在ではそれを挿入しないようになっている。必要がある場合にのみ，具体的に修繕等を禁止する文言を掲げればよいからである。

　債務者が増改築をして，建物の同一性を損なうことになれば，旧建物を表示した債務名義によっては，新建物に関する引渡し・明渡しの強制執行はできないこととなる。そこで，そのような事態に対処するために，かつては，執行官は直ちに原状回復の措置をとり，あるいは債務者の占有を直ちに排除することができるとする見解が主張された。このような執行官の措置は点検執行と呼ばれ，実務上も一般的に行われた時期もあったようであるが，単なる保管人である執行官にあまりに大きな権限を与えることになる等の理由により，現在では行われないようになっている。そして，現在の実務の取扱いは，元々増改築禁止等の文言が掲げられていなければ，新たに別個の仮処分を得て，建物の同一性を損ずるような客観的現状変更に対処すべきであるとしている。

（野村秀敏）

主要書式一覧

① 執行文（様式2）
② 不動産強制競売申立書
③ 物件明細書（土地付建物の場合）
④ 不動産引渡命令申立書
⑤ 動産執行申立書
⑥ 債権差押命令申立書
⑦ 第三債務者の陳述書
⑧ 建物収去命令申立書
⑨ 第三者からの情報取得手続申立書（給与）

① 執行文（様式2）

債務名義の事件番号	令和　年（　　）第　　号	

執　行　文

　債権者は，債務者に対し，この債務名義により強制執行をすることができる。

　　令和　　年　　月　　日
　　　　　〇〇地方裁判所民事第〇〇部
　　　　　裁判所書記官

債権者 〔　　　　　　　〕	
債務者 〔　　　　　　　〕	

債務名義に係る請求権の一部について強制執行をすることができる範囲

付与の事由	
ア　証明すべき事実の到来を証する文書を提出 イ　承継などの事実が明白（民事執行規則17条2項） ウ　承継などを証する文書を提出 エ　付与を命ずる判決 　（該当する符号を右の欄に記載する。）	
再　度　付　与	

注）該当する事項がない場合には，斜線を引く。

出所：司法研修所編『民事弁護教材　改訂　民事執行（補正版）』日本弁護士連合会，2017年，122頁を基に作成。

② 不動産強制競売申立書

不動産強制競売申立書

収入印紙

4000円

○○地方裁判所民事第○○部 御中

　　　　令和　　年　　月　　日

　　　　　　　　　債　権　者　　○○○○株式会社

　　　　　　　　　　代表者代表取締役 ○○○○ 印

　　　　　　　　　　電　話 ○○○-○○○-○○○○

　　　　　　　　　　ＦＡＸ ○○○-○○○-○○○○

　　　　　　　　　　担当者 ○○○○

　　　　当　事　者　　　別紙当事者目録のとおり
　　　　請　求　債　権　　別紙請求債権目録のとおり
　　　　目的不動産　　　別紙物件目録のとおり

　債権者は，債務者に対し，別紙請求債権目録記載の債務名義に表示された上記債権を有するが，債務者がその弁済をしないので，債務者所有の上記不動産に対する強制競売の手続の開始を求める。

☑　上記不動産につき，入札又は競り売りの方法により売却しても適法な買受けの申出がなかったときは，他の方法により売却することについて異議ありません。

添付書類

1　執行力ある判決正本　　　　　　　　　　　　　　　　　　　通
2　送達証明書　　　　　　　　　　　　　　　　　　　　　　　通
3　不動産登記事項証明書　　　　　　　　　　　　　　　　　　通
4　公課証明書　　　　　　　　　　　　　　　　　　　　　　　通
5　資格証明書　　　　　　　　　　　　　　　　　　　　　　　通
6　住民票　　　　　　　　　　　　　　　　　　　　　　　　　通

※ 申立書と各目録との間に契印し，各ページの上部欄外に捨印を押す。

出所：最高裁判所「裁判所」HPより，「不動産強制競売申立書」https://www.courts.go.jp/tokyo/vc-files/tokyo/file/fks_hu-mou02c_29.doc を基に作成。

③ 物件明細書（土地付建物の場合）

令和 年(ケ)第 号

物 件 明 細 書

令和 年 月 日
〇〇地方裁判所〇〇支部
裁判所書記官 〇 〇 〇 〇 ㊞

---

1 不動産の表示
【物件 1.2】
別紙物件目録記載のとおり

---

2 売却により成立する法定地上権の概要
なし

---

3 買受人が負担することとなる他人の権利
【物件番号1】
なし
【物件番号2】
賃借権
範　囲　　　2階部分
賃借人　　　甲野太郎
期　限　　　令和 年 月 日まで
賃　料　　　月額〇〇〇，〇〇〇円
賃料前払い　　　なし
敷　金　　　〇〇〇，〇〇〇円
上記賃借権は最先の賃借権である。期限後の更新は買受人に対抗できる。

---

4 物件の占有状況等に関する特記事項
【物件番号2】
1階部分につき，本件所有者が占有している。

---

5 その他買受けの参考となる事項
【物件番号1】
隣地（地番〇〇番）との境界が不明確である。

《 注 意 書 》
1 本書面は，現況調査報告書，評価書等記録上表れている事実とそれに基づく法律判断に関して，執行裁判所の裁判所書記官の一応の認識を記載したものであり，関係者の間の権利関係を最終的に決める効力はありません（訴訟等により異なる判断がなされる可能性もあります）。
2 記録上表れた事実等がすべて本書面に記載されているわけではありませんし，記載されている事実や判断も要点のみを簡潔に記載されていますので，必ず，現況調査報告書及び評価書並びに「物件明細書の詳細説明」も御覧ください。
3 買受人が，占有者から不動産の引渡しを受ける方法として，引渡命令の制度があります。引渡命令に関する詳細は，「引渡命令の詳細説明」を御覧ください。
4 対象不動産に対する公法上の規制については評価書に記載されています。その意味内容は「公法上の規制の詳細説明」を御覧ください。
5 各種「詳細説明」は，閲覧室では通常別ファイルとして備え付けられています。このほか，BITシステムのお知らせメニューにも登載されています。

出所：園部厚『書式 不動産執行の実務（全訂11版）』民事法研究会，2019年，179頁を基に作成。

④ 不動産引渡命令申立書

印

不動産引渡命令申立書

収入印紙
相手方
1名につき
500円

○○地方裁判所民事第○○部 御中

　　　令和　　　年　　　月　　　日

　　　　　　　住所　＿＿＿＿＿＿＿＿＿＿＿＿＿＿＿＿
　　　　　　　　　　＿＿＿＿＿＿＿＿＿＿＿＿＿＿＿＿

　　　　　　　　　申立人（買受人）
　　　　　　　　　　　＿＿＿＿＿＿＿＿＿＿＿＿＿　印

　　　　　　　　　　担当者　　　　　（部・課名　　　）

　　　　　　　　電話（□事業所代表・□自宅）＿＿＿＿＿
　　　　　　　　　　（□内線・□担当部署・□携帯）＿＿＿

　　　　　当事者の表示　別紙当事者目録記載のとおり

申 立 て の 趣 旨

　相手方 は申立人に対し，別紙物件目録記載の不動産を引き渡せ。

申 立 て の 理 由

1　申立人は，御庁令和＿＿＿年（＿＿＿）第＿＿＿＿＿号〔□不動産競売□強制競売〕事件において別紙物件目録記載の不動産を買い受け，令和＿＿＿年＿＿＿月＿＿＿日代金を納付した。

2　□　相手方 は，上記不動産の所有者である。
　　□　相手方 は，上記不動産を何らの正当な権原なく占有している。
　　□　相手方
　　□　＿＿＿＿＿＿＿）に対し，同不動産の使用の対価につき，相当の期間を定めて1か月分以上の支払を催告したが，相当期間内にその支払がなかった。

3　よって，申立の趣旨記載の裁判を求める。

出所：最高裁判所「裁判所」HPより，「不動産引渡命令申立書」（fhw_hikiwatasi_70.pdf）https://www.courts.go.jp/tokyo/vc-files/tokyo/file/fhw_hikiwatasi_70.pdf を基に作成。

⑤　動産執行申立書

強制執行申立書	受付印	
○○地方裁判所　　　執行官室　御中		
令和　　年　月　　日		
	予納金　　　　　　円	担当　　　　区

（〒　　　―　　　　）		
住所	....	
債権者	....	㊞
（電話番号）	....	
（〒　　　―　　　　）		
住所	....	
債権者代理人	....	㊞
（電話番号）　　　　―　　　　―		

（〒　　　―　　　　）	
住所	....
フリガナ	....
債　務　者	

執行の目的及び執行の方法	動産執行（家財・商品類・機械・貴金属・その他　　　　　）

目的物の所在地（住居表示で記載する）
□　上記債務者の住所
□

債務名義の表示

□　地方簡易裁判所　　　支部　　　令和　年（　）第　　　　　号
　判決・和解調書・調停調書・調停に代わる決定・仮執行宣言付支払督促・
　その他（　　　　　　　　　　　　　　　　　　　　　　　　　）
□　　　　法務局所属公証人　　　作成　　令和　　年第　　　号執行証書

請求金額	円（内訳は別紙のとおり）

添付書類	1　執行の立会い　　　　□　無　□　有
1　執行力ある債務名義の正本　　　通	2　執行の日時　　　　　　月　日　希望
2　送達証明書　　　　　　　　　　通	3　執行日時の通知　　　□　否　□　要
3　資格証明書　　　　　　　　　　通	4　同時送達の申立て　　□　無　□　有
4　委任状　　　　　　　　　　　　通	5　関連事件の事件番号
5　債務者に関する調査表　　　　　通	○○地方裁判所　令和　　年（執　）
6	第　　　　　号
7	

□執行調書謄本を関係人に交付してください。
□事件終了後，債務名義正本・送達証明書を返還してください。

　　　　　　　　　　　　債権者（代理人）　　　　　　　　　　　㊞

電子納付用登録コード	

出所：最高裁判所「裁判所」HPより，「動産執行申立書」https://www.courts.go.jp/sendai/vcfil
es/sendai/2020/tisaiminji/shikkoukansyosiki01.docx を基に作成。

⑥　債権差押命令申立書

収入印紙

4000円

債権差押命令申立書

○○地方裁判所民事第○○部　御中

　　令和　年　月　日

　　　　　　債権者　　　　　　　　　　　　　　　　印

　　　　　　　電　話
　　　　　　　ＦＡＸ

　　　　　　　当事者
　　　　　　　請求債権　　　別紙目録記載のとおり
　　　　　　　差押債権

　債権者は，債務者に対し，別紙請求債権目録記載の執行力ある債務名義の正本に記載された請求債権を有しているが，債務者がその支払をしないので，債務者が第三債務者に対して有する別紙差押債権目録記載の債権の差押命令を求める。

　□　第三債務者に対する陳述催告の申立て（民事執行法第147条１項）をする。
　□

添 付 書 類
　1　執行力ある債務名義の正本　　　通
　2　同送達証明書　　　　　　　　　通
　3　資格証明書　　　　　　　　　　通

　□については，レを付したもの。

出所：最高裁判所「裁判所」HPより，「東京地方裁判所民事第21部　債権差押命令申立書」https://www.courts.go.jp/tokyo/vc-files/tokyo/file/20191010_suk_mo2-04_31.docx を基に作成。

⑥ 債権差押命令申立書（別紙）

差押債権目録

金　　　　　　　円

　債務者が第三債務者株式会社○○○○○○銀行（○○○支店扱い）に対して有する下記預金債権及び同預金に対する預入日から本命令送達時までに既に発生した利息債権のうち，下記に記載する順序に従い，頭書金額に満つるまで

記

1　差押えのない預金と差押えのある預金があるときは，次の順序による。
（1）　先行の差押え，仮差押えのないもの
（2）　先行の差押え，仮差押えのあるもの
2　円貨建預金と外貨建預金があるときは，次の順序による。
（1）　円貨建預金
（2）　外貨建預金（差押命令が第三債務者に送達された時点における第三債務者の電信買相場により換算した金額（外貨）。ただし，先物為替予約があるときは原則として予約された相場により換算する。）
3　数種の預金があるときは，次の順序による。
（1）　定期預金
（2）　定期積金
（3）　通知預金
（4）　貯蓄預金
（5）　納税準備預金
（6）　普通預金
（7）　別段預金
（8）　当座預金
4　同種の預金が数口あるときは，口座番号の若い順序による。
　なお，口座番号が同一の預金が数口あるときは，預金に付せられた番号の若い順序による。

出所：最高裁判所「裁判所」HPより，「預金債権　差押債権目録」https://www.courts.go.jp/matsue/vc-files/matsue/file/20203049.pdf を基に作成。

⑦ 第三債務者の陳述書

令和　　年（　　）第　　　号

陳　述　書

令和　　　年　　　月　　　日

○○地方裁判所民事○○部　御　　中

　　　第三債務者　　　　　　　　　　　　　　　㊞

　　　　　　（電）

下記のとおり陳述します。

　　　　　　（担当）

1　差押えに係る債権の存否	あ　　る　　　　　　　　　　な　　い	
2　差押債権の種類及び額 （金銭債権以外の債権は，その内容）		
3　弁済の意思の有無	あ　　る　　　　　　　　　　な　　い	
4　弁済する範囲又は弁済しない理由		
5　差押債権について，差押債権者に優先する権利を有する者（例えば，質権者）がある場合の記入欄	優先権利者の住所，氏名	
	優先する権利の種類及び範囲（金額）	

6　他の差押え（滞納処分又はその例による差押えを含む。）仮差押え仮処分	執　行裁判所等	債権者の住所，氏名	差押え等の送達年月日・	差押え等の執行された範囲（金額）
	事件番号			
			令和．	

(注)　(1)　1の欄で「ある」と陳述したときだけ2以下の欄を記入してください。
　　　(2)　2については，現存債権について記入するもので，命令正本記載の債権をそのまま記入するものではありません。
　　　(3)　5及び6の欄には，すでに取下げ又は取消しのあったものは記入する必要はありません。
　　　(4)　この陳述書に記入しきれないときは，適宜の用紙を使用して横書きで記載してください。

出所：最高裁判所「裁判所」HP「第三債務者の方へ」より「陳述書（一般用）」https://www.courts.go.jp/tokyo/vc-files/tokyo/file/20201023_skk_chinjyutsu-ippan_276.pdf を 基 に 作成。

⑧　建物収去命令申立書

建物収去命令申立書

収　入
印　紙

令和　年　月　日

○○地方裁判所民事第○○部　御中

債権者代理人弁護士　○　○　○　○　印

当事者の表示　別紙当事者目録記載のとおり

申立ての趣旨

　債権者の申立てを受けた執行官は，別紙物件目録記載の建物を債務者の費用で収去することができる。

申立ての理由

　債務者は，債権者に対し，下記事件の執行力ある債務名義の正本に基づき，別紙物件目録記載の建物を収去する義務を有するところ，債務者は同義務を履行しない。
　よって，申立ての趣旨記載の裁判を求める。

記

○○地方裁判所令和　　年（ワ）第　　　　号
建物収去土地明渡請求事件の判決

添付書類

1	執行力ある判決正本	1通
2	上記送達証明書	1通
3	資格証明書	1通
4	委任状	1通
5	建物登記簿謄本	1通

出所：最高裁判所「裁判所」HPより，「書式46　建物収去命令申立書」https://www.courts.go.jp/tokyo/vc-files/tokyo/file/9_syosiki46.doc を基に作成。

第三者からの情報取得手続申立書（給与）

収　入
印　紙

1000円

○○地方裁判所民事第○部御中

　　令和　　年　　月　　日

　　　　申立人

　　　　　　　　　　　　　　　　　　　　　　　　　　　　　　　印
　　　　　　　　　　　　電　話　　　―　　　―
　　　　　　　　　　　　ＦＡＸ　　　―　　　―
　　　　　　　　　　　　　　　（担当　　　　　）

　　　　　　　　　当事者　　　　別紙当事者目録記載のとおり
　　　　　　　　　請求債権　　　別紙請求債権目録記載のとおり

　　申立人は，債務者に対し，別紙請求債権目録記載の執行力のある債務名義の正本に記載された請求債権を有しているが，債務者がその支払をせず，下記の要件に該当するので，第三者に対し債務者の給与債権に係る情報（民事執行法206条1項）の提供を命じるよう求める。

　　　　　　　　　　　　　　　記
1　民事執行法197条1項の要件（該当する□に✓を記入してください。）
　　□　強制執行又は担保権の実行における配当等の手続（本件申立ての日より6月以上前に終了したものを除く。）において，金銭債権の完全な弁済を得ることができなかった（1号）。
　　□　知れている財産に対する強制執行を実施しても，金銭債権の完全な弁済を得られない（2号）。
2　民事執行法205条2項の要件
　　✓　財産開示事件の事件番号
　　　　　　地方裁判所　　　　令和　　年（財チ）第　　　　号
　　■　財産開示期日　　令和　　年　　月　　日
3　民事執行法206条1項の要件（該当する□に✓を記入してください。）
　　申立人は，次の請求権について執行力のある債務名義の正本を有する。
　　□　民事執行法151条の2第1項各号に掲げる義務に係る請求権
　　□　人の生命又は身体の侵害による損害賠償請求権

　（添付書類）（該当する□に✓を記入してください。）
　　□　執行力のある債務名義の正本　　　　　通
　　□　同送達証明書　　　　　　　　　　　　通
　　□　同確定証明書　　　　　　　　　　　　通
　　□　資格証明書　　　　　　　　　　　　　通

```
□　住民票　　　　　　　　　　　　通
□　　　　　　　　　　　　　　　　通
```

（証拠書類）（該当する□に✓を記入してください。）

1　民事執行法197条1項1号の主張をする場合

（同号の証明資料）

- □　配当表写し
- □　弁済金交付計算書写し
- □　不動産競売開始決定写し
- □　債権差押命令写し
- □　配当期日呼出状写し
- □

（民事執行法205条2項の証明資料）

- □　財産開示期日が実施されたことの証明書
- □　財産開示期日調書写し
- □　財産開示手続実施決定写し
- □

2　民事執行法197条1項2号の主張をする場合

（同号の疎明資料）

- □　財産調査結果報告書及び添付資料
- □

（民事執行法205条2項の証明資料）

- □　財産調査結果報告書添付資料のとおり
- □　財産開示期日が実施されたことの証明書
- □　財産開示期日調書写し
- □　財産開示手続実施決定写し
- □

出所：最高裁判所「裁判所」HPより，「東京地方裁判所民事第21部　第三者からの情報取得手続申立書（給与）」https://www.courts.go.jp/tokyo/vc-files/tokyo/file/20200327_js_mousi-kyu yo_24.docx を基に作成。

主要参考文献一覧

Ⅰ 旧強制執行法に関する体系書・注釈書
兼子一『増補 強制執行法』（酒井書店・増補1951，再増補1955）

菊井維大『強制執行法（総論）』（有斐閣・1976）

宮脇幸彦『強制執行法（各論）』（有斐閣・1978）

岩野徹ほか編『注解強制執行法(1)』（第一法規・1974）

鈴木忠一ほか編『注解強制執行法(2)～(5)』（第一法規・1976～1979）

Ⅱ 民事執行法・民事保全法に関する学生向けの教科書
生熊長幸『わかりやすい民事執行法・民事保全法〔第2版〕』（成文堂・2012）

上原敏夫ほか『民事執行・保全法〔第6版〕』（有斐閣・2020）

遠藤功ほか編『テキストブック民事執行・保全法』（法律文化社・2007）

小田司編『民事執行法・民事保全法』（弘文堂・2014）

高須順一『民法から考える民事執行法・民事保全法〔第2版〕』（商事法務・2017）

中西正ほか『民事執行・民事保全法〔第2版〕』（有斐閣・2021）

中野貞一郎『民事執行・保全入門〔補訂版〕』（有斐閣・2013）

平野哲郎『実践民事執行法民事保全法〔第3版〕』（日本評論社・2020）

福永有利『民事執行法・民事保全法〔第2版〕』（有斐閣・2011）

和田吉弘『基礎からわかる民事執行法・民事保全法〔第2版〕』（弘文堂・2010）

Ⅲ 民事執行法に関する各種の文献
1 立法担当者等の解説
内野宗揮ほか『Q＆A令和元年改正民事執行法制』（金融財政事情研究会・2020）

小野瀬厚＝原司『一問一答平成16年改正民事訴訟法・非訟事件手続法・民事執行法』
（商事法務・2005）

最高裁判所事務総局編『条解民事執行規則〔第四版〕上巻・下巻』（法曹会・2020）

田中康久『新民事執行法の解説〔増補改訂版〕』（金融財政事情研究会・1980）

谷口園恵＝筒井健夫編著『改正担保・執行法の解説』（商事法務・2004）

道垣内弘人ほか『新しい担保・執行制度〔補訂版〕』（有斐閣・2004）

法務省民事局参事官室編『Q＆A新競売・根抵当制度』（商事法務研究会・1999）

山本和彦監修『論点解説令和元年改正民事執行法』（金融財政事情研究会・2020）

2 体系書
中野貞一郎＝下村正明『民事執行法』（青林書院・2016）

松本博之『民事執行保全法』（弘文堂・2011）

3 注釈書

伊藤眞＝園尾隆司編『条解民事執行法』（弘文堂・2019）

香川保一監修『注釈民事執行法(1)～(8)』（金融財政事情研究会・1983～1995）

鈴木忠一＝三ケ月章編『注解民事執行法(1)～(8)』（第一法規・1984～1985）

山本和彦ほか編『新基本法コンメンタール民事執行法』（日本評論社・2014）

Ⅳ 民事保全法に関する各種の文献

1 立法担当者の解説

最高裁判所事務総局民事局監修『条解民事保全規則（改訂版)』（法曹会・1999）

山崎潮『新民事保全法の解説〔増補改訂版〕』（金融財政事情研究会・1991）

山崎潮『民事保全法の解説』（法曹会・1994）

2 入門書・体系書

瀬木比呂志『民事保全法入門』（判例タイムズ社・2011）

瀬木比呂志『民事保全法〔新訂第2版〕』（日本評論社・2020）

関述之『民事保全手続』（金融財政事情研究会・2018）

竹下守夫＝藤田耕三編『民事保全法』（有斐閣・1997）

丹野達『民事保全手続の実務』（酒井書店・1999）

戸根住夫『民事保全法要論』（法律文化社・2015）

原井龍一郎＝河合伸一編著『実務民事保全法〔三訂版〕』（商事法務・2011）

3 注釈書

加藤新太郎＝山本和彦編『裁判例コンメンタール民事保全法』（立花書房・2012）

瀬木比呂志監修『エッセンシャルコンメンタール民事保全法』（判例タイムズ社・2008）

竹下守夫＝藤田耕三編『注解民事保全法 上巻・下巻』（青林書院・1996/1998）

山崎潮監修『注釈民事保全法 上巻・下巻』（民事法情報センター・1999）

山本和彦ほか編『新基本法コンメンタール民事保全法』（日本評論社・2014）

判 例 索 引

大 審 院

最高裁判所

高等裁判所

地方裁判所

事 項 索 引

執筆者紹介 （所属，執筆分担，執筆順）

野村　秀敏（の　むら　ひで　とし）　専修大学大学院法務研究科教授（Ⅰ編1章・Ⅱ編1章〜4章）

大内　義三（おお　うち　よし　ぞう）　亜細亜大学法学部教授（Ⅰ編2章）

園田　賢治（その　だ　けん　じ）　同志社大学大学院司法研究科教授（Ⅰ編3章・Ⅰ編4章・Ⅰ編11章）

柳沢　雄二（やなぎ　さわ　ゆう　じ）　名城大学法学部教授（Ⅰ編5章〜7章）

河崎　祐子（かわ　さき　ゆう　こ）　信州大学学術研究院社会科学系教授（Ⅰ編8章〜10章）

川嶋　隆憲（かわ　しま　たか　のり）　名古屋大学大学院法学研究科准教授（Ⅰ編12章）

川嶋　四郎（かわ　しま　し　ろう）　同志社大学法学部・大学院法学研究科教授（Ⅰ編13章・Ⅰ編14章）

Horitsu Bunka Sha

民事執行・保全法

2021年3月30日　初版第1刷発行

著　者　野村秀敏・川嶋四郎・河崎祐子
　　　　園田賢治・柳沢雄二・川嶋隆憲
　　　　大内義三

発行者　田　靡　純　子

発行所　株式会社 法律文化社

〒603-8053
京都市北区上賀茂岩ヶ垣内町71
電話 075(791)7131　FAX 075(721)8400
https://www.hou-bun.com/

印刷：中村印刷㈱／製本：㈲坂井製本所
装幀：奥野　章

ISBN 978-4-589-04135-7

©2021　H. Nomura, S. Kawashima, Y. Kawasaki,
K. Sonoda, Y. Yanagisawa, T. Kawashima, Y. Ouchi
Printed in Japan

乱丁など不良本がありましたら，ご連絡下さい。送料小社負担にて
お取り替えいたします。
本書についてのご意見・ご感想は，小社ウェブサイト，トップページの
「読者カード」にてお聞かせ下さい。

越山和広著	要件事実論—裁判で証明が必要な事実とは何か，原告・被告のいずれがどの事実の証明責任を負うのかなどを考える—をふまえた事例と解説で，民事訴訟のルールだけでなく，実体法（民法）と手続法（訴訟法）との関係や訴訟の仕組みや流れがよくわかる。
ベーシックスタディ民事訴訟法	
A5判・320頁・3000円	

池田辰夫編	学習の基本的な修得事項を語りかけるようにわかりやすく解説した入門テキスト。「訴状モデル」「判決文モデル」などを挿入し，実際の民事裁判実務を念頭に置いた叙述に配慮した。ロースクールに進む学生や社会人の最初の読み物として最適。
アクチュアル民事訴訟法	
A5判・304頁・2900円	

戸根住夫著	実務や通説を著者独自の批判的な視点で検討・解説。簡潔でありながら，辛口で骨太な概説教科書。法令の改廃や新判例をふまえ，さらに人事訴訟，非訟事件を本案とする仮処分について充実させた。
民 事 保 全 法 要 論	
A5判・138頁・3000円	

α 新プリメール民法 全5巻

はじめて民法を学ぶ人のために，読みやすさ・わかりやすさを追求した好評シリーズ。

中田邦博・後藤元伸・鹿野菜穂子 著
新プリメール民法 1 民法入門・総則〔第2版〕 A5判・352頁・2800円

今村与一・張 洋介・鄭 芙蓉・中谷 崇・髙橋智也 著
新プリメール民法 2 物権・担保物権法 A5判・304頁・2700円

松岡久和・山田 希・田中 洋・福田健太郎・多治川卓朗 著
新プリメール民法 3 債権総論〔第2版〕 A5判・288頁・2700円

青野博之・谷本圭子・久保宏之・下村正明 著
新プリメール民法 4 債権各論〔第2版〕 A5判・260頁・2600円

床谷文雄・神谷 遊・稲垣朋子・且井佑佳・幡野弘樹 著
新プリメール民法 5 家族法〔第2版〕 A5判・266頁・2500円

———— 法律文化社 ————

表示価格は本体（税別）価格です